Peter Ferdinand

Drucker

P・F・ドラッカー

マネジメント思想の源流と展望

Management Concepts: Inception and Beyond

井坂 康志 Yasushi Isaka

文眞堂

ふるさとに

はしがき

　近年，IoT や CSR，労働問題，教育・医療や NPO，宗教など，多種多様な人と組織をめぐるトピックでドラッカーを参考に語られることはなお多く，エッセイから講演・研修などでもドラッカーをテーマとするものは少なくないようである。ドラッカーを取り巻く知的・実践的活動状況は，主題や関心のあまりの多様さによって特徴づけられる。発信主体も，ビジネスパーソン，コンサルタントから非営利組織，医療，教育，宗教関係者などあまりに多様である。

　それにしても，広大なドラッカーの言説や観察を支持する思想的契機とは何か。さらに言えば，ドラッカーはそれらをもっていかなる未来を展望しようとしたのか。

　ドラッカーをめぐる肩書きは，自称他称含め数多い。マネジメントの巨人あるいは発明者，現代社会最高の哲人，コンサルタント，社会生態学者，書き手，傍観者などが典型であろう。その正体をめぐるアプローチは種々可能であろうが，筆者は個々の主題や関心領域と直接に格闘するだけの能力も準備ももちあわせていない。それには筆者の知的非力もあずかって大いに余りあるが，同時に良くも悪くもドラッカーそのもののとらえがたさが果てしなく横たわっている。学界からの応答としても，「ドラッカーという存在を論じることは，そのまま『経営学とは何か。いかにあるべきか』を論じることに通じている」とする認識に重なる[1]。

　そもそもドラッカーをどの対象領域でとらえうるかからして，見定めるのは容易とは言えない。それはどこからつるはしを入れるべきか途方に暮れる，果てしない鉱山を思わせる。ドラッカーは，いわゆる学者としてドラッカー学派も残さなかったし，実務家としてドラッカー・コンサルティングも残さなかった。あえて言えば，残されたのは著作群のみであって，それらを除けば，自らの名を冠するいかなるものにも関心を示さなかったように見える。そのこ

とが，誰しもドラッカーの弟子たることを妨げない一種の反転現象を生んだのも事実であろうが，むしろドラッカーは多くの場合，独創的な序文だけ公にして，あるいは刺戟的なファサードのみを手がけて，後の本体は意欲と才能ある別の誰かに任せてしまう種類の時代を挑発する論者であったように筆者には見える。

　結果として，単一の肩書きを拒否し，知的であろうと実践的であろうと，多様な現実に関心を示し続ける生を彼は選びとることになった。そこから得た考察や応答，展望をもって，ビッグ・アイデアを提示し，読む者の頭脳を刺戟し，読み手自身の心に灯をともし，読み手自身さえ気づいていない生産的原点に働きかける種類の知のルート・ファインダーに徹し続けた。

　取り上げられた多くのビッグ・アイデアは——マネジメントや知識社会の主題に直接関係するかにかかわりなく——非凡なしかたで，読み手の心の中に灯る燈明となり，時には旅人にとっての北極星たりえた。読み手はそれぞれの動機からドラッカーの著作を手にし，そこで発せられる啓発に富む問いかけから自らの武器庫に何が蔵されているか，どこを自らの戦場とすべきかを知る。すなわち，ドラッカーの語る内容，時にその語り口をも自らの視座にイン・テイクして世界を理解し，その中で自己を展開していくことが奨励されていると読者は感じるようになる。W・チャーチル（Winston Churchill）による『経済人の終わり』の書評の一文「彼には固有の意識活動があるばかりでなく，それを通して，他者の一連の思考活動を刺戟してくれる天分がある」（he not only has a mind of his own, but has the gift of starting other minds along a stimulating line of thought）が，いかに本質を看破していたか，今もって恐ろしいまでの切実さをもって迫ってくる[2]。

　だが，他方でドラッカーをめぐる課題も少なくはない。自ら体系的論者であろうとしたことがない点がその最たるものであり，著作のすべてを翻訳・編集し，研究に多大な貢献をなした上田惇生に宛てた書簡で彼は「理論は体系化するものの，創造することはほとんどない」と述べたのがその意図を規定する認識であろう[3]。むしろ何らかの体系に準拠して論を展開したというよりも，体系そのものをも独創的に取り扱おうとした論者でさえあった。

　その点について，上田はドラッカーの論の展開には2つの領野が拓けている

としている。その2つとは，マネジメントと社会生態学であるが，著作の性質と知的探索上のアプローチについて述べている*4。

　マネジメントと社会生態学の2領野を筆者なりのとらえ方で説明するならば，一本の大樹に類似した形状をとる。深く張られた根から，隆々たる幹が天に向けて伸び，巨大な2つの枝へと分かれていく。第1の大枝からは，現代の焦眉の課題としての企業や組織，NPO，病院，学校など，総じてマネジメントと呼ばれる関連の著作（『現代の経営』『創造する経営者』『経営者の条件』『マネジメント』『非営利組織の経営』等）の枝，葉，実などがいきいきと繁茂するイメージである。現代的課題に資する洞察や視点は現在も実務家による経営指針として引き出され，活用に供されている，比較的なじみの領域であろう。

　第2の大枝からは，文明社会への観察から引き出した課題や状況，意味などを総合的に闡明するアプローチが見られ，現代を理解するうえで無意識にもたれる視座の提示を主とする，いわゆる文明批評的著作（『明日への道標』『断絶の時代』『新しい現実』『ポスト資本主義社会』『ネクスト・ソサエティ』等）のイメージがある。知識社会，知識労働，技術，ポストモダンなどのコンセプトをもそこに看取しうる。

　いずれの領野に目を向けるかは別にしても，世の関心は，あくまでも比較のうえでは前者の大枝をより高く評価する傾向があったのは否めない。そのことは，ドラッカーというと経営やマネジメントの領域で主として語られてきた事実ともかかわりをもっている。しかし，著作として世に出された観察や考察が，いずれも同じ幹や根から伸びている点からするならば，本人の意識の中で優劣などあろうはずもなく，どこまでも等しく関心を寄せられたと見るべきであろう。同様に，マネジメントも社会生態学もともに，同種の知的エネルギーによって養われ，認識や体験，観察内容によって強く支持されているのは間違いない。

　本書は，マネジメントと社会生態学の2つの大枝が何によって養われるかに関心をもち，おびただしく繁茂する葉に幻惑されることなく，分岐点から少しでも根に近い——下へ——すなわち隆々たる幹や根に可能な限り焦点を合わせ，考察上の視座と方法を見出そうとしている。一方でドラッカーが自身の客

観的行動について述べている一文，「私は書いている。行為としてみればそうなる」（I write. Technically this is correct）を導きの糸としうるならば*5，その自覚的主題に着目し，言論を支える志操の底流を闡明することで，いささかなりとも大樹によって具現される基本的認識枠組みの一端が導出されるのではないかとの期待がある。あるいは，主要著作の広い枠組みにおいて示された世界観形成の核，もしくはヴィジョンの中枢にある最も祖型的な思惑の一端に触れうるのではないかとの期待もある。

　本書はドラッカーにおける基本的視座の所在をめぐるこの15年ほどの諸論稿を基礎としている。先の上田惇生による知的領野に即して言うならば，第2の大枝，すなわち社会生態学を取り扱う色彩がことのほか強いのは否定しえない。もちろんその点は筆者自身の関心による自覚的追究でもあったのだが，しかし，第1の大枝の示す，具体的かつ実践的なマネジメントが必ずしも問題関心の埒外にあったわけではない。2つの大枝を包括的にとらえていこうとする問題意識は以下の章に強く反映されていると考えている。

　本書の課題は，大樹の地下に張り巡らされた根の闡明，すなわち〈初期〉著作全般に内在する視軸と応答の再構成の試みを通して，ドラッカーにおける思想の探索とわれわれが置かれた現代の布置状況の展望にある。

　2018年8月

井坂　康志

[注]
＊1　河野編著（2012），77頁。
＊2　W. Churchill, Review of "The End of Economic Man," published in *Times Literary Supplement* on 27 May 1939.
＊3　上田・井坂（2014），212-213頁。
＊4　上田（2006），iii頁。
＊5　*EV*, p. 441.

v

目　次

はしがき　*i*

凡　例　*viii*

初出一覧　*ix*

略号一覧　*xi*

序章　ドラッカー研究の現在 ……………………………………… *1*

第1節　研究の意義 …………………………………………………… *1*

第2節　先行研究と課題 ……………………………………………… *5*

第3節　本書の構成 …………………………………………………… *13*

第Ⅰ部
時代観察と〈初期〉言論

第1章　ウィーンの時代 ……………………………………………… *21*

第1節　幼年期──家庭とサロン ………………………………… *21*

第2節　デブリンガー・ギムナジウムの時代 …………………… *32*

第3節　昨日の世界ウィーン
　　　　──アトランティスからの報告をめぐって ……………… *40*

第2章　フランクフルトの時代観察 ………………………………… *57*

第1節　ジャーナリスト兼学究としての出発 …………………… *57*

第2節　ヴァイマール末期からナチス時代──ジャーナリストとして…… *64*

第3節　視軸の形成──大衆の絶望をめぐって ………………… *73*

vi │ 目　次

第3章　躍動する保守主義としてのアメリカ産業社会 ················· 89

第1節　アメリカへの転出と『産業人の未来』 ················· 89
第2節　アメリカ革命の省察 ················· 96
第3節　産業社会の中心機関とGM ················· 102

第Ⅱ部
基礎的視座の形成と展開

第4章　観察と応答の基本的枠組み ················· 115

第1節　観察における基底的認識 ················· 115
第2節　社会生態における合理と秩序 ················· 123
第3節　社会生態学的アプローチ ················· 132

第5章　自由にして機能する社会への試み ················· 145

第1節　自由社会の課題 ················· 145
第2節　機能する社会の条件 ················· 155
第3節　自由と創造の場としての企業 ················· 159

第6章　知識社会の構想 ················· 168

第1節　知識観の諸相 ················· 168
第2節　知識における自由と責任 ················· 173
第3節　知識と生態的秩序 ················· 180

第Ⅲ部
内的対話と交流

第7章　F・J・シュタール──継続と変革 ················· 189

第1節　ヨーロッパ社会への視座 ················· 189
第2節　継続と変革によるアプローチ ················· 196

第3節　産業社会における正統性 ……………………………………… 202

第8章　E・バーク──正統性と保守主義 ……………………………… 208

第1節　時代状況と保守主義 …………………………………………… 208

第2節　危機への観察と応答 …………………………………………… 214

第3節　産業社会への視座──保守＝変革の原理 …………………… 218

第9章　W・ラーテナウ──挫折した産業人 ………………………… 226

第1節　ラーテナウとその時代 ………………………………………… 226

第2節　産業人の範型 …………………………………………………… 233

第3節　第一次大戦と保守主義の挫折 ………………………………… 237

第10章　M・マクルーハン──技術のメディア論的接近 …………… 244

第1節　メディア論的応答 ……………………………………………… 244

第2節　メディア論的技術観 …………………………………………… 251

第3節　印刷技術の文明史的解釈 ……………………………………… 255

終章　ドラッカーの基本的視座 ………………………………………… 267

第1節　意図と構想 ……………………………………………………… 267

第2節　現代への含意 …………………………………………………… 272

第3節　思想と展望 ……………………………………………………… 276

あとがき　285

謝　辞　288

参考文献　290

事項索引　297

人名索引　303

凡　例

1　ドラッカーの著作・論文で公刊物については主として上田惇生訳を参照したが，原書頁
　記載の訳文はすべて著者の責任による。
2　使用した資料のうち，ドラッカーからの私信については個人蔵，ドラッカー・インス
　ティテュート（カリフォルニア州）所蔵による。なお，他の使用資料については，つど
　注において所蔵機関及び提供者名を記した。
3　人名，著作名（日本人を除く。引用文中を含む）については（　）で欧文を付した。

初出一覧

　本書の執筆にあたり以下の論考を基礎としている。ただし，執筆にあたっては，可能な限りドラッカーを総合的に討究する観点から，すべてについて大幅な加筆を行っている。次に示す論文は，本書の原型の一部をなすものとして，初出を明記しておく。

序　章
　新規執筆
第1章
　「非定住的思考の起源——ツヴァイク，ラーゲルレーヴ，ムージルをめぐって」『文明とマネジメント』（ドラッカー学会）No. 5，2011年5月，139-163頁
第2章
　「脱『昨日の世界』の哲学——ウィーン，フランクフルトの時代」『現代思想』（青土社）Vol. 38-10，2010年6月，101-113頁
　「『マネジメント以前』におけるドラッカーの思考様式に関する試論」『鳥取環境大学紀要』（共著）（鳥取環境大学）第4号，2005年10月，94-108頁
第3章
　新規執筆
第4章
　「P. F. ドラッカー思想の基本構造」『文明』（東海大学文明研究所）No. 9，2007年5月，17-29頁
　「マネジメントにおける自由と戦略的曖昧さ」『文明とマネジメント』（ドラッカー学会）No. 10，2013年11月，48-65頁
第5章
　「ドラッカー社会哲学における自由概念の位置付け——〈初期〉2作を中心として」『鳥取環境大学紀要』（共著）（鳥取環境大学）第3号，2004年12月，73-84頁
　「ドラッカーにおけるフィードバックの概念」『立命館経営学』第54巻第4号，2016年1月，165-176頁
第6章
　「P. F. ドラッカーにおける知識の概念」『鳥取環境大学紀要』（共著）（鳥取環境大学）第5号，2007年2月，31-44頁

x | 初出一覧

第7章

「P. F. ドラッカー『産業人の未来』における文明と社会」『文明』（東海大学文明研究所）
No. 8，2006年2月，23-36頁

第8章

「ドラッカーの保守主義」『経済社会学会年報』（経済社会学会編）XXIX，2006年2月，
171-186頁

「P. F. ドラッカーの保守主義思想——E. バークの遺産と産業社会の構想」『情報学環紀要』
（東京大学大学院情報学環）No. 72，2007年2月，31-44頁

第9章

「産業人ヴァルター・ラーテナウ——P. F. ドラッカー〈初期〉著作（1933-1942年）の政
治的射程」『文明とマネジメント』（ドラッカー学会）No. 5，2010年8月，181-212頁

第10章

「P. F. ドラッカーにおける文明と技術——メディア論的接近」『文明とマネジメント』（ド
ラッカー学会）No. 3，2008年11月，150-167頁

終　章

新規執筆

略号一覧

　以下は本書で用いられるドラッカーの主著及び論文と原タイトルである。引用に際しては出所箇所を表記することとする。

FJS——*Friedrich Julius Stahl: Konservative Staatslehre und geschichtliche Entwicklung*, Mohr, 1933（ドラッカー・インスティテュート所蔵）

DJD——*Die Judenfrage in Deutschland*, Gsur, u, Co., 1936, Vien（ドラッカー・インスティテュート所蔵）

EEM——*The End of Economic Man*, John Day, 1939（上田惇生訳『経済人の終わり』ダイヤモンド社，2007 年）

WBPA——"What Became of the Prussian Army?" *The Virginia Quarterly Review*, Jan., 1941

FIM——*Future of Industrial Man*, John Day, 1942（上田惇生訳『産業人の未来』ダイヤモンド社，2008 年）

CC——*Concept of the Corporation*, John Day, 1946（上田惇生訳『企業とは何か』ダイヤモンド社，2008 年）

PM——*The Practice of Management*, HarperCollins, 1954（上田惇生訳『現代の経営』（上・下）ダイヤモンド社，2006 年）

LT——*Landmarks of Tomorrow*, HarperCollins, 1957

MR——*Managing for Results*, HarperCollins, 1964（上田惇生訳『創造する経営者』ダイヤモンド社，2007 年）

EE——*The Effective Executive*, HarperCollins, 1967（上田惇生訳『経営者の条件』ダイヤモンド社，2006 年）

AD——*The Age of Discontinuity*, HarperCollins, 1969（上田惇生訳『断絶の時代』ダイヤモンド社，2007 年）

MTRP——*Management: Tasks, Responsibilities, and Practices*, Harper & Row, 1971（上田惇生訳『マネジメント——課題・責任・実践』（上・中・下）ダイヤモンド社，2008 年）

AB——*Adventures of a Bystander*, HarperCollins, 1978（風間禎三郎訳『傍観者の時代』ダイヤモンド社，1979 年；上田惇生訳『傍観者の時代』ダイヤモンド社，2008 年）

IE——*Innovation and Entrepreneurship*, HarperCollins, 1985（上田惇生訳『イノベーション

xii | 略号一覧

と企業家精神』ダイヤモンド社，2007 年）

FM——*The Frontiers of Management*, Dutton Adult, 1986

NR——*The New Realities*, HarperCollins, 1989 （上田惇生訳『新しい現実』ダイヤモンド
社，2004 年）

MNPO——*Managing the Non Profit Organization*, HarperCollins, 1990 （上田惇生訳『非営
利組織の経営』ダイヤモンド社，2007 年）

EV——*The Ecological Vision*, Transaction Publishers, 1993 （上田惇生・林正・佐々木実智
男・田代正美訳『すでに起こった未来』ダイヤモンド社，1994 年）

PCS——*Post-Capitalist Society*, HarperCollins, 1993 （上田惇生訳『ポスト資本主義社会』
ダイヤモンド社，2007 年）

MCTC——*Management Challenges for the 21st Century*, Routledge, 1999 （上田惇生訳『明
日を支配するもの』ダイヤモンド社，1999 年）

MNS——*Managing in the Next Society*, St. Martin's Press, 2002 （上田惇生訳『ネクスト・
ソサエティ』ダイヤモンド社，2002 年）

FS——*A Functioning Society: Community, Society, and Polity in the Twentieth Century*,
Transaction, 2003

序章
ドラッカー研究の現在

第 1 節　研究の意義

　E・H・カー（Edward Hallett Carr）の指摘するように，「事実とは歴史家が呼びかけた時だけ語る」ものとすれば[1]，マネジメントの形成過程もまた歴史における呼びかけへの応答と見なしてよいであろう。というのも，第二次大戦直後から現代のマネジメントをめぐる課題もまた，急激な変容のさなかにあり，その展開と応答への要求が今なお未完の可能性として進化の途上にあるのは疑いえないためである。近年では，IoT や AI，グローバル化，労働問題など現代世界の変容をめぐるマネジメント上の課題は現代におけるトップ・プライオリティたり続けている。かかるマネジメントの祖型的言説において貢献をなしたピーター・フェルディナンド・ドラッカー（Peter Ferdinand Drucker, 1909 年 11 月 19 日～2005 年 11 月 11 日）は，20 世紀の知識人・言論人としてユニークな立ち位置を占めている。

　ドラッカーは 20 世紀初頭のウィーンに生を受け，やがてドイツにおいてナチズムへの観察と応答から世の評価を得ていく。その中で，まさに 20 世紀の疾風と怒涛をまともに受けとめた体験が視軸の枢機をなす点に気づかないわけにはいかない。安易な想像を拒絶するごとき凄惨な体験に導かれた結果として，彼は 20 世紀という時代に心温まる目を向け続けてきた知識人ではなかった。ドラッカーにあって，全体主義の暴威と欺瞞への際立ったコントラストにおける基底的企図が，マネジメントをめぐる言論を包含する知的歩みの全容をさえ決定づけてきた。そればかりか思想的底流をなす気づきにくいながらも全体を養う要因として，時代観察者として内面化された時代への激しい怒りと断固たる告発への意志ははかりしれぬ意味を蔵している。

2 | 序章　ドラッカー研究の現在

　他方，学問的位置づけにおいて，ドラッカーが半ば手に負えない知識人と見られてきたのもまさしくその点にかかわりをもっている。経営学の分野で世に名をなし，現在にいたるも様々な形で衆目を集めるのは事実である。しかし，同時にあまりに固有かつ独創的，時に挑発的な経営観からしても，そもそも社会科学における経営学に内包されるものと考えうるかには多くの疑念が表明されてきた。結果として，現代の学問的潮流に照らすならば，ドラッカーの発言は半ば経営的格言あるいは知恵文学に類するものであり，それ自体固有の説得性をもつものの，体系的な学知としての適性を欠くとするのが一般的理解であったと見てよいかもしれない。〈初期〉著作からマネジメントまで幅広く研究的視角をとる春日は次のように述べ，アカデミズムによる印象を的確に表明している[2]。

　　固有の歴史観に裏づけられた広範な知識と深遠な認識，問題の発見と解決に向けたフレームワークの提供，そしてオリジナルな着想と先見性など，確かにその卓越したセンスは認められながらも，学問的にみると首肯できない部分があるのである。（略）学界におけるドラッカーの位置づけはやはり学者というよりはジャーナリストだったのである。

　上記の見解は，「なるほど，ドラッカーはいくつもの点で知的卓越性や豊かな洞察を示している。学問と言いうるかは疑問なしとしないが，文筆を主たる業とするジャーナリストに限定して見るならば誠に優れている」とする含みが見てとれる。比喩として適切かは別に，ある図像的描写を評して「芸術作品としては受け入れかねるが，イラストレーションとしては優れた作品である」と認めるのに似ているかもしれない。
　もちろん筆者は上記の評価に反対するものではない。むしろ，適切な評価であると感じる。しかし，あえて本書では，学問的に評価困難な様態のもつ他方の側面，すなわち可能性としてポジティヴに考察し，翻って開かれた展望と地平を示唆するものと理解して議論を進めていきたいと考える。フォーク歌手として60年代以降のカウンター・カルチャーの若者から，現在にいたるも広く大衆に支持されてきたB・ディラン（Bob Dylan）を，ノーベル文学賞受賞を

契機に，吟遊詩人に比しうる新たな文学スタイルの可能性の提示者として考察するのにある意味では類似しているかもしれない。同様の観点から，独創的かつ啓発的でありながら，現在支配的な科学主義的アプローチとの不整合のために，看過される傾向をもつ主題がドラッカーには豊かに伏在するのを感ぜざるをえない。確かに，ドラッカーの言説には，定量性や客観性から実証面での問題をはらむ点は少なからずある。それでもなお，現代を生きる実践家をはじめとする少なからぬ人々の頭脳と行動に刺戟を与え続けているのは事実であり，その影響が世の気まぐれや一過性の流行でないことは，その後しばしば繰り返される再評価のうちにも鮮やかに浮かび上がってくる。

　あるいは，学者かジャーナリストか——あるいは芸術か商品か——はともかく，それら一般に見られる世評に，未定義の知的領野の主唱者であり，かえって固有のとらえきれなさに，知識人としての可能性を領導する未知の核心を暗示させるものがある。

　確かにドラッカーは実像を見るほどに評価が簡単ではない。それというのも，ドラッカーがそもそも何らかの科学的実証性を含意して論を展開していたわけではなく，一人の言論人として自らの目に映る時代風景をひたすら叙述していく——見て，書くという——自覚的取り組みを行っていたに過ぎないためであろう。繰り返しを恐れずに指摘するならば，ドラッカーをめぐる実務界と学界との間の認識上の乖離は事実として厳に存在し，あたかも光と影のように対極に分かれている。その乖離は「実にドラッカーをして『現代経営学の父』『経営学の巨人』などと実務界が称えれば称えるほど，学界はそれを冷ややかな目で静観あるいは黙殺していた」とさえされる[3]。別言するならば，既存の理論的枠組みでは容易に説明や解決のつかない，新たな知識領域や機会の提示者とも解釈可能であろう。

　とするならば，一個の人間の放射する発意と体験に根差した，固有かつファンダメンタルな視座の探索が必要となってくるのは論を待たない。そして，その点はもはや一人の社会科学的言説の研究というよりも，芸術や思想を論じるパースペクティヴを要求する可能性もある。ただし，その点を闡明にするには，発言を可能な限り忠実に根の営みから，いかなる企図ないし視座から発言がなされたかに遡り，その源流を丹念に追っていく作業を要するであろう。

4 | 序章　ドラッカー研究の現在

　本書の基本姿勢は，固有の言説構造を可能な限り直視するなかで，新たな知的領野を豊かに潤す伏流水を示唆するドラッカーのラディカルな視座を読み取ろうとする点に置かれる。そのために，最初にデモクラシーを発見した近代の最も有力な旅行者理論家 A・トクヴィル（Alexis de Tocqueville）が，『アメリカのデモクラシー』（*De la démocratie en Amérique*, 1835）で見せた生きた描写を目にするように，20 世紀においてウィーン，ハンブルグ，フランクフルト，ロンドン，ニューヨーク，カリフォルニアへと居を変える中で，ドラッカーが観察し，理解しえた対象を通して，厳粛でありながら生き生きした精神を見ていきたい。その点で，あえて結論を先に言うならば，ドラッカーは多方面に知的視野を向けながらも，視軸と展望については頑ななまでに変更を試みることがなかった。その点が，ドラッカーの眼の確かさに資するものとなっている。アメリカ移住直後にドラッカーが親しく交流をもったジャーナリストの H・N・ブレイルズフォード（Henry Noel Brailsford）が，『経済人の終わり』に寄せた序で「人と交わりつつも一人沈思することのできる者，分析に優れながらも神秘を解することのできる者」と評するのが，視座の揺るぎなさを伝えるであろう[4]。

　注目すべきは，ドラッカーが 20 世紀をめぐる多様な事象を豊かに観察対象に収めつつも，一定の企図を心に知的活動に臨んでいた事実にある。そして，かかる基本的視座は，少年時代から青年時代にかけて格闘した一連の時代的危機によって養われ，本質的な原理把握のアプローチとして定位している。かくして以下の論述では，ドラッカーの視野を規定する基本的視座の探索を試み，その中で，固有の言論に着手せしめた価値観や責任，認識，倫理観など，広範な精神活動を直接的に考察対象とし，著作や論文等をもとに，青年期の時代的コンテクストと伏流する暗黙的視座を描出していければと考えている。

　さて，ドラッカーはいかなる基底的意図をもって自らの言説を育んでいったのか。その点で，結論を先取りして言えば，多元性をもって全体主義から社会を防護し，同時に自由にして機能する社会（free and functioning society）再建の契機からとなるであろう。後に見るように，彼は全体主義に対しいささかの妥協もなく全面否定の姿勢をとり，同時に自由にして機能する社会については，一切の代替を拒否して実現にエネルギーの大半を傾注し続けたばかりでな

序章　ドラッカー研究の現在 | 5

く，思想的契機を包摂するいくつかのライトモティーフの一つとして，丹念かつ繊細に育て養ってきた。ウィーンという最高度のヨーロッパ文化の中で生まれ育ち，ドイツで政治学の教育を受けたにもかかわらず，長らく大学教授とともにコンサルタント，書き手，教師であり続けた経歴に，その契機は自ずと現れている。上記の通奏低音は，多種多様な副旋律とともに言説全般に聞き取れるのであり，後述するように，マネジメントもまたその例外とは言えない。

第2節　先行研究と課題

本書においては，ドラッカーによる言説の認識的基底を培養した青年期まで，すなわち，『F・J・シュタール』(*Friedrich Julius Stahl: Konservative Staatslehre und geschichtliche Entwicklung*, 1933)，『経済人の終わり』(*The End of Economic Man*, 1939)，『産業人の未来』(*The Future of Industrial Man*, 1942)，『企業とは何か』(*Concept of the Corporation*, 1946) を中心とする，1930年代から40年代半ばまでの行論に照らして解釈したいと考える。ただし，青年期のドラッカーは依然として謎が多く，曖昧さと問題点を数多く内包している。

しかし，かかる一時期になされた言動を端的に表現するならば，ヨーロッパの政治危機を目にし，闘争と忌避を経て，ロンドンからアメリカへの転出をはかり，結果として新世界の産業社会における自由や多元の様相を実見している。ドラッカーの理解によれば，アメリカ社会はやがて世界全体にいきわたる宿命を伴う新しい社会 (New Societies) の予示であり，未来を支配する静かなる革命原理を伴う躍動する保守主義の標本でもあった。周知のように，彼による知的貢献の最たるものとして，産業社会の中心機関たる企業（特に大企業）の発見と，それを展開していくアプローチとしてのマネジメントがあったが，その様態は今なお適応と発展のさなかにあり，未完の体系 (unfinished disciplines) として進化の過程にあるとして過言ではない。生成する知をそのようにドラッカーが自覚的にかつ身をもって推進してきた点が，学問的位置づけを困難にしているのも事実ながら，その論件とは別に第二次大戦後，ドラッ

カー研究はいくつかの潮流や断絶を経験しながらも、研究と実務による綾をなす固有の知的汽水圏を形成して現在にいたっている。

とりわけマネジメント研究は概して経営学者によって担われてきたのは事実であるし、現在もその傾向は部分的にせよ継承されている。経営学に限定したところで、ドラッカーを主題とする多様な議論を内包し、言説の企図について今なお傾聴すべきメッセージを少なからず含んでいる。次に、上記の点にかかわりをもつ範囲において、ドラッカーをめぐる研究状況を概観してみたい[5]。

日本における研究史は戦後間もない頃から開始されており、欧米と比較しても早くから考察対象とされてきた。『経済展望』（1953年）にて「アメリカ企業の変貌」「技術よりも人・生産力の秘密」「変質するアメリカの資本主義」が翻訳・紹介されているのはその嚆矢の一つとも理解可能であろう。さらには、アメリカの在外研究から帰国した野田一夫により1956年に『現代の経営』（The Practice of Management, 1954）の翻訳書が刊行されており、その時点で産業界や経営学界でつとにドラッカーの名は浸透しつつあった。

対して、1950年代における理論化の試みとして特筆すべき著作に、1959年に刊行された藻利重隆『ドラッカー経営学説の研究』があり、そこにおいて一定の展開を見ている。わけても日本における受容を窺わせる注目すべき次の記述がある。「わが国の経営学界において、ドラッカーの名を知らない人はないだろう。そればかりではない。実業界に身をおくインテリゲンチアについてもまた、これとほぼ同様のことがいわれうる。それほどに彼の名はわが人口に膾炙しているわけである」[6]。引用からも、潜在的可能性への強い期待が感じ取れるばかりでなく、経営学的観点から意義を析出しようとの明確な野心をも認めうる。そればかりでなく、ドラッカーのもつ学問的意義とともに、独特の啓発性についても視野は及んでおり、次の記述を見出しうる。「われわれは、彼のセンスが群を抜くものであることを、率直に肯定せざるをえない。彼の論述は示唆的であり、われわれはそこに、いわば経営学の金山を見出しうるといっても、必ずしも過言ではない。その埋蔵量はきわめて豊富であり、また鉱石の質もすぐれている」[7]。ドラッカー関連の研究ではたびたび引用されてきた文章であるが、50年代の時点で、洞察の深さ、鋭さは、日本屈指の経営学者にも十分に認識されていた事実が窺われる。

序章　ドラッカー研究の現在 | 7

　かくしてドラッカー研究は経営学者によって担われる状況が始まった。さらに，1960年代から70年代にかけては，野田一夫をはじめ，高宮晋，村上恒夫，林雄二郎，岡本康雄といった研究者を中心にマネジメントにかかわる研究や翻訳活動が進められている。一方で，優れた論述を認めながらも，体系性や実証性の観点から学問的着手がはたしてふさわしいのかとの違和感も徐々に見られ始める。おおむねその頃からドラッカーについての研究は実務家もしくは豊富な実務経験を有する研究者によって担われるようになり，同時に，異なる分野からのアプローチとして，70年の前後には，ジャーナリスト，コンサルタント，評論家が，盛んにドラッカーを論ずるブーム状況も出現している。その動きと軌を一にするように理論的言説としての考察は低調となっていった。

　一方，アメリカにあっては，T・H・ボナパルト（Tony H. Bonaparte）とJ・E・フラハティ（John E. Flaherty）編の論文集 *Peter Drucker: Contributions to Business Enterprise* が1970年に刊行されている。本書は種々の専門的論者が様々な分析アプローチでドラッカーの知的枠組みを総合的に討究しようとした試みと評価しうる。T・レヴィット（Theodore Levitt），M・クランツバーグ（Melvin Kranzberg），M・マクルーハン（Marshall McLuhan）などの著名論者の寄稿とともに，ドラッカー自身のインタヴューと含蓄あるあとがきが付されている。本書が厳密な意味でアカデミズムからの応答と見なしうるかは意見の分かれるところであろうが，各界一流の研究者がそれぞれの専門分野から総体を考察しようとした貴重な研究であった点は間違いない[8]。

　上記までは，主としてマネジメントの書き手としての研究であるが，一方で画期をなす研究が1971年になされている。経営学者の三戸公による『ドラッカー──自由・社会・管理』であり，マルクス経済学への深い造詣に裏付けられた研究であって，思想的深みへの着眼に加え，マネジメントに伏在する価値，責任，倫理，自由，実存などの精神的諸価値を明敏な射程に収めた点で特筆に値する。ドラッカーが自らの危機的現実を前にし，一つの政治的自由の探究者としてマネジメントに着手した経緯に目をとめ，世で認識されにくいもう一人のドラッカーの実在感が彫塑的に描き出されている。同様にマネジメントの視座はヨーロッパ期の全体主義への異議申し立てに貫かれる点から，K・マ

ルクス（Karl Marx）や E・フロム（Erich Fromm）などとの比較で時代観察上の視座を討究する，ダイナミックな研究であった。かかる三戸の問題提起は，ドラッカーの目的論的基底を明確にとらえており，自覚的意図をもって知の源流に豊かな探索の眼が伸びている。

やや前後するものの，ドラッカーをめぐる事件として『断絶の時代』（*The Age of Discontinuity*, 1969）がベストセラーとなり，断絶の語があまねく人々の口の端に上るなど，知名度は日本社会において爆発的に波及していった。他方で，そのことが学問と実務との間の懸隔を一層深刻にした印象は否定しえない。80 年代から 90 年代初頭にかけては，学界におけるドラッカーへのコミットは著しく減少し，本格的に研究対象とする研究者もまた数少なくなっていった。それに伴い，マネジメントのみでなく，視座の析出にかかる知的努力は衰微の過程をたどっている。

ただし，学界からのクールな視線とのコントラストにおいて，実務家側からの熱烈な支持と受容はいささかも衰えることがなかった。むしろその点は特筆に値する事実であろう。同様の傾向は 90 年以前から存在しており，セブン＆アイ・ホールディングスの伊藤雅俊，富士ゼロックスの小林陽太郎，NEC の小林宏治，山崎製パンの飯島延浩，ソニーの出井伸之，日本香堂の小仲正久等ドラッカーとの個人的交流を維持する経済人も少なくはなかった。著作が翻訳出版されるたびにベストセラーの常連となり，その名はビジネス界のビッグ・ネームとして完全に定着している。

ドラッカー自身の発言の広域化も同時期に見られるようになり，『非営利組織の経営』（*Managing the Non-Profit Organization*, 1990）など，企業のマネジメントから NPO，教会，学校，病院などの社会的セクターへも領野を広げていった。ビジネス界の枠組みを超えて，一般名詞にまで拡大したのも同時期の特徴であった。

他方で，90 年代において，ドラッカーにおける基本的枠組みの闡明を企図する書物として，J・E・フラハティによる *Peter Drucker: Shaping the Managerial Mind*（1999）がある。著者はニューヨーク大学時代のドラッカーの同僚・友人であり，講義やゼミに欠かさず出席し，人と業績の両面によるアプローチを特徴としている。副題に見るように，マネジメントの基底をなす

特有の視座形成に一貫した関心を寄せ，〈初期〉における歩みからマネジメントにいたる軌跡の描出に努めている。ナチズムやソ連との歴史的・思想的に枢要な契機をも課題とし，マネジメントへの展開プロセスを探るとともに，固有の知的アプローチとしての社会生態学（social ecology），未知の体系化（organizing ignorance）についても一定の考察がなされている。

さらに，2000 年代に入ると，IT 化やグローバル化などの変化のうねりを受けて，自律的な個人が知識社会のなかでもてる強みを多様に発揮して成果をあげていく，プロフェッショナルやチェンジ・リーダーなどの目的志向性をもつ個に受け入れられていく状況が現出するようになった。戦後のマネジメントへの関心も，ついに個に到達することとなり，かかる個へのドラッカーの浸透は，最も極限的な思想的受容ともとらえうる。2005 年にドラッカーが没した後，教鞭をとったクレアモント大学院大学のドラッカー・スクールで，マネジメント思想をプログラム化する試みや（Drucker Difference），元マッキンゼーのコンサルタントであった E・イーダスハイム（Elizabeth Edersheim）が広汎な取材を通してマネジメントに宿る実践的叡智を描出する試みを世に問うなどの動きが見てとれた。その背景もあり，2005 年の死去を一つの境として，思想的継承と再発見が同時発生的に生み出された感がある。

前者については，2005 年に日本をはじめとするいくつかの国々でドラッカー研究の機関が設立され，多くの実務家や研究者のネットワークが本格的にスタートしてもいる。2007 年に創刊された研究年報『文明とマネジメント』（ドラッカー学会）では，ドラッカーを主題とする論文や実践レポートなどの多彩な論稿が見られるようになった。

後者の再発見期を彩る最たるものは，2009 年に刊行され 270 万部超のベストセラーを記録した作家の岩崎夏海による『もし高校野球の女子マネージャーがドラッカーの「マネジメント」を読んだら』があろう。岩崎は東京藝術大学美術学部建築学科を卒業し，テレビの放送作家として活躍した経歴をもち，ドラッカーを知ったのは没後のことであったという。経済や産業外の分野からも，かくして新たな目によって評価される傾向が出てきており，現在もなおその流れの中にあると見てよいであろう。

他方で，同時期の 2000 年代後半から現代にいたり，学問的潮流を形成する

までにはいたっていないものの，ユニークな解釈がいくつか発表されている。なかでも注目すべきものに，上田惇生によるポストモダンの思想家としてのドラッカー評価がある。上田は経団連勤務の実務家時代から著作のほぼすべてを翻訳し，本人からも分身（*alter ego*）と呼ばれた研究者であり，マネジメントを含む，あらゆるドラッカーの知的業績は，R・デカルト（René Descartes）由来の近代合理主義を超克するひそかな野心によって貫かれていると指摘され，しかもモダンの後に来る世界の基本認識を先取りした一人の独創的な思想家としての評価がなされている。

　次にドラッカーの同僚でもあったJ・マチャレロ（Joseph Maciariello）とK・リンクレター（Karen Linkletter）による『ドラッカー　教養としてのマネジメント』（*Drucker's Lost Art of Management*, 2011）がある。同書においては，マネジメントを新たなリベラル・アーツ（liberal arts）の系譜に位置づける試みが提示されている。マチャレロ＆リンクレターの理解によるならば，マネジメントをギリシャ・ローマから，ユダヤ・キリスト教を経た叡智につらなりうるリベラル・アーツの正系とし[9]，極端な経済至上主義や利益至上主義で荒廃する現代社会の危機に一定の有効性をもちうるはずであるとする。同書は歴史と思想の系譜的記述に意が用いられ，それらに今一度立ち返ることで，教養と実践両面の共進化とともに，個の内面的倫理の涵養を焦眉の課題として提示している。

　3点目が，東京大学の研究者・安冨歩による総合的研究の一部をなすドラッカー解釈である。安冨は経済学者ながらも，近代経済学の枠組みから大胆に脱し，広汎な視座から現代社会を批判的に分析しており，その中でも，ドラッカーのコミュニケーション論が，ハラスメントに汚染された現代社会における希望の所在を示すとしている。また，ドラッカーの説く社会生態学の一層の具現化の中に，現代社会の課題解決の捷径を見出してもおり，今後のドラッカー研究のなかでも最も有望な研究的視座を提供している。

　他にも，本質行動学から，心理学的・哲学的アプローチをドラッカーに対して試みる西條剛央やクレアモント大学院大学でセルフマネジメントを主題とするJ・ハンター（Jeremy Hunter）など，若手研究者の中にも野心的にドラッカーを解釈し，多様に展開していく事例は少ないとは言えない。

対して，既存領域からの発言としても注目されるものとして，2012 年の経営学史学会監修『経営学史叢書Ⅹ　ドラッカー』があり，その点では河野大機，島田恒，春日賢，松藤賢二郎によるヨーロッパ時代を明確な射程とする思想家としてのドラッカー像が提示されている。同書においては，「われわれは，経営学のグルーとしてのドラッカーの原点に，『経済人の終わり』で示される哲学が据えられており，生涯変わることのないものとして一貫した基盤になっていることに注目しなければならない。この原点こそ，ドラッカー経営学の真の魅力であり貢献といえるものである」と言明されており，ドラッカーの言説そのものが想像もしえぬほどに多様化の中にある一方で，「思想と言説を一貫した基盤のもとに理解していく」着実な試みも進展中である点が窺われるであろう[10]。

　あるいは，慶應義塾大学の経営学者・菊澤研宗に見られるように，アメリカにおける在外研究で直面した，経営学の過剰なまでの定量化，実証主義化への危機感から，ドラッカーの発言のもつ意味を思想的な観点から再評価しようとの試みもある。さらには，仲正昌樹による『思想家ドラッカーを読む──リベラルと保守のあいだで』において，マネジメントのドラッカーという固定的イメージを大胆に脱して，〈初期〉の知的歩みと著作を丁寧に読み解いていくとともに，固有の思想性についての緻密な考察も表れている。ドラッカーのもつ基底的な認識が現代にとって経営やビジネス領域を超えた次元で一定の示唆をはらむとの積極的肯定の響きをそれらの著作の中に聞き取ることが可能であろう。

　上記は研究史の一部をなす概略にほかならないが，行論を踏まえるならば，ドラッカー研究が終始一貫した視座のもとになされてきたというにはほど遠いものの，その状況もまた，ドラッカーという論者のもつ多面的な世界をさらにプリズム状に反映したものと肯定的に見られなくもない。けれども，明らかな未着手の課題がある。はしがきで述べたように，ドラッカーを一本の樹に見立てたとき，本来，根にあたる基底から幹，枝，葉，実などにいたる全体的かつ包括的な視座からしかその生命としての本質はとらえがたいのは論を待たないが，同様の視点から総合的にとらえようとするとき，筆者の考える次の 3 点の課題が浮かび上がる。

第1に，人，思想，業績を総合的にとらえる研究がいまだ質量的に十分な段階に達していない現状がある。ドラッカーがマネジメントを論じはじめたのを1946年以降とするならば，95年におよぶ人生の中で，マネジメント学者としての活動期間に比重があるのはやむをえない。だが，かりにヴィジョンを根に，思想を幹に，言論を枝に，コンセプトを葉や実になぞらえるなら，それら全体を包括的に論ずるうえでの生態的視座を獲得しえなければ，企みの底流を十分に把握することはできないのは論を待たない。そのためには，ドラッカーに内在する体験，価値観，倫理観，美意識などの固有の精神領域にも大胆に踏み込み，理説との有意性を読み解いていく必要がある。そのことが，埋められることのなかった知的懸隔に橋を架ける一助ともなりうるであろう。

第2に，青年期の言動から根底的にとらえる見方は，1970年代に三戸の研究によって事実上開かれたとしてよいが，研究の本流を形成するまでにはいたらなかった。しかし，藻利の言う経営学のみならず知の金山の鉱床は変わることなく現在も広大に横たわっているはずであり，しかもかかる金鉱を形成する資源の多くは，ドラッカーの精神活動の内部から湧出するはずであろう。その点から今一度，言論人として歩ましめた特有の視座について立ち戻って考察がなされる必要がある。マネジメントに伴う言説もまた，その精神活動の賜物であり，滋養を豊富に受け取っているためである。

第3に，ドラッカーの開拓した知の地平が現代にあっていかなる意味を有するかとの課題がある。残した著作物の多くは，理論的実証性がそもそも意図されているようには見えず，現実への観察の形式をとるものがほとんどである。しかも，観察対象はあまりに多様であり，生きた時代において，書物の耽読や人との出会いを通した内的対話の結果紡ぎ出されてもいる。しかし，その点は結果として既存研究に徴する限り，比較的体系性の明瞭なマネジメント分野での知的貢献から集中的にアプローチされてきた面があり，多様な生成的相互作用を直接考察対象とする機縁には乏しかったように見られる。

上記の問題意識を共約するのは，本来，ドラッカーは多彩な知識人であり，一つの分野に貢献した学者であったとする像よりも，領域横断的な活動にその本領があった点にある。だが，領域横断とは言っても，核をもたない生命は存在しえないのと同様に，枢機をなす視座がドラッカーの知的生態の核と

して布置されうるはずである。そのための行動は，書き手（writer），傍観者（bystander），社会生態学者（social ecologist），コンサルタント（consultant）として表れているが，本書では，ドラッカーの著作を主たる手がかりとして，可能な限り総合的視座から包括的に人，思想，業績をとらえていく中でその思想的契機を探っていくことにしたい。

第3節　本書の構成

ドラッカーの多面的な言説の前提として，世界の成り立ちが大きく変容する第一次大戦（1914年）から，第二次大戦終結直後（1946年）までの社会環境があったのは言うまでもない。ドラッカーの言動の軌跡をあえて3つの時期に分けるとするならば，第1の時期は，出生から青年前期までの家庭環境から小学校，ギムナジウム在学の学齢期である（1909〜1927年）。第2は社会人として，ドイツのハンブルグからフランクフルト，そしてロンドンにいたる青年後期であり，ジャーナリスト兼学究として変容する社会への目を大きく開く時期でもある（1928〜1937年）。第3はアメリカに渡ってから，多元的で自由な産業社会を実見し，GMの内部調査を完遂するまでの壮年にいたる時期である。その時期に重要な著作を3冊公刊している（1937〜1946年）。

本書では，上記の3つの時期を〈初期〉として意識しながら，マネジメントにいたるまでの言論活動に焦点を当て，基本的視座の形成を見ていきたい。考察上のポイントとして，ドラッカーの言論がもとより学問を意図したものではなく，理論以上に生きた現実に力点を置いたのは看過しえない事実である。その観点からも，ヨーロッパからアメリカに移動する中での観察と省察の様相を縦糸として，〈初期〉著作の解明に努めたく思う。

ただし，既に述べたように，近年，ドラッカーのマネジメントをリベラル・アーツとのかかわりや，ポストモダン，社会生態学の思想家としてとらえる観点が現れつつある。一見新しい装いをとって現れつつも，注意深く検討するならば〈初期〉著作のなかに萌芽的に見られる論件も少なからずあり，その点に意を用いつつも，本書としては，ドラッカーの未完の体系性にも配慮したく，

ドラッカー像の新展開を検討する観点からも，時に〈初期〉を踏み越えて，晩年までの言論をも随時参照している。

第Ⅰ部は，出生から青年前期を生育環境の視点から眺望しようと試みた。知的定点の所在を正確に把握しつつ，市民としてあるいは職業人として彼がとらえた課題を観察枠組みの形成とのかかわりにおいて闡明する点にねらいがある。

第1章は，1909年の出生から1927年の学齢期を終えるまでの歴史的出来事や家庭，サロン，ギムナジウムにおける精神生活を探求しようと試みた。とりわけウィーンの文化的風土との関連や同郷人S・ツヴァイク（Stefan Zweig）との比較において，その時期を両翼を羽ばたかせる反転のばねの期間として考察しようと努めている。

第2章は，フランクフルトの政治的危機の中，暴風に翻弄される時代であり，全体主義という冷厳な歴史的現実に対峙し，ジャーナリスト兼学究として，その原型的な政治イメージや危機への懸念，そして反対に自由社会への肯定的認識について，当時着手されていた『経済人の終わり』の評価を通して考察している。

第3章は，ナチズムへの否定的評価とのコントラストをなす，アメリカ産業社会へのドラッカーの肯定的評価とその観察内容を『産業人の未来』と『企業とは何か』を中心に概観していく。

第Ⅱ部では，アプローチがその本性上歴史性を帯びているとともに，多様な価値観や視点，自由，責任のもとに創造的活動に邁進するマネジメントの言説の底流をもなしている点，反対に青写真や万能薬を掲げて一挙に現実を改造していく理性主義への拒否，イデオロギー化，絶対化への反発が見られる点を確認する。

第4章は，観察上の実践アプローチとして理解されうる社会生態学に主眼を置く。社会生態学とはドラッカーの独創になる学問とされ，そのアプローチが倫理観を含む精神的諸価値をも内包し，近代合理主義の超克への企図の伏在する点にも留意している。

第5章では，自由の概念をドラッカーがどうとらえていたかを問う。とりわけアメリカ産業社会の中に自由にして機能する社会の豊かな萌芽を見出し，そ

の観点から『産業人の未来』においてなされた戦後世界への提言に意を用い，自由や市民性のための正統的な機関としての企業の認識に依拠した意図の所在を考察する。

第6章では，知識及び知識社会をめぐる解釈をたどりながら，近代合理主義の中で比較的低い地位しか与えられなかった実践知の意義を確認していきたい。同様の観点に立つなかで，知識の概念は，知覚的あるいは人格的次元から評価可能である点をも示している。

第Ⅲ部では，ドラッカーの視座において一定の効力をもつにいたったF・J・シュタール（Friedrich Julius Stahl），E・バーク（Edmund Burke），W・ラーテナウ（Walther Rathenau），M・マクルーハンとの間でなされた内的対話に焦点を当て，視座の深部に定位する影響関係の探索を試みている。

第7章では，19世紀の法理論家にして政治家のF・J・シュタールについての論稿をもとに，ナチズムに対して確証しようと試みた，自由と実存の保持と保守主義に由来する政治社会的解釈に論及している。

第8章では，近代保守主義の祖E・バークによる『フランス革命の省察』に依拠し，ドラッカーが想定した保守主義的アプローチの探索を試みつつ，『産業人の未来』に見られるヴィジョンとアメリカ産業社会に重ね合わせた視座の所在を尋ねている。

第9章では，ヴァイマール期の産業人W・ラーテナウへの共感と支持を手がかりに，マネジメントの担い手に期待される人間像を探索する。組織や責任などの産業人や知識労働者などの原型的イメージが，既にラーテナウの産業，政治，思想的実践に示唆されている点に注目して議論を展開していく。

第10章では，メディア学者M・マクルーハンとの交流を取り上げる。知識・技術の解釈論議は，マクルーハンとの対話やその影響関係の地平の上に広がるとの理解を示している。そして，とりわけ印刷技術のメディア論的解釈が，ポストモダンへの着火点として解釈されうる点をも合わせて示唆している。

上記は本書の構成に伴う概略に過ぎないが，いずれも基本的視座の解明に取り組むにあたって，彼が時代と格闘し，観察し，内省し，応答していく中で思想を深めてきた点を言論を手がかりに読み込んでいく手続きにこだわってい

16 │ 序章　ドラッカー研究の現在

る。そのことはとりもなおさず観察者として，あるいは書き手として，いかなる問いを時代から受け取り，いかなる応答責任を果たしていったかとする内面的プロセス，すなわち大樹における見えざる根の働きを重視したためにほかならない。

　上記のために，筆者は基礎文献とされてきた著書・論文のみでなく，フランクフルト大学に提出された博士論文，ロンドン時代にウィーンで刊行された『ドイツにおけるユダヤ人問題』等を含む資料や筆者自身によるドラッカーへのインタヴュー（2005 年 5 月 7 日），B・ローゼンステイン（Bruce Rosenstein）や牧野洋などのジャーナリストによるインタヴュー記録の参照，ドイツを中心とするヨーロッパの研究者との対話，クレアモント大学院大学での同僚研究者等への聞き取り，妻ドリスをはじめとする家族，学生，ドラッカーと親しい関係にあったコンサルタントや経営者へのインタヴューも合わせて行って来た。それらが十分な形で本書に生かされているかは措くとしても，〈初期〉の基本的視座に迫りつつ，最新の成果に依拠しながら現在の要求に応えようと努めたのは確かである。

　それというのも，本書の執筆上の原点とは，ドラッカーのマネジメントを超える果てしない知的呼びかけへのささやかな応答への動機によって強く支えられている。はしがきで述べた比喩をもう一度使用するならば，大樹の繁茂する葉や実に幻惑されることなく，果てしなく伏在しつつ幹や枝を支える，繊細に張り巡らされた地下茎の生命熱の一端にでも触れたいとの思いがある。その意味において，島田恒が次のように記述するのは，筆者の抱懐するドラッカー的知への畏敬を見事に代弁している[11]。

　　ドラッカー経営学は，単なる技法や手法とは異なる深みをもっている。われわれは，ドラッカーから学ぶことを通して，経営の専門的知識を与えられるばかりか，経営学のあり方にも，自らの人生観や社会観にも大きなインパクトを受けることができるはずである。その中身は，ドラッカーが激動の時代を生き抜き，宗教・哲学，卓越した一流の教養一般などに触れて探求を重ね，主体的に確立してきたものである。われわれもまた，それに学びつつ，自らのものとしての生きざまを確立することを呼びかけられているのではな

いだろうか。

　筆者は縁あって呼びかけを耳にした多くの者の一人に過ぎない。誠に非力ながら——あるいは非力ゆえに——呼びかけに導かれてドラッカーとの内的対話を続け，荒野をさまよってきた一人でもある。その呼びかけは時に経営やマネジメントという一見すると俗世の物見塔より発せられつつも，導き誘う先には遼遠にして崇高な知の沃野を予感させるものがある。もとより筆者にそのごく一部さえをも見極めうる力はないけれども，呼びかけに対し筆者なりのささやかな応答だけでもなしうればとの思いで本書に着手した点を申し添えておきたい。

［注］

1）カー（1962），8頁。
2）河野編著（2012），73，76頁。
3）河野編著（2012），76頁。
4）*EEM*, H. N. Brailsford, Preface.
5）白珍尚氏の作成になる「日本におけるP・F・ドラッカー研究60年の軌跡資料」（ドラッカー学会編（1999），213-145頁）を参考にさせていただいた。特記して謝意を表したい。
6）藻利（1959），1頁。
7）藻利（1959），2頁。
8）Bonaparte and Flaherty *eds.*（1970）, p. 1.
9）Maciariello and Linkletter（2011）, p. 23.
10）河野編著（2012），4頁。
11）河野編著（2012），20頁。

第 I 部
時代観察と〈初期〉言論

　20世紀初頭にオーストリア人としてウィーンに出生し，ハンブルグ，フランクフルトで青年期を過ごした事実は，言説構造に深く内在する危機への観察という隠された契機を暗示している。その観点に立つならば深刻な近代の危機のただ中に生まれ，人となった事実ほどに，社会観察上の基本的な視座の所在を雄弁に物語るものはない。危機の最たるものは，大衆の絶望によって惹起される全体主義社会における自由と機能の衰微にあった。第一次大戦とそれに続く危機観察の原点は，ヨーロッパ世界の廃墟から始まり，その現代的再生をアメリカ産業社会の中に見出していた。ウィーンからアメリカへの移動において，失われた世界再興への意志は『経済人の終わり』(1939年)，『産業人の未来』(1942年)，『企業とは何か』(1946年)の枢要な主題を占める。自由の喪失をもって廃墟と化した世界に救済があるとすれば，自由の再獲得を通じて解決されなければならないのは言うまでもないためである。

鳥は卵の中からぬけ出ようと戦う。卵は世界だ。生まれようと欲するもの
は，一つの世界を破壊しなければならない。

——H・ヘッセ『デミアン』(高橋健二訳)

第1章
ウィーンの時代

第1節　幼年期——家庭とサロン

　ドラッカーが生まれた20世紀初頭の若きウィーン文化人たちの少なからぬ割合がユダヤ系であったのはしばしば指摘される事実である。その主因として1870年代以降にロシア・東欧諸国からいわゆる東方ユダヤ人としてウィーンに大量に流入した人々の存在がある。ウィーンのユダヤ人は，1857年の6000人余から，ドラッカーが生まれた直後の1910年には17万5000人以上に増加している[1]。世紀末から20世紀初頭にかけて，文化の創造に活躍した人々の顔ぶれを見ると，多くはウィーン生まれではなく，帝国周辺からの移住者の家系である。事実，出身小学校の設立者のオイゲニア・シュヴァルツヴァルト（Eugenie Schwarzwald），父の友人であったヘルマン・シュヴァルツヴァルト（Hermann Schwarzwald）はともにポーランド辺境からのユダヤ系流入者であった。あるいは父アドルフと貿易省の同僚であり，また1912年に母キャロラインの妹マルガレーテ・ボンディ（Margarethe Bondi）と結婚したH・ケルゼン（Hans Kelsen）はプラハ出身のユダヤ人であったし，作家のR・ムージル（Robert Musil），K・クラウス（Karl Kraus）など，ドラッカー家を直接間接に取り巻く知的群像にも，帝国周辺からマージナルな眼でウィーンを観察したユダヤ系知識人の姿を垣間見ることができる。

　彼らの中には，帝国外で学位を得たり——例えばE・シュヴァルツヴァルトはチューリヒ大学で文学博士号を得ているし，母キャロラインも同地でインターンを経験している——知的活動を広範囲に行う独創的な知識人が少なからず見られた。ドラッカーが生を受けたのは，まさしく世紀を挟むうねりの熱渦にも比すべきウィーンであったのは特筆に値する。ドラッカーの生誕した19

22 | 第 I 部　時代観察と〈初期〉言論

区をはじめとして，創造的な個性同士が，ごく生活圏において日常的に交流していた事実に目をとめた次の記述がある[2]。

　アントン・ブルックナー（Anton Bruckner）がルートヴィヒ・ボルツマン（Ludwig Boltzmann）にピアノのレッスンをしていたこと，グスタフ・マーラー（Gustav Mahler）がフロイト博士（Sigmund Freud）のところへよく心理学の問題をもっていったこと，ブロイアー（Josef Breuer）がブレンターノ（Franz Brentano）のかかりつけの医師であったこと，また，青年フロイトがヴィクトル・アドラー（Victor Adler）と決闘したこと——アドラーは，ハプスブルク朝の最後の皇帝カール一世（Karl I）ならびに，後のオランダのナチス長官アルトゥル・ザイス＝インクヴァルト（Arthur Seyß-Inquart）と同じ学校へ（もちろん，同じ時期ではないが）通ったこと。

　上記引用は，ウィーンの文化人たちは，さしたる困難もなく，相互に日常的な交流圏にあり，多くは友人や知人であった事実を示唆している。そして，同様の交流はドラッカー家を取り巻く文化環境にも十分に反映されるのであり，事実，上記の文化人たちの少なからぬ人々は，ドラッカー家ともかかわりをもっている。その後の人生の最深部に定位するに足るだけの影響を固有の生活環境がもたらしたと見るのにいかなる疑念もないであろう。親族には芸術家や学者，医師も多く，父母のサロンでは，知的な議論や朗読などが頻繁にもたれていた。少年時代にはごく自然に文学や音楽に魅了され，まずもって，芸術や文化的文物に彩られた帝国の中心に生を受けた点は，一人の観察者となるにあたっての枢要な視野のよりどころを供している。

　17歳になって学齢期を終えてからは，ハンブルグに移りS・キルケゴール（Søren Kierkegaard）やF・テニエス（Ferdinand Tönnies），E・バークらとの書物による決定的な邂逅を経て，その後移住したフランクフルトでは大学で国際政治を専攻しながら，ジャーナリストとしての職業人生活を送っている。フランクフルトで観察者，書き手としての修養を積む中で執筆が開始された『経済人の終わり』では，やがて現実となるナチスによるユダヤ人大量殺戮

を予期する中，圧迫された少数者や一般の生活者にも思いを寄せている。こうして見ても，ウィーンの上層中間階級に生まれたドラッカーは，出身階級にふさわしからぬほどに重心の下がった目線を獲得しつつ，ささやかな人々の声を聞き，観察する書き手として，また圧倒的質量の文献の渉猟や芸術体験を通して，知的道程を歩んでいった事実が垣間見られる。その一端は『傍観者の時代』（*Adventures of a Bystander*, 1978）等からも窺われるが[3]，野中は知的修練の様態を領域横断の知（interdisciplinary）と評している[4]。

　彼の知の源泉はどこにあったのだろうか。彼は 95 年の生涯の中で優れた人に数多く会っている。幼少時代にはフロイトに会っているし，後にはカール・ポラニー（Polányi Károly）とも公私ともに親しくしていた。シュムペーター（Joseph Alois Schumpeter），マクルーハンとも知遇を得ていた。IBM や GM をコンサルティングするなど，質の高い経験ベースを持ち，その幅も広かった。彼の帰納法的でジャーナリスティックなものの見方は，多くの場合出会いからくるものだったのだろう。優れた人を媒介にして複合的な知的領域を見事に自らのものとしていた。人を媒介に知を獲得する人は，社会の中で最も知的な存在である。さらにドラッカーは，政治，経済から社会，歴史，芸術にいたるまで，様々な学問領域の知識を吸収していた。領域を横断する学際的な知の持ち主（インターディシプリナリー）だった。

　野中の指摘するように，ドラッカーの知的基盤は既に生まれたときに存在していた高質にして多彩な人的環境に発するものであり，正確に表現するならば，彼は最高度の文化都市ウィーンのただ中に産み落とされた正統な文化的継承者の一人でもあった。少年期から青年期に移るなかで，激しく混濁する時代状況にまともに対峙し，言論活動にもてるエネルギーを傾けていくのも，少年時代の潔癖な知的姿勢や，芳醇な芸術的美意識によって養われた認識様式に主導された帰結であろう。

　しかし，かくばかり穏和かつ気品あるウィーンの文化環境での成長のベクトルは 2 つの歴史的大事件の挟撃によって，少年期から青年期にいたり激しい摩擦熱に灼かれることになる。その一つとは，第一次大戦であり，とりわけこの

24 | 第Ⅰ部　時代観察と〈初期〉言論

世界史的大事件は同時代の人々にとって天蓋の崩落に比すべき破滅体験としての刻印を帯びたが，ドラッカーにあってもまた例外でなかった。もう一つは，フランクフルト時代に目撃したナチズムの政権掌握である。ナチズムとはドラッカーにとって故郷ウィーンで漠然と感じた自由の窒息とイデオロギー支配の極端に増幅された具現物にほかならず，その衝撃はドラッカーの知的形成の原点に横たわるもう一つの歴史的事件であり，第1作『経済人の終わり』執筆の直接的動因をもなしている。かかる2つの不吉な刻印は，マネジメント言説の底流をなしたとも見られ，実証的社会科学の観点に立つならば，言説にはある種の歪み，もしくは実体験に伴うバイアスが所説に混入した結果とも見える要因が胚胎しているのに気づかないわけにはいかない。

　同様の観点から少年期・青年期に目を向けるならば，マネジメントの言説で名をなしたドラッカーとは異なるもう一つの姿とともに思想的遠景が見えてくる。まず第Ⅰ部では，〈初期〉著作，時に自伝等の付随的資料も参照しつつ，実質的なイントロダクションの意味を込めて，揺籃期から青年前期ウィーンにおける知的吸収と経験の骨格を概観しておきたい。

＊　　　＊　　　＊　　　＊　　　＊

　既に述べたように，ドラッカーがある意味で的確な時代観察を行いえたのも，旧文明の中心地としてのウィーンに出生した事実が大いにかかわりをもつ。ドラッカーは1909年11月19日にウィーン19区カースグラーベン36に誕生している。生家は現存しており，壁面の一画には1900年代初めオーストリアの建築家J・ホフマン（Josef Hoffmann）の設計を記すプレートがある。ホフマンは分離派として知られ，機能性が高く質実で調和を重んずる建築を手がけ，G・クリムト（Gustav Klimt）などの画家たちとともに革新的創造を志した一派として知られている。同じ棟には作曲家E・ヴェレス（Egon Wellesz）の一家が暮らしており，詩人H・ホフマンスタール（Hugo von Hofmannsthal）などの芸術家サークルが育まれてもいた。生家から緩い坂を登ると豊かなウィーンの森が広がり，やや足を伸ばすと，楽聖L・ベートーヴェン（Ludwig van Beethoven）が1802年に逗留したハイリゲンシュタットにいたる丘陵地帯となる。教養ある者としての生き方や身の処し方はもちろん

のこと，知識人としての作法や深みは，そうした固有の文化環境に根底から自然に養われたと見うる。

　一方で，20世紀初頭のウィーンは，まさしく帝国解体前の切実な異様さによって特徴付けられており，先に指摘したベクトル，すなわち新旧の巨大な時代精神の拮抗する汽水圏が形成され，絶えざる緊張関係の中で，ドラッカーという個性も育まれ，鍛えられた点は注目に値する。

　さらにもう一つ，知識人としての視座にかかわりをもつ点として出自がある。本人の述べるところによれば，ドラッカー家とはオランダ系であって，祖先が16世紀から17世紀にかけてアムステルダムで宗教書の印刷業──ドラッカー姓は印刷職人を表す──を営んでいたという。クレアモント大学院大学でドラッカーに学び，博士号を取得したW・A・コーエン（Willian A. Cohen）によれば，ドラッカー家は両親ともにユダヤ系であり，19世紀の半ば以降少なからず見られたプロテスタントの改宗ユダヤ人の流れを汲み，本人はキリスト教徒として育てられたと叙述している[5]。

　ドラッカー家とかかわりをもった人々についても，シュヴァルツヴァルト夫妻，G・フロイト，T・マン（Thomas Mann），H・ケルゼン，L・ミーゼス（Ludwig Mises），K・ポラニーなどのユダヤ系知識人が見られるが，ドラッカー自身による宗教と民族についての言及は極端なまでに少ない。例外をなす一つとして，『ドイツにおけるユダヤ人問題』（*Die Judenfrage in Deutschland*, 1936）において，「ドイツ市民のユダヤ人として」と自らの依拠点を明記し，客観性に配慮しつつも，ユダヤ人の側からなされた論及がある[6]。

　ただし，新旧の巨大潮流の衝突に発するウィーンの文化的汽水圏は，一つの独特の生態系としてユダヤ系のみでなく知識ある人々全般の思想を養ったのも事実であり，第二次大戦後にドラッカーと交流をもつM・マクルーハンは，ドラッカーとウィーン文化に言及し次のように述べている[7]。

　　新たな構造変化が自動的かつ速やかに古いものを陳腐化するのはやむをえない。役に立たないものは廃棄されるのが理である。かつて人類はそのために戦争をした。ホメロス（Homer）からT・S・エリオット（T. S. Eliot），J・ジョイス（James Joyce），E・パウンド（Ezra Pound）にいたるまで，

26 | 第Ⅰ部　時代観察と〈初期〉言論

すぐれた叙事詩は例外なく廃墟の街の復興からはじまる。

　暗喩的な表現ながら，オーストリア・ハンガリー帝国が大戦で廃墟となり，やがて無人の荒野を文化や教養とはおよそ無縁な暴威が闊歩するのを目にした世代の一人として，彼らが自らの原型をなした時代精神を新たな衣装のもとに復興しようとの発意を見たのは，さほど驚くべきことではないのかもしれない。マクルーハンのいくぶんひねりをきかせた評言「廃墟の街の復興」（rebuild the ruins of a city）からするならば，ドラッカーによる言説は，歴史的認識を旗印に20世紀に出来した精神の廃墟を新たな原理の提示をもって回復する叙事詩的試みであったとも言いうる。

　次に，ドラッカーの知的原点を明らかにするにあたり，いかなる生育環境のもとに成長したのかが課題とならざるをえないであろう。父アドルフ・ベルトラン・ドラッカー（Adolf Bertram Drucker）は貿易省に勤務する政府高官，母キャロライン（Caroline Bondi Drucker）は神経科医であり，ともに文化的知識人であった。父アドルフは1876年生まれであり，ウィーン大学卒業後官職に就いている。貿易省次官等を歴任し，退官後銀行頭取やウィーン大学教授を務めている。芸術文化にも造詣が深くザルツブルグ音楽祭の発起人に名を連ねていたばかりか，フリーメーソンの主たる団員であったとも記述される[8]。オーストリアがナチス化した1938年に夫妻ともに迫害から逃れてアメリカに渡り，ノースカロライナ大学に職を得て国際経済学を教え，1941年以降ワシントンDCのアメリカン大学に転じ教鞭を執りながら，関税委員会で政府関連の仕事にも従事し，1967年に没している。母キャロラインは1885年の生まれであり，ウィーン大学で医学を修めている。専門は神経科でチューリヒのクリニックで1年ほど助手を務め，医師資格をもちながら開業することなく家に入り，アドルフとともにヨーロッパからアメリカへの転居生活の中で1954年に没している。1歳半下に弟のゲルハルト（Gerhard Drucker）がおり，後にアメリカで医師として活動している[9]。

　ドラッカーは，ウィーンの代表的知識人たる両親の作り上げた家庭に育ち，政治や文化，学問や芸術，文学や歴史への関心を養い，また両親の主催するサロンでも，多領域の専門家に接するなど，知と美への共感を育てていった。既

に学校に上がる前の5歳頃から父の前で『エコノミスト』（*The Economist*）を素読していたとするエピソードは知的様態を象徴するであろう[10]。父アドルフについて次のように述べている[11]。

　　父と私は，まったく別種の人間だった。何でも——出来事でも人でも——，絶対に同じようには見なかったし，関心も異なるものだった。それでいて，非常に親密でお互いのことを大いに尊敬していた。小さい頃から，私は，父の完全無欠の道徳性，友情を育む天分（これは，私にまったく欠けている資質である），勇気に感嘆していた。一方，父は父で，私のことを全面的に認めていた——もっとも私の行っていることはほとんど理解できないようだったが。

　　他方，母キャロラインは進取の人，知覚の人であり，強い意志と明晰な頭脳，そして豊かな感性を兼ね備えていた。若い頃はロッククライミングを趣味としており，ドラッカーにとっての趣味が山歩きであった点を考え合わせると，母の影響であろう。母については次のように語られている[12]。

　　父が原理原則でいく方だったのに対して，母はものを感じ取る方だった。最後の何年間かは重い病気にかかっていたが，死ぬ間際まで，私たちは何をいわなくとも互いに通じ合えたと思う。

　　上記はドラッカーの過ごした家庭環境が，経済的にも精神的にも恵まれていた事実を示している。しかし，家族の平穏な時代は長く続くことはなく，4歳時に直面する第一次大戦以降，度重なる時代的危機に見舞われていく。ドラッカー自身も，知的原点としてしばしば第一次大戦によるヨーロッパ文明の終焉を挙げ，とりわけ『傍観者の時代』では，そのときの模様が鮮やかに，かつ克明に記されている[13]。

　　「小さい頃，アドリア海へ避暑に行ったことを覚えているか。」
　　私はうなずいた。海岸で，妙な水着の母と，砂の城をつくったことをぼん

やり覚えていた。

「でも，早く引き上げたことは覚えていないだろう。」

あれは，第一次大戦が始まった夏だった。休暇をためていたので長逗留するつもりだった。海岸に着いて間もなく，フェルディナンド皇太子（Franz Ferdinand）がサラエヴォで暗殺された。皆，衝撃を受けたが，狼狽したり混乱したりしたわけではなかった。やっかいなことになったという程度だった。

上記引用は 1914 年 6 月 28 日日曜日についての記述であり，ドラッカーの記憶の最初のものの一つである。その記すところによれば，一家はアドリア海に観光に出ており，ヴァカンス先での凶事であったとされている。アドリア海はイタリアとバルカンに挟まれ，現在も風光明媚な観光地で知られるが，当時オーストリア・ハンガリー帝国はバルカン半島の一部としてクロアチアまでを領土として保有していた。オーストリア皇太子 F・フェルディナントが陸軍大演習の帰途サラエヴォに立ち寄り，一人の青年によって殺害される，いわゆるサラエヴォ事件は，ハプスブルグ家の蹉跌とともに，新たな世界秩序に向けた危機の時代のはじまりをも意味した。父アドルフは電報を使って勤務先とやりとりし，上司からは休暇を継続してよい旨の返電を得るものの結局はウィーンに引き返している。間もなくオーストリア・ハンガリー帝国はセルビアに宣戦を布告，首都ベオグラード砲撃を開始し，舞台が暗転していくように，幸せな幼年時代に不吉な影が宿るようになる。後に 1985 年『インク』（Inc.）誌のインタヴューに答えており，時代の危機に立ち向かう父親や知識人たちの面影を見出してもいる[14]。

ごく小さな子供の頃のことで，覚えているのは，第一次大戦の勃発だ。父と父の義弟と父の友人がいた。父の義弟は有名な弁護士だった。法律家であるとともに，哲学者でもあった。私は今でも，その時のわが家の様子を覚えている。暖炉の温水パイプの音が心地よかった。風呂は父の書斎のちょうど真上にあった。私は 5 歳にもなっていなかった。しかし父と，ハンス叔父さんと，マサリクが「これはオーストリアの終わりというだけではない。文明

第1章　ウィーンの時代 ｜ *29*

の終わりだ」と言っているのを，暖房の通風装置のところで聞いていた。

　上記のドラッカーの発言をそのまま受け取るならば，父アドルフ，もう一人はすぐ後にチェコスロヴァキア建国の父となる T・マサリク（Tomáš Masaryk），そして最後の一人とは叔父で著名な公法学者 H・ケルゼンの会話であろう。いずれにせよ確かなのは，幼年期の記憶は，ヨーロッパ文明の終焉に運命づけられているとの認識である。その知的道程はヨーロッパの文化的首都ともいうべきウィーンで開始され，4歳時の第一次大戦に発し，継起する崩壊の連鎖を定点とする。後に同国出身のヒトラーによって，ヨーロッパは破滅状況に陥れられるが，まさしくドラッカーは，ヨーロッパの終焉とともに生を受け，その再建への発意を堅持すべく宿命づけられた一人であった。

　ところで，学齢期を迎え，シュヴァルツヴァルト・シューレの併設小学校に就学するのは，1915年から19年にかけてである。入学は第一次大戦勃発の翌年，卒業はオーストリア敗戦，連合国側からドイツとの合併禁止条項を含む講和条約に署名を余儀なくされた年であった。幼年だった身辺にも既に不穏な足音は訪れ，新聞の戦死者欄で知る者の名を探すのが日課となっており，「大きくなったら」というのは，子供心にも兵士となり戦場に斃れるのと同義とされていたと記されている[15]。

　シュヴァルツヴァルト小学校は1900年に設立された私立学校であり，父の友人ヘルマン・シュヴァルツヴァルトの妻で，進歩派で名を馳せた社会事業家のオイゲニア・シュヴァルツヴァルトの手によって創設されている。同校は成り立ちからもドラッカー家と関係が深く，母キャロラインがシュヴァルツヴァルト・シューレの第一期生となっているばかりか，オイゲニアが最初に選んだ教師の一人が父アドルフであり，二番目に選んだのが父の友人で後に夫となる H・シュヴァルツヴァルトであった。オイゲニアは当時若手の官僚だったアドルフを招聘するのに，彼が教える労働者向けの公開講座を生徒として受講し，自らの優れた教師の尺度たる「教え方に通じ，しかも生徒を見下すことのない人」と見極めたうえで採用したと記述されている[16]。

　アドルフとキャロラインの長男としてドラッカーが生まれ，2家族は学校の設立・運営に深い縁をもつのみでなく，ヘルマンもオイゲニアも幼少期から家

30 | 第Ⅰ部 時代観察と〈初期〉言論

に出入りする馴染みの近親者であった。両親が息子を身近で信頼できるシュヴァルツヴァルト小学校に入れたのも自然の流路を経ていた。E・シュヴァルツヴァルトは子供の自由を尊重する教育理念を実践し，学校とは公平かつ平和，幸福なコミュニティとして機能すべきであると考えていた。また，学校の内外へと境界を越えて人的ネットワークを広く保持しており，新教育の提唱者のM・モンテッソーリ（Maria Montessori）やE・ケイ（Ellen Key）らとの交友ももち，進取の精神による教育の展開に深い関心を抱いていた。シュヴァルツヴァルト・シューレには，父アドルフのほかにも，画家のO・ココシュカ（Oskar Kokoschka），作曲家のA・シェーンベルク（Arnold Schönberg），E・ヴェレス，建築家のA・ロース（Adolf Loos），法政治学のH・ケルゼンなどを教師陣に採用し，「教えることは芸術」（Erziehung sei eine Kunst.）との理念のもとに教育活動を実践している。村山によるならば，1911～1912年における1年から5年までに一貫する教科は，算数，読み書き（国語），フランス語，工芸，宗教，体育，歌・合唱があり，3年生になると自然科学，地理，歴史が加わっている[17]。

　かくして揺籃期の教育が最高の知性たちによってもたらされている点は特筆に値する。シューレで教鞭を執ったA・シェーンベルクは多芸多才な音楽家として知られ，ドラッカーの尊敬したジャーナリストで言語哲学者のK・クラウスとも懇意であった。シェーンベルクは和声学のテキストの一冊に，「人間は人を頼らずにいようと思うなら，色々なことを学ばねばならないのですが，私はそれよりももっと多くのことをあなたから学びました」という一文を草してクラウスに進呈しており，L・ヴィトゲンシュタイン（Ludwig Wittgenstein）と並ぶクラウス主義者であった[18]。建築家のロースもまた，クラウスが発行した雑誌『ファッケル』（Die Fackel）にしばしば文章を寄せる間柄でもあった[19]。クラウスは，ウィーンの知的文化において「一般に知られた，最も明晰なスポークスマン」とされ[20]，同誌はクラウスの個人誌であったにもかかわらず，最盛期にはヨーロッパ中で3万もの予約購読者をもち，クラウス自身の朗読会は常時盛況であったという[21]。読者には文化人が多くフロイトもその一人であった事実から想像するに，少年期のドラッカーもまた父の影響で同誌に親しんでいた可能性は少なからずあると見てよい。

第1章　ウィーンの時代　|　*31*

　付言するならば，建築家としてのロースは，クラウスの近親者の住居改装・新築の多くにもかかわりをもち，シュヴァルツヴァルト邸及びシュヴァルツヴァルト小学校の校舎設計を担当した建築家であったばかりか，後に述べるシュヴァルツヴァルト主催のサロンの常連でもあった。何よりロースはオイゲニアの思想的支持者であり，第一次大戦中に深刻な食糧不足に苦しむ市民のための共同食堂や，児童保養所の創設などの社会活動家としての手腕に敬服し，次のように述べている[22]。

　　数年前，先見の明ある女性が私と共同でゼメリングに大規模な田園学校を建設する計画を練ったことがあります。女性の名前はシュヴァルツヴァルト博士です。ウィーンの街は知られている以上に彼女の恩恵を被っていることがあります。共同炊事場のおかげで避難場所ができて，ほっと一息ついている人は少なくないし，田園学校のおかげで貧しい家庭の子供が夏を田舎で暮らせるようになりました。世間で広く認知されるようになったこの二つの施策は，彼女が発案し作ったものです。こうした彼女の業績はたくさんあります。

　オイゲニアの手になる田園学校は，『傍観者の時代』でも取り上げられている。オイゲニアは教育のみでなく，社会の底辺をなす人々に対して，有益な社会事業を数多く立ち上げており，その生活者視点はドラッカーのもつ非エリート的な目線の獲得にも影響力をもたざるをえなかったであろう。その一つである共同食堂は，両親から20世紀最高の知性の一人G・フロイトを紹介された場所としても記憶される[23]。

　　私自身がフロイトに紹介されたのは，8歳の時だった。食糧難の第一次大戦末期，ウィーンのベルガッセ地区のフロイトの住まいの隣にある，これまたE・シュヴァルツヴァルト経営の共同食堂で居合わせた時だった。その時私は，フロイトと握手をさせられた。フロイトと私のつながりはそれだけである。子供の頃握手をした他の大人のことは全部忘れたのに，フロイトだけは未だに覚えているのは，すぐ後，両親にこう言われたからだった。「こ

32 | 第 I 部　時代観察と〈初期〉言論

の日のことを憶えておきなさい。オーストリアで一番偉い人，もしかすると
ヨーロッパで一番偉い人にお会いしたんだよ」「皇帝よりも偉い人？」「そう
だよ」この「一番偉い」という点が強烈な印象として残ったのだった。

　母キャロラインもまたチューリヒで講義を通してフロイトと面識があり，
『夢判断』の初版本を保有していたと記されている。フロイトに限らず，幼少
年期のドラッカーは，ごく日常的な範囲でウィーンの放つ固有の輝きの恩恵を
十分に受けており，とりわけ自宅で開催されるサロンは芸術や学問，文化に
参与する個性的な自由人たちのアイデンティティを保持する場として，ドラッ
カーの心に時代の光を灯していた。
　サロンの来客にはウィーン・サークルの一端さえ垣間見られた。多い時
には週に2，3度知人たちが自宅に招かれたという。経済学者，高級官僚，
法律家，医師が多く，J・A・シュムペーター，F・A・ハイエク（Friedrich
August von Hayek），L・ミーゼスといった父の仕事関係の知識人の姿も見
られ，後のチェコ大統領 T・マサリク，叔母の夫で世界的に著名な公法学者
H・ケルゼンも出席している。週の後半になると母がディナーを設け，医学，
数学，音楽などの統一的な話題に基づいて議論が繰り広げられた。J・ビー
ティの評伝によれば，両親はどちらも数学と哲学に関心をもっていたとい
う[24]。ドラッカーにとってサロンは幼少年期のインフォーマルな学校であっ
たとともに，帝国の辺境からウィーンにやってきたマージナルな故郷喪失者に
アイデンティティを供する場でもあった。

第2節　デブリンガー・ギムナジウムの時代

　観察定点の形成は，さらに知的活動を豊かに展開するデブリンガー・ギム
ナジウム（Döblinger Gymnasium）時代との関係からも理解しうる。同ギム
ナジウムは卒業生に W・パウリ（Wolfgang Pauli）と R・クーン（Richard
Kuhn）がおり，それぞれ物理と化学でノーベル賞受賞者を輩出した名門ギム
ナジウムであった[25]。村山によれば，同ギムナジウムは 1885 年男子校とし

て開設され，ドラッカー在籍中（1919〜27年）の1922，23年に男女共学となり，女子教員も採用されるようになった。宗教，ドイツ語，ラテン語，ギリシャ語，歴史，地理，数学，自然史，物理と科学，哲学入門，ドローイング，作文と習字，体育がドラッカーによって履修された記録が確認されている。既に述べたように，ドラッカーは上層中間階級に多いプロテスタントへの改宗同化ユダヤ人であったとの指摘も存在するが，学科としての宗教においても選択制（カトリック，プロテスタント，ユダヤ教）の中で，プロテスタントが履修されていた点も村山の調査によって明らかとされている[26]。

　他方で，ギムナジウム時代は，ウィーンの社会的変容という外部の事象に対して自覚的な観察の目が向けられた時期でもあった。30年代初頭に目にする理念と正統性の真空状態をドラッカーは魔物の再来（the return of the demons）と名づけ，ユダヤ人を含む少数者やマージナルな精神が圧殺され，一元的な権力によって圧倒される惨状に目をとめている。ドラッカーが少年時代を送ったウィーンにあっては，ドイツより一足先に戦前の栄光の呪縛から逃れられず，画一性と凡庸性の支配によって大衆の目が曇らされていった時期にあたる。同様の状況はしばしば陽気な黙示録（H・ブロッホ）とも呼ばれ，外に目を向け始めたドラッカーにとって，ウィーンは既に昨日の街であり，自由かつ創造的に自己を展開するうえでふさわしい場でなくなっていた。

　とりわけシュヴァルツヴァルト小学校を卒業し，外の世界，特に知識人たちのサロンに目を向け始める学齢後期は固有のマージナルな視座が飛躍的に展開した時期でもあり，後の言論活動との関連でも大きな意味をもつ，もう一つの問題圏を形成している。家庭やサロンで育まれた知的・審美的蓄積と，世界への関心が相互作用的に重なり合うことで，アクチュアルな課題への開眼を急速に強いていったと見ることもできる。では，ギムナジウム時代のドラッカーの精神的軌跡とはいかなるものであったか。公私ともに交流をもった，ドイツのサイモン＆クチャーCEOのH・サイモン（Hermann Simon）の記述が，ドラッカーのギムナジウム時代を理解し評価するうえで一定の示唆を付与する[27]。

　　ドラッカー本人に聞いてみたことがある。あなたは自らを歴史を書く者，

34 | 第Ⅰ部　時代観察と〈初期〉言論

マネジメント，いずれの側面が強いと考えるかと。さほどためらいもない様子で「歴史を書く者だ」（more as a historical writer）との答えであった。会見にわずかに先だち，私は自伝『傍観者の時代』を読んでいた。この書物を読む者は，知らず失われた世界へ迷い込むのだが，そこが私の議論の中核を構成する。ウィーン市民としてもう一人名高い人物がいる。伝記作家のS・ツヴァイクである。彼も同様のものを名指して，昨日の世界とした。ドラッカーが生まれ育った社会的風土は，一切ならざる意味において特異であった。オーストリア・ハンガリー帝国の上層中産階級に生まれた。教育，文化，芸術，音楽，歴史意識，都市性や国際的開放性がなじみであった。とはいえ，こういったおきまりの表現のみで，この時期のウィーンをとらえきることなどできはしない。いかなる時代だったのかを本気で理解しようとする者なら誰しも，ドラッカーの『傍観者の時代』とツヴァイクの『昨日の世界』（*Die Welt von gestern*, 1942）の併読を避けて通ることはできない。

　上記引用中でサイモンは，ドラッカーの人と思想を理解するうえで，『傍観者の時代』とツヴァイクの『昨日の世界』との併読を強く推奨している。両著はウィーンを包む時代的摩擦熱を伴い，それらの雰囲気や印象といったものに個性的な人格を育てた共通の視覚や認識を認めうると理解するためであろう。確かに，ツヴァイクとドラッカーは，知的業績や関心領域においてはいくぶん異なる面が否めないものの，サイモンも指摘する通り，ともにウィーンに生まれ，くぐり抜けた時代に一定の類似性を備えた点は看過しえない。次に，サイモンの示唆に倣い，S・ツヴァイクとの比較でギムナジウム時代を見ていくことにしたい。

　ツヴァイクがウィーンのマクシミリアン・ギムナジウムに入学するのは10歳時，1892年である。『昨日の世界』にあって，わけてもギムナジウム時代は個人的な危機体験として述べられている。先の履修科目に見るように，ギムナジウムにおいては，古典教養科目の修得が必須とされ，学業に秀でた者には抽象的推論能力の徹底的な訓練が組み込まれていた[28]。一例として，ギリシャやラテンの詩文暗記などが古典・神話に関する広範な知識や言語感覚を養うのに大きな役割を果たす一方で，ギムナジウム教育は往々にして絶対的な性格をも

ち，現実への柔軟な対応を欠く点も両者によって指摘されている。ギムナジウム教育の枠組みは，古典古代世界から垂直方向にあり，現実世界から超越した空間として理解される傾向にあり，しばしばドラッカーが引用する W・ゲーテ（Wolfgang von Goethe）『ファウスト』（Faust）に見られる，書斎の真理探究に倦み疲れる近代人の苦悩を彷彿とさせる濃い陰影がある。

　ツヴァイクにとってギムナジウムはとりわけ伝統墨守の硬直が青年の生きた精神を窒息させた時代として語られる。ツヴァイクにとってのギムナジウム体験はおおむね陰惨かつ抑圧的であって，生徒の失点を調べ尽くすのに無常の楽しみを覚えるサディスティックな教師や，2，3年経つのに生徒の名前を覚えない教師の記述が見られる。「18歳のギムナジウム生徒は，子供のように取り扱われ，煙草をもっているところを押えられると罰せられ，用を足すために生徒用ベンチを離れようとする者は，おとなしく手を挙げねばならなかった」とし[29]，現実からの逃避として，芸術や精神の世界に主たる活動の場を求めるのは自然の帰結であったとも記述される[30]。

　　自由な時間は学校の宿題にとられ，そのうえ更に，学校とならんで「一般教養」の要求したものは，古典語のギリシャ，ラテンとならぶ「現代の生きた」言語であるフランス語，英語，イタリー語である。——それゆえ，幾何と物理とほかの学科に加えて5ヵ国語だった。これではあまりにも多過ぎて，肉体的発達，スポーツと散歩にはほとんどまったく余地が残されていなかった。特に愉快な遊びや楽しみにはそうだった。

　ツヴァイクが述べるのは，固定的な真理が人間精神に枷を付し，世界への自由な飛翔を阻害するギムナジウムの日常的風景である。少なからざるものは「知るに値しないものの知識」であって，革表紙に閉じ込められた文字の羅列に過ぎなかった。

　他方で，ドラッカーはデブリンガー・ギムナジウム設立百周年記念出版物に原稿と校長宛ての書簡を寄せている。ギムナジウムで素晴らしい先生に出会えた点に言及しつつ，「何も学ばなかったということが当時の学生たちの間では当然で格好良いとされていた」と綴られていたとする論及がある[31]。往々に

36 | 第Ⅰ部　時代観察と〈初期〉言論

して内的屈託は青年期に見られる特有の気風とも言いうるであろうが，ツヴァイクの時代から変位することなきギムナジウム文化の現実でもあったであろう。ただし，いささか逆説的とも言いうるのは，かかる硬直的な教育システムが，卒業とともにその枷を大胆に廃棄させ，広大な世界の観察者としての再出発を可能とするうえでの強力な反転へのばねを供した点にある。歴史を生ける世界として記述していくツヴァイクの文学スタイルはギムナジウム時代の反動であったようにさえ見える。

　一方で，ギムナジウムの学生は知性と感性において著しく早熟でもあった。ツヴァイクの時代は，10歳を過ぎてさほど年月も経たない生徒たちが，R・リルケ（Rainer Rilke）をはじめとする無数の詩文を自由自在に暗唱し，文学，演劇などあらゆる当世の話題が縦横に論じ合われていた。教師がF・シラー（Friedrich Schiller）を講義するのをよそに，危険視されていたF・ニーチェ（Friedrich Nietzsche）やJ・ストリントベリ（Johan Strindberg）が回し読みされ，放課後にはカフェに出入りし，ウィーンのみならずドイツ，フランスの新聞や雑誌が争って読まれたと記述されている[32]。彼らは社会の知的先駆者として時代の先端を切るのに何よりも情熱を燃やす少年たちであって，新規な名を耳にすると，異常なほどの関心を示し，徹底的に知り尽くさねば済まなかったとされ，友人との間で取り交わされたある会話をツヴァイクは次のように書きとめる[33]。

　　当時まだ社会から放逐されていたニーチェを論ずる時，突然われわれの一人が優越を装って，「しかしエゴティズムのイデーにおいてはキエルケゴールのほうが彼よりもすごいね」と言うとすると，すぐさまわれわれは不安になるのだった。「Xが知っていて，われわれが知らないキエルケゴールとはどんな人物であろうか。」次の日には，この忘れられたデンマークの哲学者の著書を探し出すために，図書館に押し寄せるのだった。

　かくしてツヴァイクは，ギムナジウムにおける真理探究の牢獄にあっても，早熟な文学青年の常として苦痛から逃れるために，音楽や劇場，詩作といった芸術の世界に活路を見出していた点を率直に認めている。その証左として，詩

人のP・ヴァレリー（Paul Valéry）がツヴァイクに会った折り，10年以上前パリの小さな雑誌に掲載された無名時代のヴァレリーの作品をツヴァイクが既に知っていたのに心から仰天したエピソードがある。ツヴァイク自身，「そのような圧迫を不満をもって感じなかった級友を思い出すことはできない」[34]と書き記すのにも見られるように，ツヴァイク一人ではなく，当時の若者たち一般にとって抑圧的で固陋な教育機関は悪夢とともに追憶されるのが常であった。

　かかる反転のばねとして，知の自由への探求は活発になっていった。例えばツヴァイクの世代の学生はリルケやホフマンスタールを尊敬したというが，偉大な詩人にとどまらず，ギムナジウムの窮屈な校舎から巣立った先輩でもあったためと記している[35]。ツヴァイクの執筆世界をなす感受性は，彼自身が生きた世界における人物の血の通った素描をもって普遍を記述しようとした後の伝記や評論などの著作群にも濃厚に表れている。ツヴァイクは，多様な世界における例示的な真理を示し続けたが，それもまた革表紙の中の真理からの脱出への志向性によって彩られる。ツヴァイクの作品にいわゆる学術的志向性はほぼ見られない。しかし，脚注や実証性よりも想像力や構想力を資源として構成されており，むしろかくして学問的アプローチを脱するとき，かえって期せずして開示される人物の固有の性格や力動性を認めないわけにはいかない。いずれにしても，ツヴァイクが『昨日の世界』で示すギムナジウム生活は，閉鎖空間に押し込められた硬直的な真理よりも，現実世界の探求を重んずる知的原点として理解しうるであろう[36]。

　　私は，あらゆるアカデミックな作業に対するひそやかな，今日でもまだ消えない不信の念さえもっていた。私にとっては，良書は大学のかわりをする，というエマーソン（Ralph Emerson）の原理が，確固として妥当し続けて来た。人は大学，あるいはギムナジウムにさえも通うことなくして，すぐれた哲学者，歴史家，文献学者，法律学者，ほかの何にでもなりうる，と私は今日でも確信している。

　『昨日の世界』では，自学自習が深い実用への哲理を育むとの信念を表明

38 | 第Ⅰ部 時代観察と〈初期〉言論

し，一例としては古書店主のほうが，文献学の教授よりもしばしば文献に通暁し，あるいは美術商のほうが美術の学者よりもはるかに美のもつ本質的価値に鋭敏な感覚をもちうるとする指摘を見ることができる。また，世の発見の少なからざる割合が専門外の人々によるものであって，特定の専門分野をもつ者の多くが凡俗の業績しか残しえなかったとの私見をも述べている[37]。

『昨日の世界』はツヴァイクが自死を決意する直前に，一切の文献を使用することなく，記憶のみを手がかりに知的道程の核心を説得的に，余すところなく記述した名著である。ツヴァイクは，世界を合理的な学知として把握するアプローチをあえてとらず，自らの知のスタイルを現実世界の探索に見出し，人間社会の価値観，思想，感情，欲求，嗜好をありのままに記述している。ツヴァイクは，人間の個性と多様性を尊重し，個人的性癖や偏見をも評価し，誤謬や偶然をも含む総体として歴史や人間社会を描きかつ擁護した作家であり，その観点からするならばドラッカーの言う社会生態学者に類似した立ち位置とも見るうるであろう。

ただし，ツヴァイク自身にはウィーン大学で哲学を専攻した学究としての一面もある。ドラッカーも自身の視座形成における一定の影響を言明する[38]，H・テーヌ（Hippolyte Taine）についての哲学論文で博士号を取得している。言論人としての歩みに一定の契機を含み，ツヴァイクの著作の真骨頂を現実を形成する人間描出に見るうるエピソードであろう。

同様の観点からギムナジウム時代を見るならば，約20年後輩にあたるドラッカーの世代も，ツヴァイクの時代の知的風土が濃厚に生き残っていたと見てよいであろう。ドラッカー自身の言をそのまま使用すれば，ギムナジウムの授業は「呆れるほど易しく，呆れるほど空しかった」とし[39]，「私はオーストリアのギムナジウムでラテン語の不規則動詞の勉強に8年間もかけたが，これは高等教育ではなかったし，いかなる意味においても教育といえるようなものではなかった」とも叙述している[40]。ドラッカーが不満を示したのは，ラテン語の不規則動詞が暗記のみにとどまり，広がる知の地平を見せるにはあまりに狭隘で閉塞し，美と多様性に対する刺戟も畏敬の念も感じることができなかったためであろう[41]。

私の場合，この研究をするにあたって現在使われている言葉であれ死語であれ言語に関連づけたりまたは，文学，文化，歴史に関係づける試みはなにもなされなかった。ラテン語のどの教師からも，ホラティウス（Horatius）やタキトゥス（Tacitus）を読む場合の助けとなるものには，文法的誤りを発見すること以外にはなにも教えてもらえなかった。

　ドラッカーの理解に従うならば，ギムナジウムは個としての生徒を孤立化させ，自由な知的感性を外に向ける可能性を阻害する壁に類似しており，浸食される精神は狭い世界にとらわれ，内面の生きた思想空間は構造的に一元化されてしまう。外の世界との対話をもちえず，自己内対話も不活発となり，結果として外からの誘導に惰弱となり，自律性や自由の感性は麻痺していく。彼はインタヴューで次のように述べている[42]。

　学校は閉鎖空間である。同世代の人間しかいない。実社会ではそんな場所はありえない。不自然である。あまりに均質であって，異質な経験のもたらす交流がない。17の少年は自分同様に世の全員が同じように異性を知らないと考えがちだ。もちろんそんな馬鹿な話はない。だが，同質的な集団ではそんな非常識が常識となりうる。要は似た者同士が同じ場所を回っているだけだ。どこにも行けない。

　上記引用などは，ウィーンのギムナジウムで過ごした一時期が想起されているであろう点は想像にかたくない。ツヴァイクがギムナジウムを卒業して，ウィーン大学に進学し学位を取得したのと経路は異なるものの，両者は硬直的な閉鎖空間への危機感をもちながらも，かえってそれをアルキメデスの点代わりに自由で多元的な生きた世界の探求に乗り出していった。そのことはギムナジウム時代のドラッカーが，学校帰りの図書館での読書に精神の飛翔の場を見出し，法哲学と社会学の書物を集中的に耽読する生活を送った記述にも表れている。観察と内省を通して独学のスタイルと意味，学びの価値の多様性を知るにいたった点や，次節で詳述するシュヴァルツヴァルト夫妻のサロンの中に，創造的でありながら，風変わりな一群の知識人との交流による修養を求めざる

をえなかった点も合わせて指摘されてよい。

　ドラッカーはギムナジウムを出て，新しい何かを新しい場で創始し，何より自身を主体的に展開していく自由を追求する決意を固めている。そのための具体的な行動が，故郷ウィーンを出て，職業をもち自活することであったのは自然の理路とも見なしうる。事実，ドラッカーは両親の母校ウィーン大学への進学をせずに，ハンブルグで木綿商社に勤務し，自立の道を歩む（ただし，結果としては，勤務とともにハンブルグ大学法学部に籍を置き，同時期にキルケゴールの『おそれとおののき』等に出合い，活発な内的対話を行う重要な契機を手にする）。ツヴァイクとドラッカーにあっては，ギムナジウム時代の孤立は，人間精神の自由と尊厳の根拠を照らし，やがてキルケゴール的な実存的基盤の獲得を促し，さらには観察と省察の堡塁を根底から整備した時代でもあった。

第3節　昨日の世界ウィーン
——アトランティスからの報告をめぐって

　ドラッカーは，ヨーロッパ社会の観察者として，自覚的にマージナルな立ち位置に立つ覚悟を自らに定めた形跡がある。文明の中心地ウィーンからの逃避は，その昨日の世界化によって，やがて自由が締め付けられ，いつかは個の実存の剥奪にいたるであろうとの，終始抱き続けた違和感への彼なりの応答でもあった。後の述懐によれば，A・ヒトラー（Adolf Hitler）の『我が闘争』（Mein Kampf）を手にしたのも同時期とされ，記述が細部にいたるまで実現への意志に貫徹されるのを直観したと述べている[43]。

　ウィーンを脱するまでの言動が重要なのは，フランクフルトでナチス幹部にインタヴューを行うなどその暴威を目にする以前から，やがて自由が圧殺され，ヨーロッパの伝統的価値を致命的に損なう危機を予覚していた点にある。その経緯は『傍観者の時代』におけるウィーン時代の記述に見出しうるが，それ以上にむしろ第1作『経済人の終わり』の執筆動機に明徴に示されている。すなわち，彼が『経済人の終わり』で提出したナチズム出現の真因としての大

第1章　ウィーンの時代 | *41*

衆の絶望（the despair of the masses）の予兆をウィーン時代の記述に見出し
うるためである。

　ウィーン社会の中枢を担う階層に生まれたにもかかわらず，ドラッカーが結
果としてウィーン社会に対して一定の距離感をもつにいたった経緯も上記との
関連から理解しうるであろう。ドラッカーは，後にはドイツ語圏の社会にお
いて，非居住者には見えにくい矛盾や疎外をも視野に収め，その状況をロンド
ン，ニューヨーク移住を通して外部から告発していく立場を選んでいくが，い
ずれもがウィーンという文明社会の中枢に生まれ育ちながらも，結果としては
漂白的作法を選び取らざるをえなかった事実を起点としている。かかる主体的
に選び取られた漂白の生き方への決意を促したのが，デブリンガー・ギムナジ
ウム時代に参加したサロンであった。サロンとは，H・シュヴァルツヴァルト
と妻E・シュヴァルツヴァルトが主催したものであり，夫妻ともに両親の親し
い友人であった点や，家族と近しい人々が常連であった事実もあり，しかるべ
き影響をドラッカーに対して残したのは，『傍観者の時代』でも明示されてい
る。

　シュヴァルツヴァルト夫妻の影響は，いわゆるシュヴァルツヴァルト・
シューレとの関係もさることながら，サロンにおいて現実解釈の契機を予示し
た点で重要のように筆者には思われる。というのも，『傍観者の時代』におい
て，夫妻がウィーンにおける大衆の絶望の化身と半ばとらえられており，同時
にドラッカーをして，将来の進路選択に少なからざる影響をもった点が示唆さ
れるためである。『傍観者の時代』「ヘムとゲーニア」（Hemme and Genia）と
題する章で夫妻の言動が詳細に描写されているばかりでなく，「私が物語を書
くとしたら，この夫妻をどうしても書き込まないわけにはいかなかった」とさ
え述べられている点からも推察しうる[44]。

　ただし，その点は唯一の原典とも言える同書のもつ微妙な性格を考慮に入
れる必要がある。それというのも，『傍観者の時代』は，序にも記されるよう
に，人物の素描を通して，取り巻く社会環境や時代的遠景を直観的に描き出す
点に主題が置かれており，叙述は一見すると自伝的であるのは確かながら，筆
致と内容を見るならば，教養主義小説的な色彩をもち，時代考証上の正確さに
は疑問なしとしないためである。事実，同書で語られる内容の真実性について

42 | 第Ⅰ部　時代観察と〈初期〉言論

は強い疑義を呈する向きも確実に存在している[45]。

　確かに、『傍観者の時代』は、人物や出来事をめぐって展開されていく記述が、歴史的事実としてどの程度の精度を保持しうるか、検討の余地がないわけではない。出会った人々や出来事などが事実と整合しうるかには議論の余地を残しており、実在の確認しえない人物や、事実と照らした場合明らかに不正確とされる記述が少なからず含まれている[46]。しかし、考証レヴェルにおける課題を残しながらも、『傍観者の時代』がドラッカーの内面における生活史を踏まえた経験的世界として構成され、観察者として能動的に対象を選定し、同時にその点を通して時代の余塵を伝えるうえでの示唆は決して軽微とは言えない。本来、経営学をはじめとする社会科学の見地からするならば、かかる散文的と言えなくもない描出方法や探求の試みは、受容困難かもしれない。まして観察者としての内的必然をもって描かなければ済まなかった時代風景がそのままに表現されているならばなおさらと言うべきであろう。『傍観者の時代』は時代考証や学問的知見とは本質的に異質なスタンスで記述されており、しかも、その開かれたアプローチは、特定の時空を超越した一元的かつ普遍的なテクスト及びその解釈が存在するのではなく、あらゆる叙述が時代解釈において固有性と普遍性を主張しうるとの前提に依拠しているかに見える。学問的裏付けをもちえない小説や散文の類が、実証性や自明性の観点から否定的に受け止められるべきではなく、むしろツヴァイクが述べたように、特権的な知的体系から自由であるためにかえって新しい解釈や独創的な展開を可能にするとの期待をも内包する『傍観者の時代』の視座は、逆に言えば、ドラッカー固有の視覚の所在を示唆し、ヴィジョンの息づく定点を探るうえで意味をもつであろう。

　しかも、観察者として、あるいは一人の書き手として見るならば、夫妻の素描を通して20世紀初頭のウィーンを凝視していった点は一つの手法として注目に値する。反対に言うならば、ウィーンのもつ限界に鋭敏なまなざしを保持しえたのは、夫妻のサロンに象徴されるウィーンの精神を対象化し、凝視し、そこを脱して新たな世界を展望するだけの覚悟に依拠していたためであろう。

　シュヴァルツヴァルト夫妻のサロンは、O・ココシュカ、A・ロース、A・シェーンベルク、E・カネッティ（Elias Canetti）、R・ムージル、T・マン、

第 1 章　ウィーンの時代　│　*43*

H・モルトケ（Helmuth Moltke），S・フロイトなどウィーン最高の知性によっ
て築き上げられている。とりわけムージルはオイゲニアの知人として，面識が
あったかどうかは不明ながらもドラッカーの生活圏に身を置いた作家であり，
後述するように，ドイツ時代に彼が耽読した『特性のない男』の著者であっ
た[47]。

　ドラッカーは夫妻のサロンへの出席を認められ，一度だけ主催者のオイゲニ
アから発言を促された時の記憶を『傍観者の時代』に記述している。オイゲニ
アが隣に呼び彼を座らせ，出席者全員に対して，準備中であったギムナジウム
の卒業論文の主題について発言するよう促したとされ，世界貿易へのパナマ運
河の影響を調べていると答えたと述べている[48]。統計数値を中心とした実証
分析であったというが，現存はしていない。しかし，ギムナジウムの卒業論文
として準備された表題からも，世界の現実に鋭敏な観察の目を向けていた点が
示されている。

　しかし，それ以上に夫妻のサロンがもたらした特異な印象のほうが力説され
ている。その記述は，『経済人の終わり』の執筆動機に直結する起点を説明す
るものの一つとして，十分な慎重さをもって検討されるべき価値をはらむ。
もちろん，ギムナジウム時代の彼は，いまだ社会との現実的接点を保持して
はおらず，政治的現実への視点やそれに伴う自由を基軸とした主張が積極的に
打ち出されてはいない。ギムナジウムの閉鎖系に身を置いていた彼にとって
は，現実の危機を観察し，応答に向かっていくには，さらに命がけの飛躍が必
要であった点は論を待たない。火の試練をくぐり抜ける以前のギムナジウム時
代であったが，垣間見られる凝縮された社会，すなわちサロンの存在が，あた
かも不吉な映画作品の予告編のようにヨーロッパの未来を彼に見せたとするの
は，『傍観者の時代』の記述からも推量可能であろう。自由と実存をめぐる冒
険は，事実上そこから始まったように見えなくもない。

　観察者としての試練に思いを寄せるとき，まず何よりも，シュヴァルツヴァ
ルト夫妻のサロンが浮かび上がってくるのは，彼らが明敏な知性をもって，
ヴィジョン形成の刺戟者であった点に求められよう。加えて，サロン自体が陽
気な黙示録の登場人物として，あるいは昨日の世界の住人として，大衆の絶望
を予示する両義性にも特徴づけられている。次に，『傍観者の時代』に示され

44 | 第Ⅰ部　時代観察と〈初期〉言論

るサロンへの観察と解釈をもとに，『経済人の終わり』の執筆動機を予表する
要因に着目して考察していきたい。

　既に述べたように，『傍観者の時代』は自伝的記述を中心としつつも，彼が
くぐり抜けた時代を特徴づける人物描写から反転して時代の空気感をリアルに
読者に感じさせる書物であり，第1部は「アトランティスからの報告」（Report
from Atlantis）と題されるウィーン時代の経験の叙述によっている。アトラ
ンティスとは，プラトン（Plato）の『クリティアス』（*Critias*）で話題に供さ
れる殷賑を極めた王国の名である。強大な軍事力を背景に世界の覇権を握ろ
うとしたが，救いがたい驕慢が神ゼウスの逆鱗に触れ，海中に沈められた伝説
の国を原義としている。むろん比喩であり，文化的繁栄を極めつつ，第一次大
戦前に実在した，永遠に戻ることのないウィーン，あるいはヨーロッパを暗示
している。ギムナジウム時代の 1920 年代にも，第一次大戦前の価値観や精神
的尺度は健在であったばかりか，ウィーンで生活する人々を内面から呪縛し続
けていた事実をドラッカーは多くの例を挙げて説明している。20 年代，30 年
代のヨーロッパが戦前に憑依された例として，日常生活，芸術・学問から国民
経済，流行の食品店からウィーン大学の教授人事，ひいては社会統計の活用手
法にまで及んでいたと述べる。「昔は今に優る」が当時の人々の口癖であった
ともされ，『傍観者の時代』では，その最初の例に母方の祖母について記述さ
れ，彼女が戦前の価値基準をいささかも譲ることなく，ナチスの軍靴の響き渡
る前夜のウィーンを頑迷かつしたたかに生き抜いた様子が軽妙な筆致で描かれ
ている[49]。

　かかる戦前の憑依が，核心において継起する変化への自己防衛という意味合
いを有していた点を上記は典型的に表している。先の S・ツヴァイクは『昨日
の世界』において，第一次大戦前を黄金の安定期と呼び，約 20 年において社
会的・政治的生活における反ユダヤ主義が一時的に消滅を伴ったと記録する。
黄金時代の記憶は時とともに消えゆくのでなく，反対に時とともに輝きを増し
ていったという[50]。ドラッカーもまた，同様の感触を得た一人であり，ウィー
ン全体の自己防衛を，シュヴァルツヴァルト夫妻のサロンのもつアンビヴァレ
ンスに見て，自由の麻痺状況への直結を直観し，抜き差しならぬ危機の予兆と
受け止めている。次章で述べるように，その点は『経済人の終わり』で大衆

の絶望をファシズム理解の鍵とした指摘において象徴的に見出されるであろう[51]。

E・シュヴァルツヴァルトを中心にサロンは一つの事業として展開され，やがてしかるべき規模となり，先に述べた著名なウィーン知識人の自己開示と知的交流の場へと発展していく。都市問題，哲学，芸術などウィーン文化の産み落とした諸問題が議論され，一見すると自由な放談でありながら，背後では緻密に構成されており，あたかも第二次大戦後に現れるテレビの討論番組を彷彿とさせたとも記述されている。オイゲニアがサロンのもつメディア的特性を理解していたばかりでなく，そのメッセージ性を利用し，政治的に増幅させていたとする解釈をも紙背に含む[52]。オイゲニアは，まさしくサロンという非政治的空間を政治的に利用し，一つのメディアとしての歴史的役割を引き受けたわけだが，ドラッカーの観察によれば，未来への抵抗，あるいは拒絶，そして栄光ある第一次大戦以前のウィーンの呪縛，戦前への執着によって特徴づけられていたとする。彼は戦前への被縛（obsessed with "prewar"）と呼び，シュヴァルツヴァルト夫妻の印象を次のように説明している[53]。

　　二人に接した誰もが——二人を敬愛し，二人に対する批判，嘲笑に耳を傾けようとしなかった者でさえもが——，何やら不快なもの歪んだもの（something discomfort, of something awry）が二人の身辺に漂っているのを感じ取った。（略）二人には何となく気味の悪いとしか言いようのない何かがあった。

何となく気味の悪い何かとは，ドラッカーが感じていた時代の印象とも合致するものであり，夫妻のサロンは無意識に戦前を基準に営まれていた点を示唆している。歴史的断絶のあまりの峻烈さに，過去における理念的引照点を見出しえない麻痺状況あるいは，現実を直視することを拒否し，もはや存在しない砂上の楼閣に生と実存の投錨点を見出そうとする倒錯を意味してもいる。他方で，ナチスの足音が迫っているにもかかわらず人々は現実の受容を拒否し続けた点も『傍観者の時代』に記述され，わけても，知識人や指導者にその傾向が強く見られた。ウィーン知識人たちの虚無主義とそれに伴う無能，能天気ぶり

46 | 第Ⅰ部 時代観察と〈初期〉言論

をツヴァイクは次のように記している[54]。

　ウィーンではカフェに坐っている人々や内閣の人々さえもが，ナチズム
を「あちらで」起こっている事柄であり，オーストリアに少しも触れるこ
とのできないものと見なしていた。（略）ユダヤ人たちさえも憂慮すること
なく，あたかも医師，弁護士，学者，俳優の権利剥奪が起こっているのは中
国でのことであって，同じ言語圏の3時間ばかり向こうでのことではないか
のように，振る舞っていた。彼らは快適そうに彼らの家々に坐し，自動車を
乗り回していた。そのうえ更に各人は慰めの文句を用意しているのだった，
「長続きはしまい」と。

　折りしもドイツでは1922年，ユダヤ人産業家・政治家のW・ラーテナウが
右翼の凶弾に倒れる事件が起こっており，ギムナジウム時代にドラッカーは報
に接し，政治的衝撃の最初のものを直観したと述べている。既に，戦前と完全
に異なる時代的軌道を描きつつあるのは，本来少年であった彼にも了解可能で
あった。にもかかわらず，上記のツヴァイクの記述は，当時のウィーンの人々
の陽気さ加減を生々しく表現している。
　ドラッカーの生活圏で見るならば，夫妻のサロンが，まさしくナチズムの暴
威をあたかも対岸の出来事と見なし哲学や形而上学的議論に熱中する点で，異
常な関心をもって受け止められた。シュヴァルツヴァルト夫妻の観察と執筆に
は，サロンのもつ時代特性のみではなく，さらに背後に不気味に横たわる，凶
悪な政治的諸力と地下茎を共有していた点――一端は『傍観者の時代』におい
て顕著に看取しうる――は指摘されるべきであろう。すなわち，第1作の『経
済人の終わり』の起点がウィーンにおける時代観察にあると見うる根拠はその
点にある[55]。

　戦前は，物という物に浸透し，人という人を麻痺させ，思想という思想，
想像力という想像力の息の根を止める毒気の感があった。戦前への執着は，
ナチズムがなぜあれほどの魅力を発揮したのか，その訳を説明してくれる。

第1章　ウィーンの時代 ｜ *47*

　同時期にドラッカーによるギムナジウム体験を考慮するとき，惨憺たる被縛的かつ非創造的生活を余儀なくされ，その経験からも，個の自由と多様性，創造性を求め，戦前の価値観や世界観の内面化を拒否し，外の世界に出ていく。『傍観者の時代』で主題に選んだのがアトランティスとフロイトであったのは，まさにその点とかかわるのであるが，次に展開される叙述を見ていきたい。

　少年期のドラッカーが父母やシュヴァルツヴァルト夫妻の関係で出会った人物の中で，大きく時代を画する役割を果たした者の一人がフロイトであったのは既に見たところである。ドラッカー家とフロイトとの縁は決して浅いものではなく，母キャロラインは，フロイトの受講生であったし，父やシュヴァルツヴァルト夫妻や周囲の知識人たちの多くも知遇を得ていた。『傍観者の時代』では，世のフロイト像とは大きく異なるフロイトについて一章を割いて記述されている。

　トゥールミンとジャネクは，ムージルが『特性のない男』で述べたオーストリア人の感情を象徴する一文として，「あまりにも背が高く肥えているがゆえに，また足も頭もないがゆえに，敵対できないものが2つある。それはカール・クラウスと精神分析である」を紹介している[56]。その幻滅感はドラッカーの脱ウィーンの原点とも重なるばかりでなく，『経済人の終わり』や『傍観者の時代』における内面的応答の源泉をなす時代的背景を鋭く抉り出している。あるいはドラッカーの詩的直観に比すべき卓越した省察を見うるし，時代に対して見出した実存的苦悩への問いにも，一つの重要な類推と洞見を与える。ドラッカーは，『傍観者の時代』で，自らの意識の暗部をフロイトの灯火をもって明照し，隠蔽されていた真意を見出そうと試みている。ギムナジウム時代のドラッカーの心内でいかなる知覚的印象が無意識に形成されていたかを読み解く興味深い試みである。ドラッカーの記述によれば，フロイトの『夢判断』はシュヴァルツヴァルト夫妻のサロンに横たわる気味の悪い印象の理由をドラッカー自身に教えたとされている。フロイトは，1900年初版の著作『夢判断』（*Die Traumdeutung*）で，夢の作用を「情緒の微妙な気分刺激や烈しい感情に対しては極度に敏感で，内面のうごきをただちに外部の彫刻的な具象性に作り変える」と述べている[57]。ドラッカーは，ヨーロッパを脱して，アメ

48 │ 第 I 部　時代観察と〈初期〉言論

リカに移住してから見た自らの夢を考察することで，究極的には何が自分自身に『経済人の終わり』を書かせたのかに意識の照明を当てようとしている。ドラッカーの夢判断は，フロイト批判をにじませるとともに，他方でそれもまた，『傍観者の時代』によって試みられた原イメージ開示の枢要な系をなすものと理解するならば，貴重な考察上の素材を供するはずでもある。以下，該当する記述を跡付けてみたい。

　ドラッカーが夢を通して自己理解を試みるうえで参照されるのは，少年時代に愛読したS・ラーゲルレーヴ（Selma Lagerlöf）による『ニルス・ホルゲンソンのふしぎなスウェーデン旅行』（*Nils Holgerssons underbara resa genom Sverige*, 1907（邦訳『ニルスのふしぎな旅』））という文学作品である。同書は空想的なスウェーデンの地理と歴史の旅行案内として当時人気を博しており，子供向けにそれらを解説する目的ももっていた。著者のラーゲルレーヴは同書の成功も手伝って，ドラッカーの生まれた1909年に女性初のノーベル文学賞を受賞している。ドラッカーも幼少期から同書をいくたびも耽読したおかげで，「数回しか訪れていないのに，よその国よりもスウェーデンをよく知っているような気がしている」と述べている[58]。

　『ニルスのふしぎな旅』とは主人公の少年ニルスが妖精にしたいたずらの罰に小人に変えられ，白がちょうの背に乗ってスウェーデンを一周する物語である。注目すべき点としては，ドラッカーの記憶にとりわけ強く残った，カルル島近くのヴィネタ（Vineta）という都市の記述がある。物語の設定では，ヴィネタは他の都市に抜きん出て富裕であったが，住民は傲慢で虚栄心が強く，そのために天罰として大津波に襲われ海底に沈められてしまう。にもかかわらずヴィネタの民は死ぬことも滅びることも許されず，100年に一度往年の姿のまま海上に浮かび上がり，1時間だけ砂浜に現れることが許される。その1時間の中で，一人でも生きている人間に何かを売ることができれば，ヴィネタは現実の世界に戻されるのだが，それができなければ再び海に沈み，次の100年を待たなければならない。物語では，ニルスが偶然海上に浮かび上がったヴィネタにやってくるが，銅貨をもち合わせなかったために，再び水没したとのストーリーとなっている。

　ドラッカーは，ヴィネタを戦前の憑依を受け，それに抗しえなかったウィー

ンの具象をなすものとして受けとめ，同時に確固たる実存と自由への意思によって全体主義の危機と対峙する力をもちえなかったヨーロッパを批判的に示唆してもいる。『傍観者の時代』の記述を跡付けるならば，ドラッカーは，自身が外部者としてヴィネタに潜入し，直に住人を目にすることで恐怖を感じる悪夢を何度も見たと述べている[59]。しかし，次第に回数は減っていき，アメリカに渡る 1937 年から一時完全に見なくなったものの，第二次大戦後——すなわち，1945 年以降——には再び同じ夢を何度も見るようになり，その時ヴィネタの住人として登場したのはシュヴァルツヴァルト夫妻であったと記述されている[60]。ドラッカーの理解によれば，シュヴァルツヴァルト夫妻のサロンを不気味にしたというのも，世が事実上の実存的真空に蔽われているにもかかわらず，自らの世界観の変容を強いざる範囲でしかその現実を解釈せず，あるいは形而上学的にしか把握せず，戦前に憑かれ続けた点，すなわち大衆の絶望の予示的性格に依拠していた[61]。

　例えば，ドラッカーは『経済人の終わり』において，教会が宗教的実存をもってヨーロッパにおいて大衆の真空を埋めるとの本来のミッションを果たしえず，ナチス権力の有効な防波堤たりえなかったとする説が述べられている。同様に，シュヴァルツヴァルト夫妻に着目した点は，彼らが多様な知識人を集め，また活発な交流を行ったにもかかわらず，マージナルな視点から，昨日の世界の継続にプロテストしえずかえってそれを受け入れ，強化していくことで，意図せずしてナチズムのヨーロッパ掌握に消極的な寄与をなした点にあろう。夫妻をはじめ，彼らは自らのサロンという共同体において，マージナルな存在として社会にとどまっており，その限りでは第一次大戦後のヨーロッパを創造していく重荷から解放されていたはずである。『経済人の終わり』に即して言い換えるならば，責任を伴う選択としての自由を他者に明け渡しており，そのことを通して，ナチズムの支配的かつ独占的勢力の拡大に貢献さえしていた。

　そこまでがドラッカーの夢判断であるが，さらにもう一つ，『傍観者の時代』でウィーン時代の心象を記述するうえで引き合いに出される文学作品がある。R・ムージルによる『特性のない男』（*Der Mann ohne Eigenschaften*, 1930）であり，その作品をドラッカーがどう受け止めたかを見ることが，抵抗

50 | 第I部　時代観察と〈初期〉言論

や保守が無力化されるヨーロッパの精神的土壌を見るうえで参考になるであろう。というのも，著者のムージルはオイゲニアのサロンにも参加していた近しい圏内の作家だったのであり，仔細に見ていくならば，自由をめぐる決断の不毛に対するドラッカー自身の幻滅感がムージルについての記述にも投影されている。

　ムージルはドイツ語圏の著名作家として，刊行当時は一大センセーションを巻き起こしている。生前は少なくともT・マン，M・プルースト（Marcel Proust），J・ジョイスに匹敵しうる20世紀を代表する作家の一人とされていた。『特性のない男』は1942年ムージルの死とともに未完に終わる作品であり，第一次大戦直前のウィーンに擬せられる架空の国カカニエンを舞台とする主人公ウルリヒ（Ulrich）についての小説である。

　ドラッカー自身が小説をどう評価し位置づけたかについては『傍観者の時代』を見る限り断片にとどまる。だが，フランクフルト時代の1930年頃に本書を手にし，ウィーンに身を置いた第一次大戦後の混迷を極める社会にあって，ドラッカーが作品のメッセージを回顧的ながら正確に受け止めていたのは疑いえないであろう。

　一つの例証として，ドラッカーの個人史との関係性を見ていくにあたり，まず目に付くものとして『特性のない男』に登場するアルンハイム（Arnheim）がいる。アルンハイムは博士号をもつユダヤ系プロイセン人の実業家として登場し，1922年極右の手で暗殺され，ドラッカーが「政治にかかわる最初の記憶」と明言するドイツ外相W・ラーテナウをモデルにしたとムージル自身認めていた事実がある[62]。W・ラーテナウについては第9章で詳述したいと考えるが，哲学者的面貌をもつ実業家・政治家として活動し世への巨大な影響力を行使しつつも，凶弾に倒れた危機の時代を象徴する悲劇の英雄でもあった。本章の関心に即して，アルンハイムの外貌を『特性のない男』から引用しておきたい[63]。

　　アルンハイムが本やパンフレットのなかで告知しているのは，じつに，魂と経済，ないし，理念と権力の和合にほかならないのだった。来るべきものに敏感な嗅覚をもっている感傷的なひとびとは，アルンハイムが世間ではふ

第1章　ウィーンの時代 | *51*

つう分離しているこれら二つの極を自分の内部で和合させていると触れまわり，アルンハイムという一つの近代的な力がいつか帝国の，あるいは，誰が知ろう，世界の運命をよりよいほうに導く途上にあり，かつ，その使命をになっているという噂に有利な条件をつくりだしていた。（略）ただ，ウルリヒを苛立たせるのは，それらすべてがたもっている平衡関係だった。アルンハイムの著書にもこの平衡の確実さがあった。アルンハイムが考察すると，世界はたちまち整然たる秩序をとるのだった。

ラーテナウについては多くの肖像写真が残っている。いずれもが精悍な芸術家的印象を醸すように見え，面差しは濃く鋭く，特に眉毛と目の深さ，輪郭に特徴がある。だが，どことなく繊弱な魂の凛動を感じさせる何かがある。ドイツ在住時代のドラッカーからすれば，ムージルの描写は時代を正確に切り取り描写する切実さをもって迫ったであろう点は想像にかたくない。

ラーテナウは思想家でもあり，ドイツにおけるユダヤ人としてのヴィジョンや，魂と経済など，新たな世界形成への含意を伴いつつ，第一次大戦以前の世界へのプロテストを含意する哲学的著述をも行っている。しかし，ラーテナウによるドイツ国家の全体的協働のアプローチが，枢要な刷新や変革を生む，脱近代的な着手であったにもかかわらず，その一般的な外貌が，全体主義化を推し進めていくプロタゴニストの一人とも受け止められた，特有の両義性をはらむ点も強調に値する。

アルンハイムに具現されるラーテナウ像は，政治家でありながらも思想家の側にも寄せられており，ムージルもまた，両義的であり，同時にとらえがたい観点からその人物像を語ろうとしているのは明らかであろう。引用した文章において顕著なのは，分離した要因が一つになっているとの記述であり，ラーテナウに伴う両義性に関する世の受け止め方をそのような危うさは如実に示している。

『特性のない男』との関連で，ドラッカーが注視する点に，主人公の住む国名カカニエンについての議論がある。ムージルの造語であって，ネーミング自体が矛盾と撞着で身動きのとれない戦前のオーストリアの本質を見事なまでに表現している点から，ドラッカーは「『特性のない男』の中で，戦前のオース

トリアを "Kakania" と呼んだ点に共感を表明した」と明瞭に賛辞を表している[64]。"Kakania" とは，旧オーストリア・ハンガリー帝国の公式の略称 "K & K (Kaiserlich & Köeniglich)" をもとにし，kaka とは人の顔の幼児語，Kakania は汚物の国であり，意識レヴェルで当時の人々は戦前のオーストリアに郷愁を感じないばかりか嫌悪に近い感情さえ示すと同時に，現実の行動様式では人々は戦前を万物の基準とし，戦前を愛惜してやまぬ二律背反の葛藤にとらわれた点を暗示するとドラッカーは指摘する。すなわち，ウィーンそれ自体が自己の分裂に懊悩する神経症状況だった事実を国名が象徴的に示しているとする[65]。

　この没落したカカニエンについては，なんとおおくの奇妙なことが語られるだろう！　例えば，それは帝・王室制でもあれば帝室王室制でもあった。あらゆる事物と人間が，k・k (kaiserlich-königlich) またはk・u・k (kaiserlich und königlich) という略号のどちらかをつけていた。だがそれにもかかわらず，様々な施設や人間のどれにk・kをつけ，どれにk・u・kをつければよいのか，はっきり識別するためには，一種の神秘学が必要だった。それは文書ではオーストリア＝ハンガリー帝国と名づけられ，口ではオーストリアと呼ばれていた。（略）この空間が描写しにくいことは認めなければならないが，これが，イタリアではイギリスとは別様の彩りをもち，別様にかたちづくられているのが，この二つの国では，別種の色彩と形態をもっているからである。しかし，この空間は，そこかしこではおなじ空間，そのなかに現実が空想に見捨てられた小さな玩具の石の市のように立っている，あの空虚な，眼に見えない空間なのである。

　ムージル自身も，カカニエンについての朗読を好んで行っており[66]，文学的構想力によってとらえられたウィーンのイメージが，後に『経済人の終わり』で議論される大衆の絶望や魔物の再来などのキーワードの祖型として鮮やかに重なってくる。アルンハイムやカカニエンに内在する未解決の問題に伴う二律背反の性格が，先のヴィネタに伴うイメージ設定と酷似しているのは言うまでもなく，後にドラッカーが移住するアメリカとはまったく異なる相貌を

もっており，一種の位相上の乖離を示している点は明らかである。

　上記の議論は，必ずしもドラッカーが主観的かつ恣意的にフロイトや『特性のない男』を読み，自らの視座の確立に利用したことを意味するものではない。ドラッカーは1990年代に入り，社会生態学者（social ecologist）としての回顧的記述を発表しているが，一見すると観察者の目に映る対象が偶発性や恣意性に支配される傾向がある点は認識したうえで，それでもなお，観察者としての責任をもって世を損なうことなく，むしろ世に裨益する観察者たりうるとしている。社会生態学者は，観察にあたり，過去の個別的な卓越性や美意識にかなうものを見出しつつ，日々に流されるのではなく，認識し，贖い出す点で，個別や具体を通して普遍にいたりうるとする。したがって，ドラッカーにあっては，会った人，遭遇した出来事，読んだ書物さえも，時代の映し鏡として，社会生態学者の網膜に映し出され，自らの生きかつ闘う時代を理解するための再構成がなされている。フロイトや『特性のない男』を通して，ドラッカーがやがて虚偽の勢力に緊縛されるヨーロッパを予覚した若者の一人だったのは，既に観察者としての技量が高度な次元に達していた例証でもあったであろう。

　上記から考えるならば，ドラッカーはウィーン時代における一連の崩壊に伴う理解を，自らの世界解釈上の定点に据えている。むろんドラッカーの目にしたものはヨーロッパにおける市民の言葉と行為とを共有した表れでもあり，ウィーン社会のただ中に荒廃する人間精神や大衆の絶望に立ち合い，そのアクチュアルな状況下で彼は人格的アイデンティティを培っていった。ウィーン社会で表れた崩壊の予兆は，ドラッカーの実存に危機の刻印として取り込まれ，将来に関する見通しや意見表明，総じて多種多様な所論の形成動因たりえたと見てよいであろう。ドラッカーの世界理解に影響を与えた基底要因として，ドイツにおけるナチズムを見るのは適切でありながら，他方でウィーン時代のインパクトの意義はしばしば看過される傾向をもつ論点でもある。既に『我が闘争』や『特性のない男』やギムナジウム，シュヴァルツヴァルトのサロンなどもまたドラッカーの世界理解に同様の決定的な刻印を残している。その最たるものは，ドラッカーが知識人の起点として故郷ウィーンを選ばなかった事実の中に既に明瞭に表出されている。

ウィーン時代の影響のみに限定して見ておくとするならば，その世界理解に
一貫して大衆の絶望に伴う静寂主義への拒否が堅持されているのは注目すべき
点である。とりわけ，以降の人生において，ドラッカーが最初に下した決断，
すなわち，昨日の世界ウィーンを脱出するとの意思に依拠しながら，むしろ自
らが選択した新しい土地を純然たる故郷へと変えていく作法にそれは雄弁に表
現されている。そのことは，ユダヤ人としてのマージナルな観点も作用してい
ようが，「世界を図書館とする」（The whole world is our library）との後年の
評言に何より象徴されるであろう[67]。

ウィーンでの経験は，自由が狭隘な時空に閉じ込められ，自らの期待感が
次々に裏切られていく過程と同義であった。「若き日の私は，『戦前』から逃れ
なければいけない，と直観した。速やかにウィーンを去ろうと決心したのもそ
のためだった，と私は確信している」とドラッカーは述べている[68]。通常な
ら十分な資格を備えているはずのウィーン大学進学も，自分自身帰属すべき場
との致命的な懸隔と感ぜられ，結果としてドラッカーは主体的にウィーンを出
奔し，自覚的に故郷喪失者としてのマージナルな立ち位置を選び取り，ハン
ブルグへと向かっている。それはドラッカーの冒険的試みの最初であって，か
えって生きていくうえでの基本的作法を切り開いていった記念碑的決断でも
あった。ドラッカーはその後も，フランクフルト，ロンドン，ニューヨーク，
カリフォルニアと故郷喪失者としてのマージナルな探索を定期的に繰り返して
いくが，半ば宿命的にウィーン時代の影からの逃避と自らの時代と闘う言論人
としての諸相が漂白的行動には映し出されている。かくして新たな環境に自身
を展開していく点が，マクルーハンの言う世界市民への自己形成に伴う確信
にも通じてくる。ウィーン時代はドラッカーの言説や思想のみならず，実人生
の形成に対してもはかりしれない影響を与えたという，一般に強調されるこ
との少ない事実をそこでは指摘しうるであろう。というのも，ドラッカーの政
治やマネジメントにいたる一連の言説の内実を構成する鍵概念の多くは，例え
ば——自由，傍観者，イノベーション，社会生態学など——明白に脱ウィー
ンからの残響が副旋律的であるにせよ聴き取れるためである。あるいは，脱
ウィーンの自己展開に伴う遠心力に強められつつ，固有の視軸をめぐる求心力
は錬成されていったとも言えるかもしれない。

［注］

1）中央大学人文科学研究所編（1994），123-124 頁。
2）トゥールミン・ジャニク（2001），150 頁。
3）*AB*, p. 45.
4）三浦・井坂編（2014）（野中郁次郎「リベラル・アーツとしてのマネジメント」），212 頁。
5）Coen（2016）, pp. 69-70.
6）*DJD*, p. 1.
7）Bonaparte and Flaherty *eds.*（1970）（M. McLuhan, "The man came to listen"）, p. 47.
8）Wood and Wood *eds.*（2005）, p. 1.
9）*AB*, p. 257.
10）上田惇生への書簡（1992 年 12 月 17 日）。
11）Tarrant（1976）, p. 4.
12）Tarrant（1976）, p. 4.
13）*AB*, p. 34.
14）*FM*, p. viii.
15）*AB*, p. 5.
16）*AB*, p. 41.
17）村山（2014），56 頁。
18）トゥールミン・ジャニク（2001），28 頁。
19）ロース（2005）伊藤哲夫による解説，247 頁。A・ロースについていくつかの貴重な文献をご教示下さった重本大地氏（早稲田大学大学院）に感謝したい。
20）トゥールミン・ジャニク（2001），46 頁。
21）池内（2015），3 頁。
22）ロース（1918）。
23）*AB*, p. 83.
24）Beatty（1998）, p. 6.
25）村山（2014），55 頁。ウィーン時代のドラッカーについて貴重な教示を下さった村山にな氏（玉川大学芸術学部准教授）に感謝申し上げたい。
26）村山（2014），56 頁。
27）Weber *ed.*（2010）（H. Simon, "Man of the Past, Man of the Future. A Personal Homage"）, p. 64.
28）ジョンストン（1977）I, 102 頁。
29）ツヴァイク（1999）I, 53-54 頁。
30）ツヴァイク（1999）I, 53-54 頁。
31）村山（2015），68 頁。
32）ツヴァイク（1999）I, 68 頁。
33）ツヴァイク（1999）I, 70 頁。
34）ツヴァイク（1999）I, 54 頁。
35）ツヴァイク（1999）I, 71 頁。
36）ツヴァイク（1999）I, 146 頁。
37）ツヴァイク（1999）I, 146 頁。
38）Flaherty（1999）, p. 50.
39）*AB*, p. 72.
40）*AD*, p. 255.

56 | 第 I 部　時代観察と〈初期〉言論

41) *LT*, pp. 147-148.

42) Bonaparte & Flaherty *eds*. (1970) (P. F. Drucker, "An interview with Peter F. Drucker"), p. 330.

43) *AB*, p. 164.

44) *AB*, p. 24.

45) ケルゼン (2007) 長尾龍一による解説 (115-118 頁)。栗本 (1996), 74 頁。

46) ケルゼン (2007) 長尾龍一による解説 (115-118 頁)。

47) 『特性のない男』第一巻の初版刊行は 1930 年であるため，ドラッカーが同書を読んだのはフランクフルトへ移住して以降のことであったと推定される。

48) *AB*, pp. 63-54.

49) *AB*, p. 20.

50) ツヴァイク (1999) I, 45 頁。

51) *EEM*, p. 22.

52) *AB*, pp. 52-53.

53) *AB*, p. 57.

54) ツヴァイク (1999) II, 557—558 頁。

55) *AB*, p. 59.

56) トゥールミン・ジャニク (2001), 56 頁。

57) フロイト (1969) (上), 147 頁。

58) *AB*, p. 57.

59) *AB*, p. 58.

60) *AB*, p. 58.

61) *AB*, p. 58.

62) バクター (1989), 191 頁。

63) ムジール (1964) (1), 193 頁。

64) *AB*, p. 58.

65) ムジール (1964) (1), 32-33 頁。

66) 中央大学人文科学研究所編 (1994), 309 頁。

67) Bonaparte and Flaherty *eds*. (1970) (P. F. Drucker, "An interview with Peter F. Drucker"), p. 329.

68) *AB*, p. 59.

第2章
フランクフルトの時代観察

第1節　ジャーナリスト兼学究としての出発

　ドラッカーは1928年にフランクフルトに居を移し，そこでナチズムの伸長を目撃することになる。知的定点のもう一つの所在をその時期に見出すとき，マネジメントを含む全著作を理解するうえでの一つの急所を見る。1971年の大著『マネジメント』（*Management: Tasks, Responsibilities and Practices*）の終章が，マネジメントの正統性（the legitimacy of management）で結ばれるのは，同様の観点に立つならば，ナチズム批判とマネジメントが同一の水脈に養われる証でもある[1]。その応答を背後にあって支えたのは，自由を理念とする正統な社会と同時に，それを実質的に成り立たせうる機能をも備えた社会への揺るぎない確信であり，それらを破壊する勢力に対してはいかなるものであれドラッカーは抵抗し続けた。

　本章では，上記の枢要要因を検知すべく，視程形成の核をなすドイツからロンドン，アメリカにいたる時代を振り返るとともに，とりわけフランクフルト時代の最大の成果とも言いうる『経済人の終わり』の中枢的概念としての大衆の絶望に着目して考察を進めていきたい。

　20世紀初頭のウィーンに生を受け，1922年にシュヴァルツヴァルト小学校を，1927年にデブリンガー・ギムナジウムを卒業したドラッカーは，大学進学をせずにハンブルグの木綿商社に入社している。約1年4か月の見習いだったが，心性になじむことなく，「何も学べなかった。正しい意味で何も得る点はなかった。あきれるほどに退屈だった」と回顧している[2]。他方で，勤務の傍らハンブルグ大学法学部に籍を置き，昼は業務，夜は図書館で18〜19世紀の歴史と文学を中心とする読書生活を送っている。その時期にE・バーク

58 | 第Ⅰ部 時代観察と〈初期〉言論

の『フランス革命の省察』(*Reflections on the Revolution in France*, 1790)
と F・テニエスの『ゲマインシャフトとゲゼルシャフト』(*Gemeinschaft und Gesellschaft*, 1887), S・キルケゴールの『おそれとおののき』(*Frygt og Bæven*, 1843) に出合い, 世への眼が大きく見開かれたと後年振り返ってもいる[3]。また, ハンブルグで盛んだったオペラ・ハウスに通い, 学生用立見席でオペラ鑑賞を頻繁に行った芸術体験の時期でもあった。その中で, G・ヴェルディ (Giuseppe Verdi) の『ファルスタッフ』(*Falstaff*, 1893) を観劇した折り, W・シェークスピア (William Shakespeare) の作中人物による軽妙にして流麗な人生賛歌がヴェルディ79歳時の作品であったと知り, 生涯にわたって次の作品を最高のものとすべく決意したなどの体験も, ハンブルグ時代のものである。

　その後1928年にドラッカーは国際的金融都市フランクフルトに新しい居を定めている。社会人としての歩みを加味するならば, フランクフルト時代こそが「全世界を自己のうちにとらえる」(S・ツヴァイク) 意味をもった決定的な一時期であった事実に気づかざるをえない。それほどまでに, フランクフルト時代は, ドラッカーの観察や執筆などの知的・実践的開眼を示しており, とりわけ『経済人の終わり』執筆への着手は旺盛な活動の始点を示す証としうるであろう。移住直後は米系の証券会社に就職するものの, 翌29年の世界恐慌の煽りを受け会社は倒産し, 暫時失業している。証券会社では, 理論モデルを駆使した経済予測論文を発表した直後に大恐慌が起こったことから, 理論に基づく予測は生涯すまいと誓ったとの逸話がある[4]。しかし, 間を置くことなく地元三大紙の一つとされた『フランクフルター・ゲネラル・アンツァイガー』(*Frankfurter General-Anzeiger*) 紙記者として採用され, ジャーナリストとしての歩みをスタートさせている。証券会社在職時にアメリカ経済短信というコラムを執筆していた縁によるものといい, ドラッカーの述べるところによれば, 第一次大戦で中堅記者が軒並み戦死した経緯から, 入社間もなく記者として頭角を現し, 編集委員にまで抜擢されている。記者生活は1929年から33年まで約4年続け, 国際面, 経済面, 女性欄から音楽欄まで幅広く担当し, 総合的な自己研鑽の出発点となった。

　折しも1920年代後半から30年代初頭は, ドイツの危機的風圧の高まる時

期にあたり，ドラッカーは，ナチスのフランクフルト党大会に潜入取材を行ったばかりでなく，J・ゲッベルス（Joseph Goebbels）や A・ヒトラーへのインタヴューまで敢行したとされ，知的な筋力を極限まで鍛え上げた時期であったと見るのにしかるべき根拠がある。ジャーナリストとともに，学究としての研究活動を本格化させたのもフランクフルト時代の特徴であり，フランクフルト大学法学部で K・ストラップ（Karl Strupp）の国際法のゼミで研究活動を行っている。フランクフルト大学は 1912 年市民によって創立された大学であり，ドラッカー在籍時の 20 年代にはいわゆるフランクフルト学派が隆盛を極め，リベラルと自律の気風で知られていた。法学部は官僚養成を主たる目的としていた結果，課程は高度に柔軟であり，自主的な講座選択が奨励されていた。必修科目や試験はおろか，レポート提出の義務さえなく，最終試験に合格さえすれば卒業資格が付与されたと記述されている[5]。フランクフルト大学で得た自由な知的修練もまた領域横断的な知の涵養にあたって新たな視野をもたらしている。講義で出会った著名な研究者には，東洋学の R・ヴィルヘルム（Richard Wilhelm），社会学の F・オッペンハイマー（Franz Oppenheimer），中世政治思想史の E・カントロヴィチ（Ernst Kantorowicz），宗教学の M・ブーバー（Martin Buber）らがいた[6]。とりわけ，ドラッカーは R・ヴィルヘルム講ずる清朝の講義から深い感銘を受けたと言い，「1920 年代後半から 30 年代はじめ，当時日本文化について見るべき文献などほぼ存在しなかった事情を考え合わせるならば，フランクフルト大学で儒教に触れ，その点が彼の関心を触発したであろう点は想像にあまりある」と村山は述べている[7]。ヴィルヘルムは，『易経』をドイツ語に翻訳した研究者としても知られ，同訳書は C・G・ユング（Carl Gustav Jung）に多大な影響をも与えている。ユングはその触発から，ドラッカーのギムナジウムの先輩にあたる W・パウリとの共著で，『自然現象と心の構造』（*The Interpretation of Nature and the Psyche*, 1955）を刊行している。

　他方で，ドラッカーはドイツ国籍を取得しておらず，法学の最終試験に受験資格がなかったため，国際法の歴史哲学的考察をもって政治学で学位を取得している。学位論文は『準政府（反乱者，亡命政府，独立近くの植民地）の国際法上の地位』（*Die Rechtfertigung des Völkerrechts aus dem Staatswillen*,

60 │ 第Ⅰ部　時代観察と〈初期〉言論

1932) であった。1931 年の 22 歳を目前とした頃，K・ストラップからは員外講師を勧められるものの，公職ゆえに任命を受ければ自動的にドイツ国籍の取得を意味し，ヒトラーへの臣従を拒否する意思から申し出を辞退したと記している[8]。

　やがてナチズムがドイツでの支配権を確実とすると，ドラッカーの置かれた状況も劇的変転を見て，ドイツにとどまるのを断念せざるをえなくなる。同時期はドラッカーが最初に著した第 0 作とも言うべき著作『F・J・シュタール──保守主義的国家と歴史的展開』の刊行準備とも重なっている。一般的には 1939 年の『経済人の終わり』が第 1 作と目されているが，厳密には 32 頁の小著『F・J・シュタール』が 1933 年テュービンゲンのモーア（Mohr）社から出版されている。『F・J・シュタール』における政治への展望は，革命主義への徹底抗戦と保守主義による政治を雄勁に主張し，またドイツ政治の伝統の擁護を試みてもいる。そのために，第 7 章で述べるように，ドラッカーはドイツ政治史からシュタールを選び出し，自らの政治的立場を仮託して論稿を仕上げている。プロテスタントに改宗していたとはいえ，シュタールはユダヤ人であり，彼を範とする論説はナチスから危険視されるであろうとのことは半ば織り込み済みであった。

　『F・J・シュタール』についておそらく最も注目すべき点は，所説の淵源がまぎれもなくナチズムへの抵抗に発する事実であろう。後述するように，ナチズムの革命主義の中に，ドラッカーは極端な近代合理主義に横たわる歪んだ一元主義的論理，すなわち「ルソーからヒトラーへ」を発見している。その論理に緊縛されるならば，政治のみでなく，世界における自由や自律性において，いかなる主体も一元的に規定され，領導を余儀なくされるためである。

　しかし，ドラッカーは学問のプロフェッショナルである大学教授や員外講師，あるいは哲学者や思想家，すなわち純粋な学究として知的道程を展開しようとしたわけではなかった。むしろ観察者や書き手としての明らかな自覚をもって，政治のプロフェッショナルでも学問のプロフェッショナルでもない，いわば観察のプロフェッショナルとして市民や民衆の視点からナチス前夜の政治社会をとらえていこうと試みた点は注目に値する事実であろう。ドラッカーの視点や共感は観察者の側に寄せられており，ドラッカー自身もまた，彼の

言う社会生態学者の先駆者たち——A・トクヴィル，W・バジョット（Walter Bagehot），J・R・コモンズ（John Rogers Commons）等——と類似した立ち位置から現実へのアプローチを試みている。特定の政治綱領を積極的に支持することなく，一定の傍観者的距離を確保し，暴力支配の政治の起点を指し示していく不断の必要から言論をスタートしている。

　では，ハンブルグ，フランクフルトから３度目の転出を経たドラッカーは，ファシズムによる危機という破局の縁に立った時，ドイツ時代の課題をいかにして自らの観察に結びつけていったのだろうか。ナチスが授権法を成立させる直前の 1933 年３月，追われるように慌ただしくドイツを離れたドラッカーは暫時ウィーンに戻っている。その後ロンドンに赴き，保険会社で短期の産業分析の仕事に就くが，次の仕事が見つからず再びウィーンに戻る。しかし，前章で述べた父の友人 H・シュヴァルツヴァルトに追い立てられるようにして再びロンドンへと赴き，今度は投資銀行でアナリスト兼パートナー補の仕事に就いたと叙述している[9]。

　かくしてロンドン時代が，若きドラッカーにとって最もふさわしい沈思黙考の場を供するようになったのは驚くにはあたらない。少なくとも知的探求を放棄することなく後の応答に向かう中間的な期間と見てよいであろう。ドイツでの観察結果を応答的に具現するにあたり，イギリス時代の意義は後の作品にも消しがたく表れるものであり，イギリスを一時的居住の念頭に置きつつも，その時期に書かれたものを見る限りでは，最終的にはアメリカ行きを既に考えていたとも想像される。

　ドラッカーは，ケンブリッジ大学などでいくつかの講義を聴講していたとも記述している。J・M・ケインズ（John Maynard Keynes）の講義に出席した時，ケインズも受講生もみな人と社会について語ることがなく，貨幣と商品について主として議論しているのに失望して教室を去ったとの逸話はロンドン時代である[10]。逸話が示すように，ドラッカーは社会科学から社会性や歴史性が抜き取られ，合理主義的次元に落とし込まれる点に強い警戒感を示している。ドラッカーの理解によるならば，ナチズムがドイツに憑依した要因には，経済を媒介にして世界の観念を構成していく経済至上主義的人間観の崩壊とそれに伴う内的真空の露出があった。後の書物のタイトルともなる「経済人の終

62 | 第Ⅰ部　時代観察と〈初期〉言論

わり」が近代合理主義の終焉に伴う認識を内包するのは，ロンドン移住以前に
もたれていた仮説の主題でもあった点を示している。ドラッカーとしては，世
界の再構成にとって意味をもつのは，組織や仕事を媒介とした社会的関係性に
あったに違いなく，落胆を覚えたのはかかる消息を含意するものであろう。

　同様の時期の言論活動としては，1936 年にドイツ時代の論稿をまとめた『ド
イツにおけるユダヤ人問題』がウィーンで出版されている。あえて自身の人種
的由来をユダヤ人と明記したうえで，1789 年のフランス革命以降に依拠した
ユダヤ人の同化問題に由来するユダヤ人迫害の原因究明について論述してい
る。既に『F・J・シュタール』において，ドイツ政治にかかる課題を解決し
ようとしてきたが，本書は極限状況において彼がなしたユダヤ人問題への一つ
の仮説の提示である。むろん，自身は外国に身を置きながら，言論をもって解
決しうるとは期待していなかったであろうが，ドラッカーが抱懐したであろう
ドイツ政治の固有の問題とともに，自由をめぐる窒息に適切に対処すべく全力
を尽くした消息がそこに浮かび上がってくる。結局ロンドンには 4 年滞在し，
銀行を辞め，特に知己のいないアメリカに渡っている。

　個人史に注目するならば，1937 年の年にフランクフルト大学の後輩だった
ドリス・シュミット（Doris Schmitz）と結婚している。ドリスとはロンドン
で偶然再会しているが，彼女の存在はドラッカーのヴィジョンの意味を問うう
えでも，決して軽微とは言えない。同僚のフラハティに対して，ドラッカーは
ドリスと一生添い遂げることと，専業の学生には以降もならないことをイギリ
ス時代に誓ったと述べている[11]。ドリスはマークス＆スペンサーで市場調査
に従事しており，その緻密かつ率直な知性は〈初期〉著作においても強いイン
パクトをドラッカーに対して保持してきた。ドラッカーは著作活動に関して妻
ドリスと議論を重ねたことがいかに刺戟に満ち，時に巨大な示唆をもたらした
かをしばしば振り返っている。ドリスもまたナチスを嫌ってドイツからの転出
を経験しており，アメリカ行きも彼女の一言に背中を押されるように決定した
と後に回顧している。両者は類似した社会的立ち位置を共有する知識人でもあ
り，ともにフランクフルト社会の中で露骨な暴力政治の実見を余儀なくされ，
同時に社会的矛盾や疎外状況に抗する視座を亡命先のイギリスにおいて育んだ
半ば同志的共謀と見ることも可能であろう。

第2章　フランクフルトの時代観察　｜　*63*

　もう一点，イギリス時代に特筆すべきは，日本美術に出合い，新たな知覚の
世界を切り開いていく枢要な機縁を得ている点にある[12]。

　それは，1934 年の 6 月，ある晴れた，雲ひとつない午後のことだった。
私は 25 歳そこそこで，ロンドンの若い銀行員として働いていた。歩いてい
たら，突然の雨嵐に遭い，目に入った一番近くの屋根のあるエントランス
に駆け込んだ。ピカデリーの，ロイヤル・アカデミーのあるバーリントン・
アーケードだった。いつも行われているイギリスやフランス美術の展覧会で
はなく，そのときは日本美術の展覧会が開催されていたのだ。あとで知った
のだが，それは日本の外で展覧された日本美術展の（その当時）最初のひと
つであったという。2 時間ののち，展覧会から出てきたとき，太陽は輝き，
雲もなく晴れており，そして私は完全に日本美術の「とりこ」になってい
た。私はこのたちまち陥った恍惚状態からずっと回復できずにおり，そして
私の日本美術，とりわけ日本の絵画に対する愛は，それ以来最も変わらぬ関
心事なのである。

　ドラッカーはいわゆる渋い画風を好み，芸術的価値はもちろんのこと，その
背後を流れる崇高な宗教思想に惹かれてやまなかった。雪舟，白隠や仙厓など
の禅画や，尾形光琳等の琳派の作品を主題に収集活動を行っており，日本の根
津美術館での展覧会や，近年でも千葉市美術館をはじめとする巡回展などでつ
とに著名となり，ドラッカーによる知覚活動の奥行きを十分に窺わせるものと
なっている。
　約 4 年のイギリス滞在を経て渡米後には，新聞数社でのフリーの特派員をは
じめ，政治，経済，社会，教育等の最新情勢を取材執筆している。また，全体
主義化したヨーロッパの惨状の講演，寄稿を通して，自由にして機能する社会
再建のための方途を探っており，『経済人の終わり』『産業人の未来』によって
展開を遂げるとともに，その後組織研究として修正・拡大を見ながら第二次大
戦後のマネジメントの流れに連なっていく。
　1930 年代後半から 40 年代初頭，H・ルース（Henry Luce），B・フラー
（Buckminster Fuller），M・マクルーハンなどの著名人と親しく交流する機会

64 | 第Ⅰ部　時代観察と〈初期〉言論

も手にしている。『タイム』（*TIME*）の創業者H・ルースからは『フォーチュン』（*Fortune*）誌10周年記念号の編集コンサルタントに招聘されている。その実績が評価され，ルース本人から『タイム』『ライフ』両誌の高給ポストのオファーを受けたにもかかわらず，書き手としての知的独立が損なわれると考えたために辞退している[13]。

　だが，何よりも後の歩みを決定づける業績は，1939年の『経済人の終わり』の刊行をおいてないであろう。同書のもつ意義については第3節で詳しく述べるが，評論家としての評価を得るとともに，教職への扉が開かれていった点は副産物というにはあまりに大きな意義をもつ。ドラッカーがサラ・ローレンス大学非常勤教員の地位を得たのは出版の同年だった。並行して企業の調査や政府のコンサルティングをも行っていたが，一時の繁忙期を除けば没するまで大学の教壇に立ち続けている。

　さらに，バーモント州のベニントン大学で政治，経済，哲学をカバーする教授就任の要請を受けており，1942年から1949年まで同大学で教職に就いている。同僚には，E・フロム，モダン・ダンスのM・グラハム（Martha Graham）らがおり，若き学生に豊かな精神を注ぐのにも情熱を傾けている。17歳の時に『おそれとおののき』を通して出合ったキルケゴールについての論稿を1949年『スワニ・レヴュー』（*The Sewanee Review*）に寄稿し，『創世記』におけるイサクをめぐるアブラハムと神との対話から実存の概念を考察したのも同時期にあたる。ドラッカーがヨーロッパの哲学者から多くを学んだ点は，アメリカで展開される多様な主題をめぐる省察の中にも色濃く投影されている。

第2節　ヴァイマール末期からナチス時代——ジャーナリストとして

　ウィーン時代のドラッカーは『我が闘争』を読み，確固たる政治的イデオロギーの宣言と受けとめつつ，ヒトラーは書かれた通りのことを実行すると予感していたと述べている[14]。まさにウィーン時代の予覚が，禍々しい現実として立ち現れるのが，フランクフルト時代を一大画期としうる根拠たりえよう。

第2章　フランクフルトの時代観察 | 65

　フランクフルト時代は同様の意味でも，基本的視座を評価するにあたり，ま
ずもって意識的に選び取られた社会的な地位と機能の中にドラッカーによる発
意の所在を看取可能である。すなわち，ドラッカーがフランクフルトで選んだ
ジャーナリスト兼学究としての立ち位置は，それ自体が一つの観察者としての
覚醒と問題意識を表現している。

　H・サイモンの指摘するように，フランクフルト時代は知的修養の一過程で
あったとともに，さらに進んで言うならば，火の試練と呼びうる時代でもあっ
たのであり，ナチズムが伸張するさなかにあって，実態的な犠牲になりうる切
実な状況にあった点は強調に値するであろう。ごく短期間のうちに一人の言論
人として観察や執筆を行う点もさることながら，フランクフルト時代の試練
は，固有の厳粛さをもって，一人の観察者を根底から鍛えつつ研ぎ澄ましても
いる。

　事実，フランクフルト時代は，社会への期待と約束をことごとく裏切られる
地獄の一季でもあった。顕著な特徴は，ウィーン時代に実見した戦前への被
縛，あるいは，昨日の世界に発する人間社会の機能不全の危機的次元にあり，
『傍観者の時代』において，同僚であったR・ヘンシュ（Reinhold Hensch）
の中に，空虚な野心の絡み合った絶望の声を聞き，ナチス待望に直結する内的
真空を正確に探り当て，即時ロンドンへの出立の決意を固めたとの記述にその
点は窺われる[15]。

　フランクフルトにおける観察内容は，ほぼそのまま『経済人の終わり』の執
筆動機を形成するばかりでなく，生活実感を伴った経験的根拠を供したとも見
うる。あえて言うならば，『経済人の終わり』はフランクフルトにおいて撮影
された無数のシーンが編集されて一書にまとめられた感さえある。

　同書への評言を同時代の二者の立場から見ておきたい。一つは，同書に序文
を寄せたN・ブレイルズフォードの発言から確認しうる[16]。

　　ピーター・ドラッカーにとっては，国家社会主義とは実体験である。それ
　はフランクフルトでの仕事を奪い，ウィーンの実家を壊したものだった。し
　かも彼は，知覚する力が何らかの教義によって硬直化させられる前の若者の
　目で見ていた。中年を過ぎれば，人は見させられるものだけを見るようにな

66 | 第Ⅰ部 時代観察と〈初期〉言論

る。しかし若さと実体験だけでは十分ではない。この若者は既に長い人類の歴史を生きていた。読者諸賢におかれても，今日を昨日の実りとして読み取ることのできる彼の歴史感覚に驚かれるに違いない。加えて，生来の直観力を傷つけることなく振るうことのできる経済学者としての強靭な腕力にも気づかれるに違いない。

ブレイルズフォードは，ドラッカーの観察とともに固有の実体験に着目している。事実，ウィーン時代から極端な失望に伴う静寂主義的傾向に陥り，感覚は麻痺し，生に確信をもてなくなっていく人々をドラッカーは実見するとともに，その根因を探る知的活動を開始していた。かくして，真空化した時代精神は，いまだ硬直化せざる若きドラッカーの目に深刻な崩壊の観念をもってとらえられる。

さらには，同様の豊かな直観と洞察については，F・A・ハイエクにおいても，次の象徴的な一節として書きとめられている[17]。

いまや全体主義国家となってしまった国々において，市民として大変動を生き，その経験ゆえに大切にしていた信念を変えることを余儀なくされた人々の証言は，数多い。ここで，その例の中から一つだけ，これまで引用したものと同様であるがより適切に述べられた結論として，一人のドイツ人文筆家の証言をあげておこう。ピーター・ドラッカー氏のものである。「マルクシズムを通じて自由と平等を獲得できるという信念が完全に崩れてしまったために，ロシアも全体主義への道，すなわち，純然として否定的で，不自由と不平等の支配する不経済な社会への道という，ドイツが歩んできた道を同じくたどらなければならなくなってしまった。共産主義とファシズムが本質的に同じだということではない。ファシズムは共産主義が幻想だと明らかになった後にやってくる段階なのだ。そして今，ヒットラー直前のドイツでと同様に，スターリン下のソ連において，幻想だと明らかになった」。

父アドルフとも交流のあった経済学者であり，同じくヨーロッパを生きた言論人でもあった彼もまたドラッカーの語る危機の根因の中に，深みと説得力を

第2章　フランクフルトの時代観察 | 67

見出した点が上記引用からも理解しうる。同様の観点に立つとき，ジャーナリストと学究との絶妙なポジションを選びとった事実は改めて特筆に値する。すなわち，自らの目で観察し，沈思黙考し，明晰に言語化することで時代的風景を他者と共有するとの文明的宿命を帯びた職業をも意味するばかりでなく，それらはE・H・カーの指摘する歴史的応答への作業でもある。ドラッカーにあっての意識の深奥には，歴史的構想力が働いており，現在進行形で驀進するナチズムを長い歴史的経緯の帰着点として理解する，鋭く，かつ深遠な認識が作用していた。

　とりわけ『経済人の終わり』はナチス社会の危機をもたらした要因を，網膜に焼きつけられたフランクフルトの観察からスタートし，思想史的に跡付ける著述内容となっている。事実，『経済人の終わり』は一つの危機観察及び現状報告として，フランクフルトを脱出する1933年に稿が起こされ，アメリカ文化状況の有意性への認識を獲得したうえで1939年に刊行されている。

　既に見たように，生い立ちと生活環境，サロンでの経験などを考慮するとき，ドラッカーは当時のウィーン文化や社会の中枢に位置していた。父は政府官僚であり，母は医師資格をもつ高度な文化人であった点，あるいは社会の指導的な文化的知識人の集うサロンに少年期から参加していた事実からもそのことは明らかである。しかし，当時のウィーンで昨日の世界と向き合った幻滅と渇望とによって，自らの目線を一般社会のほうに大きく変えていったのもまた事実であり，自らが生まれ育った上層中間階級から脱し，一般市民の側に身を置き，大衆の行動観察を行う決意を明確に固めている。かえって，一般市民に自分自身の社会的視座を同期させ，自らを含む社会的存在，あるいはささやかな人間社会の鼓動に聴診器を当て，大衆を緊縛していく状況をこの上なくリアルに理解していった。それがなければ，フランクフルトにおいてジャーナリストという職業をあえて選びとる必要などはなかったはずである。まさしく，その決意がウィーンからハンブルグ，そしてフランクフルトの傍観者（bystander）としての歩みを決定づけている。

　第一次大戦からヴァイマール期にドイツ語圏の抱える問題との対峙において，それらを透視しつつ厳しく切り結び，かつ現実的な課題と洞察を受け取った点がドラッカーによる時代観察の枢要な機縁をなしているのは看過しえな

い。同様の点において，時代への観察と応答が20世紀初頭の転換期から20年代，30年代のフランクフルトにおいて実質的になされたのは決定的といえ，獲得された視覚は『経済人の終わり』に生々しく反映される点からも窺い知られる。その帰結として，ブレイルズフォードの指摘するように，最終的にフランクフルトでの生活の中断を余儀なくされ，ジャーナリスト兼学究として積み上げたキャリアを一度放棄せざるをえなくなる。かくして生活基盤の崩壊との受け入れがたい代償を伴った点もまた再度強調に値するであろう。

　同様の印象は，『経済人の終わり』にも随所に見出しうる。まず指摘されるべきは，先の成り立ちに徴すれば当然であろうが，観察の定点が既存のインテリゲンチャ的立ち位置になく，どこまでも一般市民の側に視軸は定位され，微視的な生活感覚と，俯瞰的眺望とが絶妙に交差する点があげられる。それどころか，全体を通して，イデオロギーや観念的議論に頼ろうとのインテリ的理路への反感さえ見て取れる。ドラッカーが選び取った観察上の立ち位置とも大いにかかわりをもつところであろうが，ウィーン時代からもつにいたった知識人然たる立ち位置への強い不信をも同書に見て取れる。ドラッカーによるインテリゲンチャ批判は，後述する知識の概念においても強く看取しうるが，既に『経済人の終わり』序においても次の記述を見る[18]。

　　学者の第三者的応答作法をとるつもりも公平性を主張するつもりもない。本書には明確な政治目的がある。自由を脅かす全体主義に抵抗し，自由を守る意思を固めることである。しかも本書は，ヨーロッパの伝統と全体主義革命の間に，いかなる妥協もありえないとの信念に基づいている。ファシズムとナチズムがヨーロッパの基本原則を脅かす存在であることを知るがゆえに，私は全体主義革命についての通常の解釈や説明を受け入れるわけにはいかない。

　言論人としての強い決意表明を読み取りうる記述である。既に述べたように，ドラッカー自身の生育歴を見るならば，両親ともにウィーン大学卒業の専門人であり，周囲の共同体もほぼインテリ層によって構成されていたことから，順当に考えるならば純然たる知識階級の階梯を着実に登っていくかに思わ

第2章　フランクフルトの時代観察 | 69

れる一方で，上記に見られる既成の知識人への反発がほとんど本能的に根深い点に徴するならば，ウィーン時代からの知識人の機能不全への失望がいかに深刻であったかを看取しえよう。

　『経済人の終わり』にも同様の点は看取可能であり，それというのも，ナチズム発生の探索は，認識の再吟味をドラッカーに促さずにはおかなかった点がある。既存の論理の不在をもってナチズム出現の説明を放棄することなく，かえって自らの観察を信頼し，純粋な思考活動をもって書き上げている点は注目に値する。あえて比喩を用いれば，その観察姿勢は，医師による患者への診断と処方に類似している。医師は理論を参照するが，病理の理解にとって何よりも意味をもつのは，患者をありのままに診断することであろう。あえて言うまでもなく，患者は理論やイデオロギーの従属物ではない。虚心坦懐な診断が第一に行われるべきことであり，次に処方がくるという順番になるはずである。むろん医師は尊厳ある人間としての患者の生命に畏敬の念をもち，かつ患者の理解可能な言語を使用することがプロフェッショナルとしての責務たらざるをえないであろう。ドラッカーは同様の病因の探索を社会に対して行っている。基本をなす行動は，率直な観察と応答，あるいは診断と処方にほかならず，危機から調和への社会を回復するには，観察によって看取られた現実に基づきながら，ドイツにおける実存の蚕食，市民の精神的麻痺，自由や正統性の危機に聴診器を当て，固有の考察を展開したのが『経済人の終わり』であった。そのアプローチは，第二次大戦後のマネジメント著作においても同様であって，いずれも脚注の類が稀であり，ドラッカー自身の観察と構想によって大胆に構成されている感がある。

　次に，観察上のアプローチについてもさらに考察したい。かかる現実観察の質を担保してきたスキルとして，実務家としての練達機会にも触れておくべきであろう。フランクフルト時代，『フランクフルター・ゲネラル・アンツァイガー』紙記者として，何よりもまず，クールでとらわれることのない視程，あるいはいかなるイデオロギーからも距離を置く視点が現実への観察定点として採用されたのは強調に値する。既に述べたように，地元紙記者としてナチス党大会を取材したばかりか，ヒトラーやゲッベルスなど党幹部へのインタヴューさえ敢行し，記者として意識的にナチズムの本質に肉薄する行動をとってい

70 | 第Ⅰ部　時代観察と〈初期〉言論

る[19]。『経済人の終わり』にもジャーナリストとして，あるいは一市民として時代の鼓動を聞き取り，課題の問い詰めを自覚的に行ったと見られる箇所は少なからず散見される。研ぎ澄まされた五感をもってとらえた志向性の反映であろう[20]。

> ナチスの幹部たちは真実を話している素振りさえしなかった。（略）私自身，大衆集会において，特に大きな嘘に聴衆が熱狂したとき，J・ゲッベルスが「もちろん，これらのことはプロパガンダである」といい，さらに喝采をあびるのを何度も目にしている。

上記などは，一般の聴衆に混ざって，ゲッベルスの演説に接した体験と見られ，演説者は真実を話している素振りさえなかったとされている。『経済人の終わり』でもしばしば言及される，ナチスそのものが，大衆の熱狂的に求めたものであって，そもそも大衆の側が都合の悪い真実よりも，都合のいい嘘を求めていたとの所説を一つのリアリティ溢れる光景として描き出している。ナチス幹部の生活圏における肉声や，大衆の振る舞いへの印象などが，重要な場面で説得的に取り上げられているのは，『経済人の終わり』における筆致と叙述内容の本質をなしている。フランクフルト時代のドラッカーは，ジャーナリストとしては国際面を主として担当しながらも，時に生活面や女性欄，音楽欄など，市民生活への低い目線の記事を執筆しており，上記の引用にも描き出す先にいきいきと映像的に大衆が表現されているのは印象的である。かそけき声を聞き取り記事にするスキルは，フランクフルト時代のジャーナリスト経験が大いに預かってあまりあるであろうし，人の示す表情や，情緒の揺らぎなど，詩的直観にも比しうる描写が見られる。

　かくして，フランクフルトの一般市民の可読性を支えうるだけの文筆家としてのスキルをも手にしていく。また，当時著名な編集者で，後に『フランクフルター・アルゲマイネ・ツァイトゥング』（*Frankfurter Allgemeine Zeitung*）の共同設立者として戦後も活躍したE・ドンブロウスキ（Erich Dombrowski）から，定期的な勤務上の成果についての面談や，事実を取り扱ううえで些細な点も蔑ろにしない，言語を扱うプロフェッショナルとしての姿

第2章 フランクフルトの時代観察 | 71

勢について厳しい指導を受けるなかで，書き手としての基底をなす修練を積んだ事実を述べ，そのときに学んだ種々の原則が後の言論人としての根底を養った点に言及している[21]。

さらに，ドラッカーは，傍観者の立場，すなわち，アウトサイダー的であり，マージナル性を伴う視座から，フランクフルトの時代状況に光を当ててもいる。反面として，『経済人の終わり』で展開される議論は，独創的な作家を思わせる，ダイナミックな生動を特徴としており，外国人として看取られた世界である点を考慮に入れるならば，ナチス社会の危機が一層リアルに迫るものがある。

ドイツ社会においても，時代の観察者として自覚的に傍観者の立場に終始立つべく努力した形跡がある。ナチス体制へのドラッカーの懐疑は，イズムによって個の自由や尊厳剥奪の危機とともに，伝統的価値観からの違背などに抱いた強い反感に示されている。ドラッカーの観察方法は，後に見るように，社会生態学と自身の称するものであり，先に指摘したアウトサイダー的，あるいはマージナルな視点を前提としている。あたかも人が初めて訪れる外国の街をとらわれなき視野で収めるように，印象に沈潜しており，観察にあたって，政治や思想のカテゴリーに自身の視点をあえて還元しない努力があったであろう。H・サイモンは，S・ツヴァイクとの関連でドラッカーの青年期を読み解くなかで，非定住によってもたらされる傍観者的視座の重要性を指摘している。往時の知識人としては，K・ポパー（Karl Popper），E・カネッティ，A・ケストラー（Arthur Koestler），E・ゴンブリッチ（Ernst Gombrich），ヨハネ・パウロ2世（Karol Józef Wojtyła）などが同種のプロセスで自らの知的錬成をたどった同時代人として指摘され，ドラッカーにも同様の傾向を指摘する[22]。

ツヴァイクはまずイギリスに，そして後にはブラジルに亡命している。哲学者K・ポパーも1902年ウィーン生まれなのだが，彼もニュージーランドをさまよい，後にイギリスに帰る第二次大戦中に，主著『開かれた社会とその敵』（*The Open Society and Its Enemies*, 1945）を書き上げた。（略）そのように考えてみると，ドラッカーがそのような異色の人物像に連なること

は確かといえる。

　サイモンはドラッカーのマージナルな非定住性を否定的に受け止めるのではなく，むしろ歴史と伝統をこの上なく慎重に取り扱いつつも，それらの固有の展開において，独創性や創造性を積極的に評価している。しかも，上記に例示される知識人は意識的かつ自覚的にかかる作法に準拠しており，積極的意義の最たるものとは過去の被縛性からの自由であり，同時に過去の思想を新たに解釈し自由に展開しうるオープンな視野にあった。上記をドラッカーに当てはめて考えるならば，ジャーナリストとは有効な立ち位置の一つに過ぎず，絶妙な定点を供する便宜の一つであったに相違ない。サイモンも記述するように，ドラッカーもまたマージナルな観察者として，自身を多元的に構成して刷新するプロセスを言論人として自らに課していた感さえある。デブリンガー・ギムナジウム卒業を機縁として，ウィーンを脱し，ハンブルグからフランクフルトにいたるまでは既に見たとおりである。同地でナチスが政権をとる 1933 年，絶妙なタイミングでイギリスに移住しており，一定の地位を得ながらも，大不況の中仕事を辞め，妻とともにニューヨークにいたり，手にした有名コンサルタント，大学教授の地位や肩書も 1970 年代初頭には刷新してカリフォルニアに移住している。

　フランクフルト以降，何らかの形で大学での研究者としての地位を保持してきたのは事実ながら，大学教授のみとして活動していた時期は事実上存在していない。大学もまた自らの知的創造の場の一つであって，他の複数の知的活動との相互作用においてはじめて自由と創発性を備える現場たりえた点が窺われる。まさしくサイモンの指摘するように，非定住性はマージナルな視野を意識的に内部に引き込むうえでの枢要なアプローチであった。サイモンの言う非定住の知識人としての歩みについては，アメリカで知遇を得るメディア学者のM・マクルーハンもまた類似する印象をもつにいたっている[23]。

　ウィーン時代に培養された意識や感性の淵源は他にも見て取れる。富裕な高官の子弟だった。知的レヴェルは高かった。家に出入りする文化人も，国際的かつ文化的だった。20 世紀の巨人たるフロイトの姿さえ見え隠れする。

第2章 フランクフルトの時代観察 | 73

そんな文化的に豊穣な一角を起点として，ドラッカーはドイツで職を得てかつ学び，後にイギリスを経てアメリカへと渡った。そんな移住生活の中でやがて一人の世界市民（a world citizen）へと成長していく。持ち前の博学と国際色豊かな文化背景は，電子情報時代への理解や知覚にも大いに寄与する点があった。いわば，現代に甦る古典的教養人の典型（an example of the new relevance of ancient traditions in the present time）だった。

　マクルーハンは，移住による自己の定型化を拒否し続けたドラッカーの生き方を世界市民と見なしている。多元で国際色豊かな人間像は，電子メディアの時代において十分に機能する可能性が示唆され，多様性によって養われた自己刷新的な知性を現代に甦る古典的教養人の典型とも評している。

　おそらく旅行者理論家としてアメリカのデモクラシーを的確にとらえた A・トクヴィルの視座とも基底をともにするであろうが，とらわれなき眼で世界を観察する一つの便宜として，自覚的に非定住的自己刷新を自らに定めたのではないだろうか。ドラッカーが自らを呼称する肩書が傍観者，社会生態学者等であった事実とも関係してくるが，ともに変転し，流露してやまぬ世界を，固有のままにとらえ抜いていく知的姿勢の淵源を的確に表現している。次節では『経済人の終わり』の叙述内容を考察していく中で，かかるドラッカーの視座がどのように同書に投射され，大衆の絶望，魔物の再来など激しい時代的摩擦熱をはらむ一連の立論展開の中枢をなしているかを見ていきたい。

第3節　視軸の形成——大衆の絶望をめぐって

　1939 年，『経済人の終わり』はアメリカで先駆的なナチズム発生の究明書として出版され，ドラッカー自身後にいささかの自負とともに述べるように，H・アレント（Hannah Arendt）の『全体主義の起源』（*The Origins of Totalitarianism*, 1951）に先んじて世に出た事実を考え合わせるならば，その先見性もさることながら，政治社会への視座の原型が見事に表出される点で本書の関心を惹く重要著作の一つと見なしうる。同書の叙述方法は学術研究とい

74 | 第 I 部　時代観察と〈初期〉言論

うよりは，ルポルタージュと評論からなる印象があり，既に述べたように，自ら実見したフランクフルト時代の場面や，人との会話，耳にした演説など，生活音の響くごときリアリティ溢れる描写が，その視覚上の特徴をも鮮やかに伝えるところがある。しかも，政治の書（a political book）と銘打たれる点からも[24]，全体主義社会との対峙方法を模索し続けたドラッカーにとって，とりわけ世界政治のキャスティングボートを握るアメリカ社会に訴えるために，強く，鋭い書き方がなされており，自らを生み育てたヨーロッパへの一つの政治的応答であった点をも紙背に読み取りうるであろう。

　ただし，その検討に入る前に，〈初期〉著作『経済人の終わり』『産業人の未来』『企業とは何か』のそれぞれの叙述内容について，可能な限り簡潔に筆者なりのいくぶん踏み込んだレヴューを示しておきたい。というのは，ドラッカーが示した〈初期〉著作においては，自由，機能，実存，正統性など後年の視座の展開にあたっても明瞭な持続的関心の所在が看取され，本書の関心に照らしても一貫した意図の消息を仄めかしているためである。

　第 1 作『経済人の終わり』は，既に政治的意志とともに，理念への志向性の双方の確認を内包した書物である。第 1 の論点として，社会とは，構成員たる個への実存や合理へのルートを供する理念なくして，意味性や秩序，正統性の生み出される可能性はなく，かえってその創出と維持への人々の協働的努力なくしては，いかなる社会も存続不可能との見解が示されている。しかしながら，ドラッカーの観察するところによれば，ヨーロッパにあって，理念を介して社会を形成していく能力が失われたとしており，その点が表題にもある経済人概念の終焉と密接にかかわっている。本書の関心からしても重要な含意を保持する点であるが，19 世紀商業社会における経済的合理を一つの理念へのルートとして個の実存や社会的秩序の形成を可能とする人間観が有効性を失ったとの見解としてそれは提示されている。

　第 2 の論点として，展望を失った空隙を突いて権力奪取に成功したナチズムへの抵抗の政治観の提示がある。以下に検討するように，ドラッカーはナチズムが大衆における実存や理念の不在に対して一貫したエネルギーの備給源たりえた点に関心を示したのであるが，その現象を端的に大衆の絶望と呼び，政治的言説の方向性を指し示している。ドラッカーの政治ヴィジョンそれ自体が，

ナチズム等の諸勢力へのプロテストを意味したばかりでなく，新たな社会が自由と機能とともに創始されうる一般的枠組みと理念の所在をも含む多面的な知的活動となって表れている。すなわち，一元的全体化による諸勢力の浸潤に根源的に抗するには，反ナチスの旗幟を鮮明とするのみでは不十分であり，ヨーロッパ世界に共通の理念を保持し，自由の可能性を創造し，推進しうる組織を諸々の中枢として見出し位置づける必要を定めている。しかし，いわゆる経済人が終焉した限りにおいて，社会を構成する人々は自らと世界を意味性において結び合わせる契機を見出せずにおり，大衆によるナチズムへの傾倒は，むしろ社会成立に伴う条件における絶望的乖離の拡大にほかならない。

　上記の視程は，自ずとドラッカーの仮想敵の特徴をも明らかにするであろう。それはナチズムやソ連などの全体主義的，イデオロギー的諸勢力が，大衆の絶望に支配の契機を発見しようとする現象をとって表れる。ナチズムとソ連における共通の行動様式は，典型をなす興味深い論件として，刊行直後に電撃的に締結された独ソ不可侵条約についての記述に見出しうる。ドラッカーの理解によれば，ナチスやソ連とはその外貌の相違にかかわらず，近代世界における系統的組織化と一元的全体化を経た国家であり，自己正当化のイデオロギーに加え，社会的画一化や個の無化を背景とした無世界的な精神構造とその際限なき再生産によって特徴付けられる。一元的自己正当化への内在的傾向を強固に保持する国家同士が，同様の世界改造の課題のために短期的目的探求の中で手を結びうるのは何らの不思議もない。かかるドラッカーによる観察の特徴として注目すべき点は，ナチズムやソ連の政治的契機をヨーロッパの伝統的価値や理念との整合性に遡って理解しようと試みた事実にある。

　上記『経済人の終わり』から生ずる新たな正統性探索へのヴィジョンは，自由にして機能する社会形成への含意をもつ政治概念でもある。その駆動力は，失われたヨーロッパを再び世界レヴェルで建設していく諸力の探索とも同義であって，同様の論点として，政治社会の展望は第2作『産業人の未来』を通して，真空や絶望の対概念として，正統的機関や希望の所在として，世界形成の主題として連続的に語られていく。とりわけ『産業人の未来』において一貫して示された関心は，『経済人の終わり』による抵抗の政治をほぼそのまま継承している。というのも，『産業人の未来』において，多元と自由を主題とする

産業社会の緊張関係溢れる人間像について含蓄豊かな議論が展開され，企業を正統性の機関とする産業社会が，ナチズムやソ連に見られる一元的強制化を旨とする政治勢力を打破しつつ，自己展開するメカニズムを内包する諸力と見定めている。『経済人の終わり』において展開される一元的強制化への徹底したプロテストを内に蔵しており，その点に限るならばいささかの議論上のぶれも感じさせない。

　産業社会においては，組織を経由して協働的な生産活動を行い，地位と機能を社会的存在としての基本条件とする人間像，すなわち産業人の概念が示されている。産業人とは，自由にして機能する社会を主とする公共空間の保持を含意する点において，政治的カテゴリーに属する人間像である。経済人概念を成り立たせているのが，経済を最高価値とする合理を取り込んだ代表的人間像であるのに対し，産業人を成り立たせているのは，個としての判断力，組織的協働，さらにそれらによって供される地位と機能に基づく市民性を保持しうる人間像にほかならない。

　かくして政治のヴィジョンは２つの系統的探索として展開されていったのであり，ドラッカーの理解によれば，全体主義やイデオロギー的諸力へのプロテストを通じて，人間社会に内在する価値的伝統を蹂躙することなく，社会の自律性を救出しつつ発展させていく方途として見出されている。第１の論点としては，企業，とりわけ大企業を社会における正統的機関として認識した点，第２の論点としては，企業を経済的機関としてのみでなく，社会的・政治的機関として位置づける点にあった。すなわち，ドラッカーにあって企業とは，少なくとも，経済的，社会的，政治的との３側面に関しては高度に権力的かつ秩序形成的性格を保持している。

　『産業人の未来』においてドラッカーが取り上げる主題については多岐にわたるが，後に取り扱うテーマとの関連で，筆者なりの観点からできるだけ簡潔にドラッカーの問題意識を叙述してみたい。『産業人の未来』においてドラッカーは，アメリカにおける種々の市民的自由の伝統を積極的に評価している。その中でドラッカーの立論上の特徴として注目すべき点は，自由にして機能する社会の成立可能性を保守主義における正統性の概念に遡って理解しようと試みた事実である。ドラッカーが関心を寄せたのは，Ｅ・バークらの保守主義者

第2章　フランクフルトの時代観察　│　77

同様に，権力を正統あるものとして組織する力であり，いかなる社会的権力も，正統でないかぎり永続不能とする前提から議論を進めている。その中でドラッカーを惹きつけたのは，企業のもつ多元にして自由な性格であった。すなわち，企業とは，顧客創造を通して社会的な目的を追求するのであって，その目的に失敗するならば半ば自然的に消滅せざるをえない。しかも，多元的かつ自由な政治的伝統の上に成立する理路から企業を最も近年に見られた正統性保持のための機関として措定する。

　ただし，企業を保守主義や自由の伝統に依拠させようとするドラッカーの試みは，ヨーロッパにおいて国家や党のみを唯一の権力機関とする状況への有力なオルタナティヴとして刺戟的であり，また斬新な見解をはらみつつも，議論の余地をも同時に内包している。というのは，企業の概念（concept of the corporation）とは，キリスト教や社会主義等多種多様な権力論の伝統に由来するものではなく，現象として見るならば，企業は人を含む資源を組織化し，生産活動を行うことで，社会的ニーズに応答する，主として経済的機能を営む組織に過ぎないとも言いうる。

　上記について観察者に徹して叙述されたのが，第3作『企業とは何か』である。本書が重要なのは，ドラッカー自身が示した政治的態度のゆえである。というのも，企業を正統性の組織と見る場合，同様の様態は必ずしも明白で一義的であるとは言えない。ドラッカーがとりわけ関心を示したのは，企業の多元かつ自由の推進主体としての経営陣の課題であった。基本をなす問題意識によれば，企業経営層とは，党や国家における独裁者との際立った対比において，産業社会においてだけでなく，第二次大戦後の世界においても中枢に位置しうる機関だった。ドラッカーは，〈初期〉著作を貫く問題意識からも，企業や経営者の機能と有効性自体を自由社会奪還のためのあくなき闘いと読み取っている。本来『経済人の終わり』『産業人の未来』を貫く視点があるとするならば，全体主義的勢力への抵抗にほかならず，その消息は，『企業とは何か』においても，等しく見られる中心命題である。

　実際にドラッカーは，GMのコンサルタントとして，自ら個別的な企業の現実に応じて，取締役会や労働現場を含む多種多様な観察を試みている。その中でドラッカーの観察するところによれば，GMに代表される企業の内部は多

様にして自律的な活動から成り立っており，時に経済的機能を果たしていると
しても，産業社会における正統的な基盤とする視程からの逸脱は見られず，む
しろ企業は，ヨーロッパにおける正統的機関であった教会や軍，政府等と同様
に，しかも権力の一元化を回避しながら，アメリカ産業社会の中枢として機能
していた。ドラッカーは，経営陣へのインタヴューや観察から固有の支配構造
の理解を通して，企業自らの意図とかかわりなく，正統性保持の主存在である
点を見極めていく。

　確かに，企業は産業社会において財やサービスの生産に主として携わる限り
において，経済的な存在としてとどまるであろう。しかし，それのみに専心す
る限りでは，企業は社会と自らが保持する権力との関係において巨大な責任か
ら解放されており，大きな特権を享受するに過ぎないとするのがドラッカーの
見解であった。なぜならば，企業とは，たとえその活動が経済領域のみにとど
まるように見えたとしても，あるいは産業活動のみに限定されたように見えた
としても，社会に対して新たな活動を自由をもって創始し，一元的勢力に多元
をもって対峙し，人間の地位と機能を保持しつつ活性化，創生に貢献せざるを
えないためである。経営陣の自覚いかんとは別に（事実，GM 最高幹部の A・
スローンさえ，不完全にしか自覚していなかったとドラッカーは指摘する），
純粋な一元主義的権力から社会的諸力を防護するだけでなく，いわば自身の固
有の市場や社会，あるいは従業員や取引先等の多様な領域に公的空間を再創造
するのに必要な諸条件を内包せざるをえない。かくして企業は，一元的権力に
よることなく企業家精神をもって新たな社会創造に挑戦しながらも，同時に社
会を保持していく躍動する保守主義を体現する組織として認識される。

　批判的距離を堅持しつつ，非政治的装いをまとった政治性であったとして
も，かえって非政治的装いを利用する形で，ドラッカーは企業が第二次大戦後
の産業社会において有効に機能する条件を考察した。だが，おそらく上記の問
題意識を直接的かつ厳密にドラッカーによるマネジメント関係の著作に求めた
ところで，十分な答えを見出しえないであろう。しかしながら，『企業とは何
か』において，ドラッカーは政治的不毛の極限を見た一人の観察者として，企
業，社会，文明についての透徹した省察を示しており，後のマネジメントに伴
う言説の可聴域を超えた思想として，重要な類推と洞察を与える。

第2章 フランクフルトの時代観察 | 79

　上記が〈初期〉三部作をドラッカーの意図に即して略述したものとなるが，とりわけ『経済人の終わり』は一連の論理の起点として解釈されることを要求する。序章で概観したように，ドラッカー研究の経緯を見る限りでも，同書を全体主義社会への異議申し立ての契機からとらえたものとして，三戸やフラハティ，マチャレロの議論を見るが，枢要なコンセプトとしての大衆の絶望（the despair of the masses）を正面から考察対象としたものはその意味では十分な深度に到達していない。大衆の絶望は，ウィーンを脱して以降，個人的体験としてもドラッカーの頭脳の核心を占めたのは事実であるばかりか，〈初期〉著作の事実上の視軸を据えている。しかも，その重要性は，ついにヨーロッパを脱して，アメリカにいたり，一層の明瞭さをもって語られていった感さえある。次作『産業人の未来』との連続性を見る限り，ドラッカーがヨーロッパで見失った正統性の創出源をなす要因が，新たな形姿のもとにアメリカ産業社会の実地見聞から再発見された要因によって支持されうるし，『経済人の終わり』において自らに課した主題の所在をも看取しうる。

　ドラッカーの理解するところによれば，ヨーロッパの危機の背景には，大衆のもつ価値観や信条の転換が伏在しており，20世紀以降立て続けに起こった政治危機や革命，恐慌などによって白日の下にさらされ，結果として理念との間の深刻な隔絶に伴う真空が生じ，大衆の絶望を生んだとされている。すなわち，人間観の構造的転換に対して社会の側から新しい期待にふさわしい理念の提示をもって正当化されなければ齟齬は致命的となり，やがて社会そのものの崩壊にさえいたるとの危機意識によって大衆の絶望は提示される。

　筆者の理解に基づいて整理するならば，社会を構成する個は誰しも，社会との間に一種の黙契を取り交わしている。契約書や印鑑などの形式的要件を踏まえたものではなく，それだけになおさら効力には実存に直結するものがある。社会に対する期待や予期，信頼として現れ，パウロによる書簡（「ヘブル書」12章）の比喩を用いるならば，マラソン・ランナーにとって，ゴールの設定への信憑が競技を成り立たせ，またそれによって希望の原理が保持されるように，社会に存する理念が大衆にとっての継続的意欲と正当化の根拠となる。しかし，しばしば何らの予兆なきゴール変更，あるいはその消滅に瀕するとき——ドラッカーの理解によれば，その種のことは瞬時に起こりうるとす

80 | 第Ⅰ部　時代観察と〈初期〉言論

る――ゴールの信憑が失われたマラソン・ランナー同様に，そもそも何のために走るのかを理解できなくなり，ひいては自身の存在への疑念や合理感覚の麻痺に陥るであろう。社会全体に同種の麻痺が猛威をふるうとき，大衆の絶望と呼びうる惨状が出来する。すなわち，絶望に陥った大衆は，生に伴う意味性の喪失との実存的な次元の絶望状況にまで一直線に落ちていき，深刻な精神的麻痺や機能不全を生む。

　加えてマラソン・ランナーが意味を喪失したまさにその瞬間に，荒誕なユートピア説を連呼してやまぬ乗合馬車が通りかかったならば，自らの進むべき方向を見定める主体的努力を放棄して，すなわち，自らの進路への責任ある選択を下す苦痛に抗えず，ついに乗合馬車に乗り込んでしまう危険性は劇的なまでに高まるであろう。ドイツ社会で言うならば，まさしくその不吉な乗合馬車が，ナチズムであった。

　既に述べたように，合理を喪失し，内面的真空を抱えた個人は，判断と応答力を奪い去られるようになる。その状態はアレントの言う内的亡命としても見られ，現実社会にあっての基底的な価値観と自らの内面生活の適切な結び合わせに失敗した状態とも看取しうる。アレントは自らが危機の時代，「暗い時代」（dark times）に生きている点，また自己確信が堅持されえずニヒリズムが人々の心をとらえている点を深く自覚した。内面世界に沈潜することで，現実を一方的に拒否する態度とはドラッカーの大衆の絶望に類似した問題提起であろう[25]。

　　「内的亡命」とは奇妙に曖昧な現象でした。一方で，ドイツ国内にはもはや国に属していないかのように振舞い，亡命者のごとく感じていた人々がいたことを意味しており，そして他方では，かれらは実際に亡命しなかったものの，内面の領域，思考と感情という不可視的領域にひきこもってしまった。

　ナチスの提示する一元主義的綱領は逐一ヨーロッパの価値観や信条に違背する。ただし，ヨーロッパ社会はそれに対して何らの処方をもち合わせなかったわけではない。西洋近代の宗教的伝統としての教会を一時的にせよ真空を埋め

第2章 フランクフルトの時代観察 | *81*

る機関と期待しえたにもかかわらず，教会は自らの政治社会的機能を認識できず，役を果たしえなかった点に批判的な論調を展開している（the failure of the christian churches）[26]。

ドラッカーのウィーン時代からの理解に従えば，第一次大戦の敗北から次々に希望の挫滅していく状況が，人々に極端な内向きと失望に伴う静寂主義をもたらしている。疎外された人々にとって，責任の重荷から逃れるために，自由を投げ出してしまう誘因に抗うのは現実的にはきわめて困難である。本来自らの実存を結び合わせる契機を喪失した状態になると，いわば根無し草のように，適切に社会と自らを位置づけられなくなり，社会的にも実存的にも深刻なアノミー状態を甘受せざるをえなくなる。

まさにその点において，『経済人の終わり』の中心をなす課題を見定めるにあたり，大衆の絶望ほどにドラッカーの観察上の定点を表現するコンセプトはない。『経済人の終わり』には，ヨーロッパ時代に実見した大衆の絶望のサンプル的記述が多く見られる。反対に，アメリカに転出し，出会った人々が，互いを素朴に信頼し合っている姿に率直な感動を覚えたとの記述からも，生ける社会と死せる社会を分ける尺度として，大衆の絶望がいかにドラッカーの観察の基底に定位していたかを見うるであろう[27]。

　　大衆の絶望こそファシズムを理解するうえでの鍵である。暴徒の騒擾でもプロパガンダの仕業でもなく，旧秩序の崩壊と新秩序の欠落による純粋なる絶望が鍵である（略）ファシズムは信条と株序の代役に組織をあてることによって，問題解決のためのお守りにする。

ドラッカーは大衆の絶望をファシズムを理解するうえでの鍵と述べるが，伝統的なヨーロッパの理念は崩壊したばかりか，第一次大戦から世界恐慌にかけて，人と社会との間に結ばれてきた黙契の致命的な不履行が繰り返された結果として，社会における信頼は破壊され，真空が姿を表した点をドラッカーは強調している。

社会の基本的人間像としての経済人の終焉と同時に，とりわけ社会における合理の崩壊がドラッカーによって指摘される要因の一つである。明瞭な自覚が

あるかとは別に，個の側にある期待に応答するうえで不可欠の社会における理念とそれに伴う合理が失われるとき，大衆はすがるべき希望を失い絶望に追い込まれざるをえなくなる。その絶望は，新たな希望の原理の出現をおいて，何によっても癒されることがない。その不在は社会ばかりでなく，人間の側の主体性や意味性をも奪い去り，ヨーロッパが歴史的に一貫して追求してきた自由と平等とのキリスト教的な理念さえをも放棄させるほどの絶望を生み出したとする[28]。

第一次大戦が，その目的とした理想社会の実現に失敗したのは，経済人の社会と，大戦が明らかにしたその現実との間に基本的な乖離が生じていたことに直接の原因がある。この乖離がブルジョア資本主義への信仰を破壊した。

上記引用では，19世紀の社会を支えた合理が経済に基づいていた点が明示されている。すなわち，19世紀，大衆の理念は，経済による合理のルートを経由して到達可能との信憑が，人々に社会を形成させる動因となってきたとする。その信憑は20世紀の転換点で失われ，大衆にとって合理への約束を見出しえなくなり，先の比喩で言うならば，ゴールへの信憑を喪失したマラソン・ランナーにも比すべき絶望状況が現出した。ドラッカーは経済人を，経済による合理を通して世界の意味性を手にする人間像としてとらえ，その定式化は19世紀に見られる極端な理性主義を戴く古典派経済学説にだけでなく，同時代のすべての人間社会的事象をも共約した。『経済人の終わり』のみでなく，同種の叙述は，1949年の「もう一人のキルケゴール」（"The Unfationable Kierkegaard"）にも見ることができ，19世紀の合理主義的高揚の時代においても，個としての死と対峙する絶望から，全体主義への経路の一つが準備されたとの見解を示すとともに[29]，実存の観念を閉鎖的に自己充足するものではなく，社会的存在との不断の緊張関係の中で成立するものと解している。注目すべきは，ドラッカーが経済人の概念によって，近代合理主義の行き詰まりを語るコンテクストが，そのまま全体主義の脅威への認識に直結する事実である。すなわち，ドラッカーは，経済人を近代合理主義の極点として理解し，終

焉と崩壊の中で，人間実存の基盤となる新たな人間像と同時に，新世界の形成に資する，近代合理主義超克の可能性を秘めた世界観の到来を示唆し期待してもいる。上記の要路を踏まえ，『経済人の終わり』の考察において，ドラッカーは全体主義を逆方向から照射し，内面的背景となった大衆の絶望に到達した。第一次大戦や続いて継起する危機の諸相が深刻な打撃をもたらしたのは確かながら，それらが重要性をはらむのは問題の基底たる大衆の絶望を白日の下に晒したためとするのがドラッカーの理解にほかならなかった。というのも，既に20世紀に入ってからは，経済人の社会は有効性を失っており，むしろ第一次大戦や世界恐慌は致命的乖離の結果であって原因ではないとするのがドラッカーの見解であり，止目を促すのは，特に個の内面に生じた真空と，政治社会側の不適切な応答にあった。

　だが，確かに致命的乖離によって，19世紀の社会を担った合理の概念の消滅を見たのが事実であるとすれば，強調されるべき視点として，あえて言うならば，かかる致命的乖離はウィーンの上層中産階級やそれを取り巻く知識人たちの中に生まれたドラッカーにとって，決して目新しい現実ではなかった点にある。ウィーン時代の現実，すなわちツヴァイクの言う昨日の世界，ドラッカーの言う戦前への被縛とは，つまるところ，19世紀の合理が失われたにもかかわらず，来るべき合理を手にしていない麻痺状況の中で，最も洗練された知的作法をもってゴールの消失したマラソンを走る人たちの絶望に依拠する立論としてさしつかえないであろう。住む者なき家に7つの悪霊が棲みつくとの福音書の説くところのように，真空の中には容易に正統性による是認を経ることのない政治勢力が入り込まざるをえないのであり，その点を予覚しえたために，『我が闘争』に伴う現実綱領的意義への透視を可能にしたのであろう。したがって，ドラッカーとヨーロッパ社会を取り上げていくとき，ウィーン時代を遠景として読むならば，ナチズム批判の焦点は大衆の絶望の中に一層切実かつ明瞭に浮かび上がってくる。

　大衆の絶望から個の内面的意味性の剥奪や社会的機能不全を見ていくにあたり，その政治的帰結としては，枢機を握る一群の権力機構への自由の委譲に危機の本質を見出さざるをえない。すなわち，自らの基本認識や価値観を深奥部で支える合理を自己の内面にも社会にも見出すことができず，自由に伴う責任

84 | 第Ⅰ部　時代観察と〈初期〉言論

が耐えがたい苦痛となり，やがて無感覚となり，最終的には最も基底的な理念である自由と平等さえも，非経済社会（noneconomic society）と過去の否定を連呼するナチスに預けてしまうことになる。

　『経済人の終わり』でも論及されるように，その構図はドラッカーのみの見出したものでなく，自由を責任ととらえる実存主義や保守主義の観点に由来している。ドラッカーが例としてあげる F・ドストエーフスキー（Fyodor Dostoevsky）による『カラマーゾフの兄弟』（*Brat'ya Karamazovy*, 1880）の作中劇「大審問官」では，スペインに現れたキリストが，異端審問で多くの信者を処刑していた大審問官に向き合う場面がある。大審問官は，拘束・収監されたキリストに対峙し，大衆は自由を求めておらず，むしろ地上のパンと引き換えに自由の重荷から解放するのが自らの務めであると言明する。そのことは個にとって自由が重荷であって，できうれば自由に伴う責任からの回避を願う精神的真空を暗示している[30]。同記述は，堅持すべき理念を喪失した 20 世紀のヨーロッパで現実化し，自由の責任を回避せんがために，過去の絶対否定を連呼するナチズムの乗合馬車にこぞって乗り込んでいく大衆の行動をも説明する。

　かかる見方をとるならば，ナチスとは大衆の絶望へのある意味，正当な応答の結果をなしているのであって，飢えた大衆に自由と引き換えにパンを与える大審問官の所業との類比を認めうるであろう。ナチスは致命的乖離を原因とする症状に過ぎないとしたのがドラッカーの観察であって，同様の点は次の叙述からも理解可能であろう[31]。

　　一人ひとりの人間が地位と機能をもつ秩序が崩壊したことによって，当然，合理の秩序だったはずのこれまでの価値の秩序が無効になった。秩序の柱である自由と平等は，合理の社会において現実とされなければ，理解もされないし意味ももたない。

　ドラッカーが大衆の絶望をいかなる概念として提起したかは，上記からも明らかであろう。合理や意味の喪失が絶望した大衆を生む原因として挙げられる一方で，個と社会の価値観と信条に整合があるならば，大衆はそれらをもって

第2章　フランクフルトの時代観察 | 85

合理へのルートを手にし世界を意味あるものと理解しうるため，絶望にいたることはない。ところが，乖離から生ずる真空が世界を覆うとき，現に生きる世界は忽然として理解不能となり，唯一理解可能な過去の否定のみに目を向け，現在と未来からは目を背け麻痺的静寂主義に自らを委ねざるをえなくなる。

　既に述べたように，絶望した大衆の観察を重ねたドラッカーにとって，ナチスがドイツを席巻したとするよりは，実存の真空がナチスを巨大な吸引力をもって引き寄せたとするほうが実像に近いが，他方でドラッカーは大衆の絶望から生ずる実存的真空を魔物（demons）になぞらえてもいる。ドラッカーの理解によるならば，魔物とは，自由や平等などの理念を進んで明け渡し，能動的要因を失うほどのコントロールの不可能な実存的真空を指している。あるいは，ツヴァイクの言う昨日の世界への逃避も同様の系として理解可能であろう。魔物に憑依された大衆は，根拠のない強気に支配されたり，極端に楽観的であったり，何事につけて容易に誘導されやすくなる。まさしくウィーン時代の体験の極端に増幅された形態であり，ドラッカーは魔物の蠢動する世界が現出したとして，結果として人が自らの精神的価値を進んで譲り渡したファシズム社会の実相を叙述している[32]。

　　大衆は，世界に合理をもたらすことを約束してくれるのであれば，自由を放棄してもよいと覚悟するにいたった。自由が平等をもたらさないならば自由を捨てる。自由が安定をもたらさないならば安定を選ぶ。自由によって魔物を退治できないとなれば，自由があるかないかは二義的な問題に過ぎない。自由が魔物の脅威を招くのであれば，自由の放棄によって絶望からの解放を求める。

　魔物の支配する世界の出現に伴い，合理へのルートを見出しえなくなった大衆は，自由と平等の放擲と引き換えに得た魔法の杖，すなわちナチスによる合理に救いを求めたとするのが上記の理路をなす要諦にほかならない。魔法の杖は，大衆の絶望や魔物を駆逐しうるものと期待され，実際にナチスによって劇的な効能を得たばかりか，政治的革命さえをも成し遂げたが，ドラッカーがその点において強調するのは，ナチスへの嫌悪以前に，何がナチスをして権力と

して押し出したかにある。結果として見るならば，ナチズムは絶望した大衆に唯一合理と意味を与えたばかりでなく，未来への希望の賦与にさえ成功したとの結論に達する[33]。

　　ナチズムは確かに嫌悪感を催させたものの，ありとあらゆるものが過去の波たらんとしているなかにあって，唯一未来の波だった。

　繰り返しになるが，ドラッカーにとってのナチスは，大衆の絶望の結果表れた症状の一つに過ぎない。症状であるのならば，原因が何らかの形で治癒したり消滅したりすれば，症状もまた消え去ると見るのが自然な理路となる。その面では，ナチスはどこまでいっても，経済人の終焉に伴う実存的真空を引き受けた結果に過ぎないとするのがドラッカーの理解である。

　ナチスは大衆に対して正統性に基づくことのない権力によって未来を見せた政治勢力となるが，ファシズム観察の過程で示された理解の中枢をなしている。その点において，目を向けることを求めたのが，やがて，ナチズムは適切な正統性をもつ組織の出現によって消滅させられるであろうとの予期であった[34]。

　　新しい秩序，新しい人間観が現れたら最後，たちまちにして消え去る。

　フランクフルトでのファシズムの実地観察をもってイギリスからアメリカにいたった経緯を考えるならば，その底流をなす問題意識はナチズム批判にとどまらないのを見る。むしろ，ウィーンの幼少期から感じ続けてきた麻痺と無感覚に陥った大衆の絶望を阻止し，次なる自由にして機能する社会の再建をもって応答していこうとの野心をもそこに認めることが可能かもしれない。

　『経済人の終わり』において，社会や個の底流にある理念や信条がいかに社会構造の安定性や長期的変化との間にあって，相関的な力をもちうるかが描かれている。上記の理解に立つ危機への認識とは，ヨーロッパ時代の青年期の追憶にとどまるものではない。むしろ，アメリカにわたり，大企業の経営や産業社会の課題に踏み込むにあたり，一連のイデオロギー批判や，人や社会を中心

に据える展望を既に完成の域にまでもち上げていった事実に気づかずにはいられなくなる。

　アメリカ産業社会において，中心をなすのは企業，特に大企業であり，それを通して人は社会的ないし市民的合理を見出し，自らを世界との関係で理解可能としうる。その点でアメリカ社会は魔物を放逐しつつ，大衆の絶望を根源から癒す躍動する保守主義の好個の実例でもあった。さらには，企業を通して，主体としての能動的関与や，責任を伴う自由，そればかりか創造をも可能としていた。正統性を伴う脱経済人社会の理念を具現する雛形をなすものとして，アメリカ産業社会の観察がドラッカーの思考と感情を強く刺戟したのは想像にかたくない。すなわち，ドラッカーの理解によれば，企業は経済的機能もさることながら，理念と現実に動的均衡をもたらす政治的・社会的機関にほかならず，まさに，近代合理主義の精神で戯画化された経済人が，産業社会においては企業組織で働く産業人にとって代わられる高度な予型的表現でもあった。換言すれば，産業社会は，トクヴィルの言う新たな政治学をもって，すなわち産業人によって，産業人にふさわしい自由，そして産業人の機能する組織をもって推進されなければならない。

　次章では，大衆の絶望や魔物の避けどころと映ったに違いない，アメリカ産業社会と企業のもつ特性を『産業人の未来』（1942年），『企業とは何か』（1946年）で展開された叙述内容をもとに検討したい。

［注］

1）*MTRP*, p. 809.
2）*AB*, p. 72.
3）*EV*, p. 425.
4）*AB*, p. 159.
5）Flaherty（1999），p. 10.
6）Flaherty（1999），p. 11.
7）マチャレロ＆リンクレター（2013），村山になにによる日本版序文，8-9頁。
8）*AB*, p. 160.
9）*AB*, p. 187.
10）*EV*, pp. 452-453.
11）Flaherty（1999），p. 14.
12）『ドラッカー・コレクション』（2015）（「日本美術へのラブレター」（松尾和子訳）），9頁。
13）*AB*, p. 234.
14）*AB*, p. 164.

88 | 第 I 部　時代観察と〈初期〉言論

15) *AB*, p. 59.
16) *EEM*, H. N. Brailsford, Preface.
17) ハイエク（1992），31頁。
18) *EEM*, p. xxxv.
19) ドラッカー／牧野（2005），53-54頁。
20) *EEM*, p. 19.
21) ドラッカー／牧野（2005），53頁。
22) Weber *ed.* (2010), p. 65.
23) Bonaparte and Flaherty *eds.* (1970) (M. McLuhan, "The man came to listen"), p. 36.
24) *EEM*, p. xxxv.
25) アレント（2005），37頁。
26) *EEM*, chap. 4.
27) *EEM*, p. 23.
28) *EEM*, p. 64.
29) *EV*, p. 434.
30) ドストエーフスキー（1957），(2)，89頁。大審問官は次のように言う。「よし幾千人幾万人のものが，天上のパンのためにお前の後からついて行くとしても，天上のパンのために地上のパンを蔑視することの出来ない幾百幾千万の人間は，一体どうなるというのだ？　それともお前の大事なのは，偉大で豪邁な幾万人かの人間ばかりで，そのほかの弱い，けれどもお前を愛している幾百万人かの人間，いや，浜の真砂のように数知れぬ人間は，偉大で豪邁な人間の材料とならねばならぬというのか？　いやいや我々にとっては弱い人間も大切なのだ。彼らは放蕩者で暴徒ではあるけれど，しまいにはこういう人間がかえって従順になるのだ。彼らは我々に驚嘆して，神様とまで崇めるだろう。なぜというに，我々は彼らの頭に立って，彼らの恐れる自由を甘んじて堪え忍び，彼らに君臨することを承諾したからである」。
31) *EEM*, p. 58.
32) *EEM*, p. 60.
33) *AB*, p. 59.
34) *EEM*, p. 237.

第3章

躍動する保守主義としてのアメリカ産業社会

第1節　アメリカへの転出と『産業人の未来』

　ドラッカーによる企業への関心は，1937年，ニューヨークに渡って居住場所を確保し，市民視点によるアメリカ産業社会の総合的観察に端を発する。さらには1942年に巨大自動車メーカー GM（General Motors）の内部調査によって根底から観察者としての責任は触発されている。

　ニューヨークでの生活基盤を妻ドリスとともに見出しえたドラッカーは意欲的にアメリカ産業社会への同化を示している。本来ドラッカーがもつ非定住による知的活動は活発に姿を現しつつあり，その間も，K・ポラニーや H・N・ブレイルズフォード，M・マクルーハンなどとの接触と交際が続いていた。一方，『ハーパーズ』（Harper's Magazine），『サタデイ・イヴニング・ポスト』（The Saturday Evening Post）への国際記事の売り込みに成功したばかりか，直後にはベニントン大学での非常勤講師のポストも得ている[1]。同時に全国の単科大学を回ってヨーロッパ事情を講演旅行しており，次第に自らのペースで生活を築き上げていった。1943年には市民権を得て生活面ではアメリカ文化に寄り添いつつも，特にポラニーが『大転換』（The Great Transformation, 1944）を執筆する際の相談相手ともなるなど[2]，ヨーロッパへの関心をも保持し続けている。

　『経済人の終わり』（1939年），『産業人の未来』（1942年）の2著においては，いずれも観察上の定点はヨーロッパ時代の市民としてのジャーナリスト兼学究としての見聞と省察に裏付けられていた。少なくとも『経済人の終わり』『産業人の未来』は刊行年からも明らかなように，執筆時点において第二次大戦勃発前，あるいは継続中だったのであり，現実の政治的趨勢は混沌たる状況

にあった点には十分な留意を要する。戦争に伴う現実の中で，既にドラッカーは企業を中心とする産業社会こそが，ナチズムに汚染され錯雑した世界状況の不透明さに最終的な合理を与えるはずのものであり，それゆえに企業への考察を欠く社会論は決定的に不完全との見通しを得て，『企業とは何か』（1946年）の執筆と刊行に着手している。ドラッカーはナチズム批判の書『経済人の終わり』から，かかる見解の延長上で，産業社会，さらには企業への命懸けの飛躍を果たしているが，それらはいずれもヨーロッパの精神に貫かれつつも，記述にあってはアメリカの政治，社会，歴史などを彩る一連のイメージによって照らし出されている点を特徴としている。以下では，そのつながりに着目しながら論を進めたい。

　本章で中心的に扱われる『産業人の未来』は，最初に観察者としての存在感を世に示した『経済人の終わり』，さらには後のマネジメントへの業績を勘案するならば，とりわけ強調に値する投錨点的著作と見なしうるであろう。しかも，『産業人の未来』の積極的含意はアメリカ産業社会の特性と企業の位置づけによる自由にして機能する社会の成立可能性の探索にあったが，それにとどまらず，歴史への視野を通じて探求され，未来を透視した論争的かつ挑発的な書でもあった。

　『産業人の未来』はまた，政治的構想力と想像力において，W・チャーチルが「思考活動を刺戟する書」とした『経済人の終わり』を凌ぐまでの知的刺戟と現実的洞察に横溢した書物としても過言ではない[3]。アメリカ革命や自由の問題は言うまでもなく，正統性や連邦制，社会的権力，保守主義など，後のマネジメントに具現される豊かな知的素材がいきいきと論じられており，産業社会や企業に対して血肉として体化されている感さえある。A・カントロー（Alan Kantrow）は，『産業人の未来』の示す地平について，次のように関心を喚起する[4]。

　　企業をその中軸に置く産業社会なるものが，ドラッカーのおかげでいかばかり身近なものとなったろうか。企業を現代の代表的機関とする観念がどれほど一般性を獲得したろうか。企業のマネジメントが，現在政治社会などどれほどの領域に応用・実践されつつあるか。

第3章　躍動する保守主義としてのアメリカ産業社会 ｜ *91*

　『産業人の未来』にはヨーロッパ時代からアメリカ産業社会への期待と展望，さらには戦後に展開するマネジメントや文明論への関心やテーマの萌芽的形態を包括的に見て取ることができ，同様の観点からも，味読に値する書物である。次に『産業人の未来』から『企業とは何か』におけるアメリカ産業社会や企業の主題への経緯を跡付けていきたい。

　『経済人の終わり』『産業人の未来』『企業とは何か』という1939年から46年までに公刊された書物が，ナチズム批判に発する視座の所在の一貫性を保持する点は既に述べた。もちろん，タイトルからも看取されうるように，考察対象は主題の探索においてはヨーロッパからアメリカ，そして産業社会，企業へと変遷しているが，アメリカ移住後もなお，いかなる世界も例外なく全体主義による脅威から免れたわけではなく，いついかなるときでも，世は全体主義に染まりうるとの切実な危機認識が強固な通奏低音として鳴り響いている。あるいは，ドラッカーの時代認識を養う基底的要因は，直接的に企業やマネジメントや知識社会にあったというよりも，自由で機能する社会の建設に失敗するならば，ただちに全体主義に憑依されうるとの切実な危機への感覚によって支えられていた。J・E・フラハティは次のように述べる[5)]。

　　第2作『産業人の未来』が刊行されたのは，第二次大戦中の1942年のことだった。本書は『経済人の終わり』で提示された政治社会的射程を丹念にふまえつつ，同時にそのテーマをさらに明快なヴィジョンにまで具現化しえた作品といえる。前著と唯一相違するのは，産業社会が成立するための課題を整理し，さらにそのために必要とされる制度的な条件の存在を明らかとした点にある。むろん本人も認めるように，2作は一貫した視座のもとに執筆された。

　上記引用でフラハティの言う一貫した視座とは，ヨーロッパを汚染した全体主義を自覚的に認識し，それが惹き起こす現実を理解し，最終的にはそれへの対抗をなす希望の原理を手にしようとの発意にほかならない。かくしてドラッカーは，自覚的にアメリカ産業社会を観察し，固有の特質に深く定位するアプローチの展開を企てている。『産業人の未来』において，大衆の絶望が容易に

92 | 第Ⅰ部 時代観察と〈初期〉言論

全体主義を招来するとの省察から，それへの応答として，自由な市民としての地位（status）と，社会的への貢献による機能（function）を付与し，それらを経由して理念と合理を供しうる組織を力強く前面に押し出すアプローチの提示にいたっている。

全体主義への危機意識が観察視座に与えた規定的影響は，翻って『産業人の未来』において，産業社会の見極めと成長条件の探索への跳躍台を形成している。A・トクヴィルは『アメリカのデモクラシー』において，アメリカ社会の観察を通して，「私がアメリカを検討したのは，単に当然の好奇心を満足させるためだけではない。私はわれわれの役に立つ教訓をアメリカに見出そうと望んだのである」と述べている[6]。ドラッカーの観察姿勢は，かかるトクヴィルの目の働きを彷彿とさせる点が少なくない。ヨーロッパで目にした悪夢のごときナチズム支配も，トクヴィルとは異なる比較上の視点で，アメリカでの新たな政治社会の原理を洗い出したところがあるが，まさしくドラッカーの目に映ったアメリカ産業社会は途方もないエネルギーを内包した新たな希望の原理の所在を開示する社会であって，それは期待をはるかに超えてさえいたであろう。

ドラッカーによるヨーロッパの実見によれば，ナチズムにおける個は強制的に党へ糾合すべき対象以上の存在ではなく，同時にユダヤ人をはじめとするマージナルな人々にガス室にいたる鉄路を一直線に引く，歪んだ一元的合理主義の社会だった。それとの鋭いコントラストにおいて，ドラッカーは，尊厳ある人間の自由な生と組織の協働を全面的な現実と認め，それに基づく社会的原型を模索している。あえてM・L・キング牧師（Martin Luther King, Jr.）が演説で使用した比喩を援用するならば，「絶望の山から，希望の岩を切り出す」，死の廃墟の中から新たな生の原現象を探し出し，全面的肯定をもって培養していくイメージでとらえうるであろう。『産業人の未来』の考察が示すのは，アメリカの希望である以上に世界の希望の所在であったと筆者は考える。

個を自由の担い手として絶対的に肯定していく姿勢は，アメリカにいたり，企業を社会的にとらえていく視座や，マネジメント上の言説の背景をなす強力なバックボーンを形成している。ドラッカーの理解によるならば，人は個としての実存とともに社会的存在として，緊張と葛藤の中で自らを成長させ，社会

第3章　躍動する保守主義としてのアメリカ産業社会 ｜ *93*

的な価値を創造しうる自由な主体として認識されており[7]，アメリカ産業社
会は，ヨーロッパ時代の経験と内省を踏まえた哲学的社会構想を形象化してい
た。では，ドラッカーが自由にして機能する社会の再建を期するにあたり目を
とめた産業社会（industrial society）とはいかなる構成を伴う社会なのだろう
か。『産業人の未来』の叙述内容の検討に入る前に，その点を明らかにしてお
く必要がある。

　産業社会をめぐるドラッカーの議論は，抽象化された社会像というよりも，
最もありうべき理念と中心においての具現化をその契機として備えた社会形態
にほかならない。後に議論するドラッカーによる自由概念や社会生態学ともか
かわりをもたざるをえないが，社会の本質的要因は形態に現れるとの考え方に
基づいている。すなわち，人間のもつ本質的形態の素描を通して，社会に深く
定位する理念や価値観や信条などの精神的要因をもとらえうるとするのがド
ラッカーのアプローチであろう。

　その関連で言うならば，ドラッカーの著作においては，産業社会や産業人に
ついて一定の厳密な定義が付された形跡はない。しかし，人間と社会を理念に
おいて結びつけ，機能において現実的な生存に資する自身の省察が準備されて
いるのは次の記述からも理解可能であろう[8]。

　　人間の本質についての理念が社会としての目的を定める。人間の存在の目
　　的についての理念が，目的を追求すべき領域を定める。これら人間の本質と
　　存在の目的についての理念，すなわち人間観が，社会の性格を定め個と社会
　　の基本的な関係を定める。

　前章で述べた『経済人の終わり』の叙述に倣うならば，経済という合理の
ルートを通して，人は理念としての自由と平等にアクセスしうるとの一つの
信憑を伴い，かかる信憑を保持する個の存在が社会の目的，言うなればマラソ
ンのゴールを決定する。ドラッカーの言う経済人（economic man）とは，経
済活動に従事し，経済を至上とする合理に基づいて行動する限りにおいて，理
念的自由に到達しうるとの信憑をもつ人間像であり，上記のごとき社会では，
中心をなす価値観が経済を媒介にして，相互に密接かつ必然的に関連付けられ

94 | 第Ⅰ部 時代観察と〈初期〉言論

ていく。ただし，ドラッカーの理解によるならば，形態によるアプローチの企図するのは，あくまでも人と社会の現実を構成する質的な側面である。すなわち，経済人による社会が，社会の構成員全員を経済至上主義者とする必要はない。経済人の社会においても，むろん教育や宗教や政治など，多元的な活動に携わる人々が大半を構成するのは当然である。ドラッカーのアプローチは，社会における中心的な価値，理念の形態ないし質的言及に依拠しており，騎士道精神を理念とする社会において全構成員が騎士階級に属する必要がないのと同様であって，定性的な把握方法として措定されている。

　補足するならば，ドラッカーの産業社会研究の出発点が，当初より学問として，あるいは自己充足的な理論構築として企図されていたわけではなく，現実的なナチズムへの対抗という切実な政治的意図をもっていた点は再度認識されるべきであろう。もちろん『産業人の未来』にはアメリカ産業社会のもつ本質的叡智や諸力をめぐる問いかけが少なからずある。その政治的目標が，アメリカのヨーロッパ戦線への参戦を促し，ナチスを撃破すべき点にあった現実的な思惑は十分に考慮すべき事柄であろう9)。

　同様の観点から『産業人の未来』刊行後，大学の教壇に立ち軍や大企業等のコンサルティングを行うなか，産業社会の主体的プレーヤーの仔細な検討，できうれば組織的背景をなす課題として，人を生産的たらしめる経営管理者の精神的能力やアプローチの実地探求に向かったのは自然の要路をなしていた。その点で，1946年に著された『企業とは何か』の議論は，大企業の内部的活動を肯定的に考察した点で一つの画期をなしている。かくしてドラッカーは企業の発展のうちに産業社会の展開をとらえ，つぶさに観察していくことで妥当性を確認していく。その観察によれば，アメリカ産業社会の中に自由にして機能する社会の躍動する保守主義の優良事例を看取可能とし，アメリカ産業社会を解釈するうえで3点からの理解を提示している。

　第1として，産業社会が高度な組織を通じて実現され，経済的発展を推進する社会である点である。とりわけ大企業について看取される現実であり，時に階層構造や事業部などの多元性や複層性をはらむ組織によって，個のもつ物財生産能力のみでなく，精神的能力においてもまた経済的生産性は増幅的に実現される。『産業人の未来』が戦時中に公刊されている事実とも符節し，戦争遂

行における物財の生産性の極大化に際会し，大企業が巨大な貢献をなした時代
的背景も考量されるべきであろう。その状況は戦後において一層の明瞭さを
もって社会の要求するところとなり，マネジメントの言説が大企業の組織的考
察からスタートするのもかかる時代背景によると見てよいであろう。

　第2として，産業社会における個は，大企業などに所属し，地位と機能の付
与によって，市民性をも具現する点である。草の根的次元からするならば，
A・トクヴィルの観察したタウンミーティングに比すべき機能であり，政治的
安定性に資する役割として把握可能であろう。すなわち，組織への帰属によ
り，市民としての自覚や，そこに生ずる多元的で自由な個によるコミュニティ
の調和的発展によって，大衆の絶望への防潮堤の役割を果たすとも期待されう
る。

　第3として，組織における社会的機能の獲得により，個は社会的存在とし
て，あるいは実存としての合理へのルートを手にし，世界への意味性獲得を可
能にする点がある。企業における生産的協働や創造を通して，生の意味をも手
にしうるとの理路を看取可能である。

　上記の3点は，経済的条件，政治的条件，社会的条件と見なしうるであろう
が，同様の見取り図を産業社会に対して期待する中にも，企業を経済的機能の
遂行機関に限定する見方にドラッカーは当初よりくみしなかった点を看取す
ることは困難ではない。ドラッカーの理解によるならば，企業を総合的な個と
社会の担い手としてとらえる見方は，企業を社会的機関（social institution）
とする視座によって支えられており，その後のマネジメントの言説における台
座を供してもいる。かかる橋頭保から，マネジメントの言説をはじめ，その派
生領域をなす実践アプローチへのダイナミックな展開をも視程に収めうる。ド
ラッカーは第二次大戦の帰趨の不明瞭な中にあって，アメリカ産業社会に対し
て，全体主義の破壊的行き詰まりを打開する役割とともに，大戦後における指
導的な役割に期待を寄せてもいる[10]。

　ナチズムの本質が，西洋文明に共通する問題，すなわち来るべき産業社会
にかかわる問題を解決しようとする試みの一つであり，ナチズムが基盤とし
ている原理がドイツに限定されるものではないことを認識しないかぎり，何

96 | 第 I 部　時代観察と〈初期〉言論

のために戦い，何を敵として戦うかさえわからないことになる。

　上記引用を見る限りで，生々しい政治感覚に裏打ちされている点は容易に看取可能であるが，同様の理路をたどっていくにあたり，一市民から発せられたアメリカへの戦略指示書ともとれるほどに克明かつ詳細に次なる指針が述べられているのに，今もって一驚を禁じえないリアリティがある。ただし，アメリカ産業社会を全体主義との対抗関係において理解し，自由にして機能する社会の原型とするのは可能であるとしても，そのことのみでは，大企業を中核としたドラッカーの視座の変遷を説明する要因としては十分とは言えない。なぜなら，社会を構成する組織とは企業のみではなく，政府，自治体，軍，教会，大学など枚挙にいとまがなく，しかもそれぞれが社会的機関として枢要な役割を果たしているのは論を待たないためである。むろん第二次大戦中をもって物財の供給において企業が刮目すべき貢献をなしたのは事実であろう。しかし，総力戦として遂行された第二次大戦において，物財や経済要因もまた全体から見れば局所としての機能に過ぎず，なぜドラッカーの全面的期待として付託されたか，何かに取り憑かれるように企業のマネジメントへと導かれていったのかという問いには十分に応えられていない。

　次にアメリカ産業社会と企業を主題に考察を進めていきたい。

第 2 節　アメリカ革命の省察

　ドラッカーは 2002 年，G・ブッシュ（George Bush）政権で「自由のメダル」（the Presidential Medal of Freedom）を授与された一人である。マネジメントによる貢献だけでなく，アメリカ政治社会の領域においても，背面から自覚的に一つの潮流の主唱者としてなされた貢献と評価するならば，巨大な達成であった可能性がある。アメリカに渡った 1937 年よりおそらく以前から，政治思想的にもアメリカ革命や建国期への関心をもち続けてきたドラッカーにあっては，『産業人の未来』をはじめとする著作や論文の中でも，アメリカ政治社会の省察は細心の慎重さをもって取り扱われる主題の一つと見なしてよ

く，その解釈にあってはアメリカの原点である建国期から，連邦主義や自由の理念に対し，陰鬱なヨーロッパ的視座との鋭いコントラストにおいて本質をつかみ取ろうとした知的野心をも窺えよう。

　アメリカ政治社会への実見と解釈は，同様の観点に立つならば，自由にして機能する社会を回復する最も有望な選択肢として，あるいは第二次大戦後を領導する実践体系としてのマネジメントへの視座上の転轍点をなしている。とりわけ『産業人の未来』ほど，アメリカ社会への見方を豊かに示し，マネジメントの基底的認識への寄与をなしたものはない。

　ただし，マネジメント研究の中でも，『産業人の未来』は政治社会の観察系譜として受け取られる傾向が強く，経営学の観点からの参照頻度は高いとは言えない。しかし，『産業人の未来』においてこそ，大企業に対してドラッカーが寄せる文明史的期待が明瞭に表出されており，わけても歴史における偉大な達成であるアメリカ独立革命が主たるモティーフとして垣間見られる。近代革命の主たるパラダイムをイデオロギー的に図式化するマルクス主義の呪縛から距離を置き，かえって透視し，アメリカ社会のもつ潜在性と可能性が指し示されている。

　同様の点においてドラッカーの言説に隠された主題があるとすれば，脱イデオロギーを挙げるのにいかなる困難も認めえないであろう。ドラッカーは自ら呼ぶところの社会生態学を知的アプローチとして採用し，その主眼は，現実から看取された像のほうが頭脳の中で捏造された知的体系よりも存在論的に先立つとの認識によって一貫しており，イデオロギーそのものを言論の根拠としない点において終始変位しなかった。

　同様の観点に立つならば，『産業人の未来』はドラッカーが看取したアメリカ社会への驚きの感情がいたるところに見られる。同書の前半は産業社会についての論述からなる一方で，後半にいたってはアメリカ政治社会についての議論へとシフトし，第7章「ルソーからヒトラーへ」(from Rousseau to Hitler)，第8章「保守反革命」(conservative counterrevolution) にいたっては，脱ナチス，脱マルクス主義，すなわちイデオロギー批判の主張が一貫してなされ，いずれも偽りの革命である点が指弾されている。一方で，アメリカ革命は保守主義による正統な革命であったとの見解が呈されている[11]。上記の

98 | 第 I 部　時代観察と〈初期〉言論

解釈もまた，アメリカが自由世界の擁護者として第二次大戦に勝利するとの見
通しのもとに，理念と実践のための見取り図の描出作業に相当するであろう。
大戦継続中のさなかで同書はアメリカの勝利を宣言し，大戦後の転換を馬を替
える場所（the point where we change horses）と象徴的に表現しており[12]，
まさしく『産業人の未来』は新たな時代に必要な新たな政治学の所在を示して
いる。以下では，『産業人の未来』の主として後半で展開される革命について
のいくつかの点を吟味し確認するとともに，とりわけアメリカ革命についての
ドラッカーの提示する議論に着目したい。

　ドラッカーの理解によれば，近代以降の革命は本来的に理性主義に依拠して
いる。その点では革命の基本的性格は，一元的に現実社会を一挙に改良可能と
する信憑によって特徴的に保持されるが，同種の革命概念が成立するために
は，啓蒙思想におけるルソーの一般意思に象徴される，正しさを理性によって
把握しうるとの思想が現実的実感を伴い受容される必要があった。かくして近
代革命における理性主義により，正義の筋書きはやがて正義そのものの実現を
可能とする理説として理解される。ドラッカーは上記の要路を「ルソーからヒ
トラーへ」として次のように述べる[13]。

　　　ルソーは革命を説いた。マルクスは革命を予言した。しかしナチズムの指
　　導者原理はヒトラーに革命を実現させた。政治的に見るとき，ヒトラーの
　　ファシズム全体主義こそ最強であって最も恐るべきものである。これこそま
　　さに，人間は完全であり，完全たりうるとの絶対主義の前提から導かれうる
　　形而上的，政治的結論のうち最も徹底したものである。

　上記はまさしくドラッカーがヨーロッパで実見したイデオロギーの暴威の根
因をなす理路であって，理性主義の精華として理解されうる革命であり，しか
も最強であって最も恐るべきものとして認識されている。革命の最終目的は，
一元主義的理性と意志の徹底に置かれ，現実的には第三帝国やソ連の創設とそ
れらに続く暴力的独裁として理解された点に注目しておきたい。同様の観察結
果はフランス革命においても重要な目標として掲げられ，アメリカ革命に対し
て積極的意味をもったというよりも，むしろ対蹠的な運動形態をとっていたと

第3章 躍動する保守主義としてのアメリカ産業社会 | 99

ドラッカーは述べる。ドラッカーの理解によれば，アメリカ革命とフランス革命は，双方の展開過程において，こと政治的自由や個をめぐる諸点においては完全に対極の理念とアプローチを掲げたとする。

アメリカ革命における中心的契機としてドラッカーが着目するのは保守反革命である。ドラッカーの理解に従うならば，アメリカ革命の理念は，理性主義のリベラルと啓蒙思想の専制に対する，自由をめぐる闘争であった。すなわち，フランス革命における指導的原理に対する革命であるが，さらに保守主義の政治手法が採用されたために，保守反革命と称される[14]。ドラッカーの想定する保守主義については第8章で詳述するが，ドラッカーがアメリカの政治社会に関心を寄せる第一の理由は，『産業人の未来』刊行時の1942年においてヨーロッパを掌握したナチズムに対し，保守反革命というすぐれて高次の政治的革命を成し遂げ，自由を擁護したアメリカへの期待があったためであろう。ドラッカーによれば，保守主義のアプローチによる，理性主義の指導原理に対抗する反革命とは，それ自体が比類のない，イノベーティヴな政治手法が歴史に出現したことを意味し，その限りにおいてアメリカが卓越した反革命主体としてナチズムに抗すべきとする，『産業人の未来』におけるドラッカーの政治的含意を読み取りうる。

他方，自由と保守主義に理念的視座を置くドラッカーとしては，フランス革命や国家社会主義革命は，かえって虚偽の革命として理解されている。フランス革命の勃発を目にして，保守主義の立場から反革命の論陣をイギリスで張ったE・バークを自らの思想的先達の一人に数える事実からも明らかであるが，反対に，一般には革命としての評価を受けることのないアメリカ革命こそが，保守反革命の範例としてとらえられている。ドラッカーの指摘によれば，保守反革命の理念は，「過去の復活を行いもしなかったし，行おうともしなかった。過去を理想化することをしなかった。現在についても幻想を抱くことをしなかった」[15]。かかる言に従えば，保守反革命の目標とは，過去，現在，未来いずれも矛盾した要請に応える困難な課題を伴うが，理性による絶対化を経た未来創設の課題に挫折したフランス革命と，高邁な理念を掲げつつ現実の漸進的改良を志すアメリカ革命との間に妥協不能な鋭いコントラストを見出している。前者の原理的説明として，青写真や万能薬（blueprints and panaceas）を

挙げ，青写真や万能薬によって事前に入手しうる設計図通りの社会の創設が専制に堕した理由であり，圧政からの解放どころか，人間の力を超えた理性による新たな凄惨な暴威を引き受ける結果となったとする[16]。後の国家社会主義革命の暴力主義のプロセスを予示したものとされ，ドラッカーは M・ロベスピエール（Maximilien de Robespierre）からヒトラーへの直線を引き，1942年現在の消息を次のように説明している[17]。

　　われわれは，未来の社会のための詳細な計画を書くことはもちろん，小規模の模型をつくることさえできない。われわれにできることは，新しい社会制度にかかわる提案のすべてについて，自由にして機能する社会に必要な最小限度の基準を満たしているかを判断するために厳格な審査を行っていくことだけである。

　上記引用にあるように，青写真をもって未来社会を計画的に建設しようとの革命は挫折を余儀なくされるとのドラッカーの見解は，反対に言うならば，理念を掲げつつも現実に足場を据えた日々の実践によらずしてわれわれは自由にして機能する社会を手にしえないとの言明でもあろう。ドラッカーによれば，ナチズムであれマルクス主義であれ，一元的な権力を糾合して一気に最終解決を試みるのは，結局のところ圧政と抑圧にいたらざるをえず，その本質はヨーロッパで見据えたナチズムに危険な脅威として表れていたとする。『経済人の終わり』で考察される大衆の絶望は，それ自体が大衆という巨大な社会的諸力から生み出されるゆえに，それらを経由した破壊の規模も同様に甚大たらざるをえない。

　対して，アメリカの政治社会に目を転ずるならば，ドラッカーは，成功要因と意義を，建国の父祖たちの叡智に見出していた。G・ワシントン（George Washington），B・フランクリン（Benjamin Franklin），T・ジェファソン（Thomas Jefferson），J・マディソン（James Madison, Jr.），A・ハミルトン（Alexander Hamilton），J・アダムズ（John Adams）などの建国の父祖たちの現実主義は，フランス革命の理性主義的急進主義との対照において，保守主義的叡智の表出として積極的に評価されている。ドラッカーは青写真や万能薬

第3章 躍動する保守主義としてのアメリカ産業社会 | *101*

によることのない現実主義を次のように評価している[18]。

　それは人間の不完全さに対処するための政治的な方法である。それは単に，人間は未来を予見することはできないとするだけである。人間は未来を知りえない。人間が理解することができるのは，年月をかけた今日ここにある現実の社会だけである。したがって人間は，理想の社会ではなく，現実の社会と政治を自らの社会的，政治的行動の基盤としなければならない。

　ドラッカーの理解に従えば，建国の父祖たちの叡智とは，自由にして機能する社会を建設するうえでの最高の範例を示したのであり，歴史的に培われた経験や知識をアメリカという新世界に適用した，卓越した保守主義的実践の範示でもあった。引用中にもあるように，彼らの政治的叡智は人間の不完全さ，理性主義への不信に基づいていたが，周知のように，連邦主義，権力分立，勢力均衡の原則における新しい政治的構成によってそれらは示されている。

　ドラッカーのアメリカ革命の解釈は，産業社会にとっての祖型を明確化しただけでなく，マネジメントへの体系化において基礎を整えたと見ることも不可能ではない。ドラッカーはわけても1942年時点で第二次大戦へのアメリカ参戦と連合軍の勝利を予期し，大戦後に存続可能な保守反革命を産業社会とマネジメントの酵母のごときものと見なしている。むろん反革命とは，フランス革命やロシア革命，国家社会主義革命のようなイデオロギーや全体主義による革命ではなく，自由の防護を主題とする躍動する保守主義による漸進主義的かつ非暴力的な革命である。

　ドラッカーの理解によれば，既述したように，いかなる社会も個による理念との致命的懸隔が極限に達するならば，全体主義の暴威に取り憑かれうるのであり，大戦後のアメリカによる自由主義的レジームが予見されるなかにおいても，来るべき革命が切実でなかったはずはない。ドラッカーは産業社会を考察する中で，自由と機能を領導する具体的形態を企業の中に見出していくが，表現を変えるならば，企業の担い手としての経営陣や経営管理者，そこで働く人々が，主たる未来の反革命の担い手たりうることをドラッカーが期待していなかったとは考えにくい。いずれにしても，企業が自由にして機能する社会の

102 | 第Ⅰ部　時代観察と〈初期〉言論

機動性の高い主体として，非暴力的に第二次大戦後の反革命を有効に自己展開していった中に，ドラッカーにあっての反全体主義及び自由の原理がマネジメントに内在する政治的枠組みの探求として認識されていた点を示している。マネジメントなどの応用領域として連接展開するイノベーション論やマーケティング論などを振り返ってみるならば，保守反革命のフレームワークにも正確に適合するのに気づかされる。ドラッカーのイノベーション論は，変革のマネジメントにおける中心的位置を占めているが，アメリカ革命についての議論を見るならば，その枠組みの中に帰属する構造を自ずと要請している。しかも，実質的に革命についての見解は，自由概念や，保守主義からのインスピレーションによっており，その形成はやはりアメリカ政治のイメージに淵源をもつ点は指摘されるべきであろう。

　上記の企図が，第3作『企業とは何か』の示導動機となった点は既に指摘したところであるが，その産業社会観を大幅に具体化し，さらにマネジメントへの進路を明確に定める『産業人の未来』から『企業とは何か』にいたる主題の展開を次節における検討課題としたい。

第3節　産業社会の中心機関とGM

　では，社会的機関としての企業が上記の観点から妥当性を保持するために，ドラッカーが取り上げた課題とはいかなるものであったのか。第3作『企業とは何か』（1946年）ではGMの内部調査を経て，マネジメント上の基本的な諸課題を現実社会の中で理解し，率直な省察を世に問うことになるのだが，そこで展開されるテーマが可能態としての戦後における産業社会と企業の社会的役割を具現化するうえでの要路を雄弁に語っている。『企業とは何か』による所説に即して見ていくならば，自由と機能を伴う組織的協働，わけても経営陣や事業部制における部門長などとの対話や観察を彼なりに再構成した試みに依拠している。

　ジャーナリスト，あるいは評論家としての実務上の経歴に加え，コンサルタントとして企業内部に入り，課題の探索と解決への助言を与える役割は事

実上 GM の実見と経験からスタートしている。クレアモント大学院大学でドラッカーとの学術的交流をもった W・コーエンによれば，ドラッカーはマッキンゼー＆カンパニー（McKinsey & Company）の M・バウアー（Marvin Bower）と第二次大戦中政府関係の業務に就いていた折りに知遇を得て，企業活動の助言を主業務とするプロフェッショナルの必要性について問われ，経営コンサルタント（management consultant）の概念についての触発と刺戟を得たと記している[19]。

　事実，GM という大企業が，内部でダイナミックかつ発展的に意思決定を行う様子や，多元的な事業部の特性を最大化するためのアプローチ，昇進の決定など，後のマネジメント関連の著作でも詳細に検討されるトピックの萌芽的形態をいくつも見出しうる。いずれもが，産業社会における中枢的機関としての企業の発展条件への考察に依拠しており，組織という関係性の中でなされる自由と責任の行使あるいは創造的行為としてとらえられている。

　既に見たように，ドラッカーの企業観を産業社会の枠組みにおいて検討した場合，基本的には経済的側面，政治的側面，社会的側面からの三位一体的局面のそれぞれを作り上げる機関として作用している。3 要件を同時的に希求する自由にして機能する社会の展望は，「すべてが新しい社会には新たな政治学が必要である」とするトクヴィル的視座に通ずるものとして，十分な有意性を兼ね備えている[20]。

　かかる 3 要件は，産業社会における企業にとどまらず，企業と個との関係にもほぼ並行的に妥当する面がある。企業と個との関係で見るならば，ドラッカーによる以下の引用は，移項された縮図的形態とも見ることができ，一定の視座のもとに，産業社会，企業，個の関係を貫く基底をなす企図をも看取可能であろう[21]。

　　第 1 に，それは，産業組織すなわち企業に働く一人ひとりの人間に対し，社会的な地位と機能を与えなければならない。そして，彼らを社会の目的の実現のために参画させなければならない。彼ら一人ひとりの目標，行為，欲求，理念に対し，社会的な意味づけを与えなければならない。しかも同時に，彼らの働く組織とその目標に，一人ひとりの人間にとっての意味づけを

与えなければならない。

第2に，産業組織すなわち企業内の権力の正統性を確実なものとしなければならない。その権力は，社会的，政治的権力のための正統な基盤として認められる倫理的理念から導き出さなければならない。しかも，その権力が現実化される組織を，社会の基本的な目的に合致したものにしなければならない。

上記引用には，ドラッカーの理解する社会，組織，個の有効性の条件が示されている。社会というマクロな成立条件が，企業さらには個というミクロの視点まで，類比的条件の貫徹によって看取しうる。産業組織，すなわち企業にあっては，個に対して地位（status）と機能（function）の同時的追求が，理念にいたる合理のルートを個に与え，つまるところ大衆の絶望からの防護壁を供しうると見ている。地位とは個を社会との関係で意味あるものとし，機能は経済的関係における生産性をも供するであろう。地位と機能とは，一例としてGM における職長を見るならば，工場を預かる長としての社会的な責任を保持しながら，同時に，工場における生産運営上のリーダーとしての経済的機能の遂行が2つの要因を説明するであろう。反対に言うならば，地位のみ付与されていかなる機能も果たさなかったり，逆であったりというのは，社会ないし組織と個の間に致命的な離齬を呼び起こし，合理の喪失につながる危険を意味する。すなわち，地位と機能の両方が同時的作動による緊張関係において個は社会において意味ある市民的主体たりうる。

同時に，地位と機能に加え，第3に挙げられている正統性（legitimacy）とは，社会的な理念に照らして受容可能とする政治的要件を意味する。例えば，地位と機能が十分に作用したとしても，実質的な活動内容が社会の理念と乖離している，すなわち自由社会の理念と致命的乖離を示す奴隷労働や人種差別的待遇など反社会的目的や手段，あるいは積極的に社会を損う性質の行動ならば，市民性の創出に寄与せず，あるいは秩序形成への破壊的要因を内包し，政治的正統性に反するであろう。

上記の3要因は，いずれも協働的行為として個を結び合わせるなかで作用するものであり，絶えざる力動性の中で3要因の具現をドラッカーは企業に

第3章　躍動する保守主義としてのアメリカ産業社会 | *105*

対して求めている。とりもなおさず，実存的真空を生ぜしめない本来の企図に照らして見るならば，企業の中に地位と機能を担う市民相互の協働の場としてのみでなく，自由そのものの担い手を見ており，ヨーロッパを襲った国家権力の暴威化，さらには市民性の剥奪と全体主義の傾向を，複数の側面から同時的に阻止していこうとの思惑をも看取しうる。かくして企業をして個と社会の理念的媒介とし，同時に自由の創生主体とした，代表的機関（representative institution）との理路は理解可能となるであろう。経営幹部のみでなく，組織階層にかかわることなく組織全体において妥当するものであり，中間管理職，従業員，顧客なども，自由と市民性の成熟した担い手たることが期待されている。かくしてドラッカーは複数の観点から，産業社会の枢要な機関として企業を再定式化したとしてよい。

　かかる観察と省察にあたり，ドラッカーはとりわけ企業組織の上層をなす経営陣を重く見ている。いわゆるトップマネジメントであるが，産業社会における代表的人間像を具現する責任階級を構成し，いわゆる産業人の理念を実践するリーダーであるだけに，ドラッカーの関心を一層強く惹いたのは確かと言えよう。トップマネジメントの観察が，ドラッカーによるマネジメントにかかる一連の言説の直接的契機をなすのも事実であり，マネジメントの詳細を展開した『現代の経営』（1954年）において，機能のみでなく，経営陣を構成する人々が組織全体の価値観や理念を代表する存在として論及される点からも理解可能である。自由という理念の守り手として，あるいは全体主義からの防護主体としての企業への期待とマネジメントとの根底的な融合を明瞭に見出しうるであろう。

　『企業とは何か』のみならず，『傍観者の時代』など他の複数の文献でも特筆されるのは，GMのCEOであったA・スローン（Alfred Sloan）についての記述である。ドラッカーはスローンと個人としても交流をもち，人柄や品性高潔，紳士性をも高く評価しており，同時にマネジメント実践における先駆をなす一人として見ている。スローンに市民的な自由と責任，機能のみでなく，人格的アイデンティティの所在までをも見出そうとしている一例として，『傍観者の時代』において，スローンについて一章を割き，風貌から話し方，礼儀正しさ，廉直さなどを驚くほどの詳細な点にいたるまでの素描がある。スローン

という人間の内面的規範にいたる要因までをも解釈するとき，有能さや，実践能力とともに，自由を尊重する市民的な範型としても経営者を見出した事実をそこに認めうる。

同書では企業が人間主義的組織であることがいくたびも強調されており，その描出方法は精細かつ奥行きを伴う。GM とのかかわりを深めるなかで，ドラッカーが『傍観者の時代』で特筆する例として，キャデラック事業部長であったという N・ドレイシュタット（Nicholas Dreystadt）がおり，その名は『マネジメント』でも引証されている。ドラッカーの描くドレイシュタットは，ドイツ出身の修理工から身を起こし，学歴はないながらも，GM 幹部に昇進したとして言及されるばかりでなく，企業を人間組織として認識し，身をもって実践した人物として着目されている。ドラッカーの記述するところによるならば，ドレイシュタットは，大戦中のデトロイトにおける戦時生産にあって，出征による成人男性不足を背景に，有色人種の女性を大量に登用し，教育を行い，生産的な要員とした点が強調されている[22]。ドレイシュタットの貢献として，万人に平等の尊厳を認め，働く人としての権利とともに，生に意味性を付与した点に止目しており，先の企業組織と個との要件に着目するならば，経済的，社会的，政治的な地位と機能を付与しえた点が高く評価されている。アメリカの自由にして機能する社会，あるいはいかなる出自や人種，学歴であろうとも差別されることなく，固有の力をもって一級市民たるべきとの理念が重なり合っている点にも気づかされる。

ただし，『企業とは何か』におけるスローンへの立論は，それ自体，自由にして機能する社会の実践を考察する点において説得力ある議論を内包するが，同時に，スローンや経営陣が，ドラッカーの言説に一貫して見られる社会性の要因を受容しえず，意識的に看過したともされている。坂本和一によるならば，ドラッカーを納得させなかった要因の一つとして，GM の経営陣の成功の背後に潜む盲点に属する事柄として指摘されており，GM の後の経営破綻にもつながりうる過誤であったと指摘する向きもないではない[23]。もしかりに社会的責任を GM が正面から取り上げたとしたならば，2000 年代の決定的な GM の経営不振はいささか異なるなりゆきであった可能性についても坂本は論及している[24]。

第3章 躍動する保守主義としてのアメリカ産業社会 | *107*

　ドラッカーの理解するところによれば，産業組織における企業がいまだ全体主義の防護と自由の担い手として成熟した段階にはいたっていないばかりか，漸進的に3要件を追求していく過渡的状態にあると認識した点も注意を要する。同様の観点に立つならば，企業は産業社会における中心機関としての資格を備えながらも，自ら新たな政治学の担い手との理解にいたらず，また十分に受容されてもいなかった点が指摘されている[25]。ドラッカーによれば，同様の点は，GM の CEO スローンにおいて象徴的に看取しえ，企業とは物財やサービスの生産，すなわち経済的機能を通して社会に貢献すべき存在であり，それ以上の次元における責任付与を越権として，その受容は企業人としての誠実さにもとる行為と認識されたと記述されている[26]。

　スローンにとっては，そのようなことは，プロならざる行為だったのである。彼は私に言った。「それはあたかも，盲腸の摘出のしかたを医学生に見せるために健康な盲腸を摘出するようなものである」。したがって，スローンにとっては，社会的責任なるものはプロならざるよりも悪いことだった。それは無責任であって，権力の濫用ともいうべきものだった。

　上記はスローンをはじめとする経営陣の認識的始原に遡って見られる，企業観の根本問題ともとらえることが可能であろう。ドラッカーの著作の原題である *Concept of the Corporation*，すなわち企業に伴うコンセプトにかかわる基底的な問題圏を形成するばかりでなく，企業を経済的・産業的次元でのみ見るか，社会的・政治的次元をも複層的に要請する機関として見るかとの同書の執筆動機を構成する課題にかかわりをもつ。その課題はスローンの企業観と違背し，しかも基底的認識において異なる点を特筆している。確かにスローンは，個としては品性高潔な紳士として，有色人種や清掃人など，属性による差別を一切許すことなく，あるいは教育機関への支援をはじめとする社会的貢献にも高い認識を保持していた[27]。しかしながら，企業に期待される社会的，政治的要請について，スローン自身が受容しえなかったのは，当時にあってアメリカを代表する企業としての GM において，企業経営者の自覚の欠如というよりも，産業社会における一般的な認識の反映と見るほうが自然であろう。

108 | 第Ⅰ部　時代観察と〈初期〉言論

　ただし，ドラッカーにあって産業社会における企業の正統性は種々の複数の次元の緊張関係の中で獲得していく点が期待されている。かかる企業理解に決定的な影響を与えたものの一つとして，アメリカ建国の父祖による連邦主義を見出すのは不自然ではないであろう。連邦主義の機能は，民衆の自治と政治参加という観点からドラッカーは積極的に評価するとともに，特にGMにおける事業部制としての制度的応用を認め，議論の対象としている。GMの事業部制は，一例としてシボレー事業部のごとき巨大組織であろうとも，基本的には水平型の組織形態によっており，タウンシップと自治，市民参加のごとき形態で，全体の企業理念の柔軟な堅持を志向する点に目をとめている。連邦主義は，理念を掲げながらもそれを一挙に実現するのではなく，漸進的かつ多元的に実現を志す永遠の過程としてとらえられる。上記の評価は，アメリカ産業社会に宿る理念と現実を承認すると同時に，多元性と自由，責任への期待をも表明している。

　しかしながら，GMのトップマネジメントとしては，企業が社会的次元においても，すなわち個の実存や自由，社会や正統性とのかかわりにおいて成立しうる機縁から自覚されることはなかったと理解されている[28]。

　　スローンは，プロのマネジメントとして権限を求めたが，プロとしての責任も負っていた。彼は，その権限をプロとしてのマネジメントの領域に限定し，他の領域では責任をもつことを拒否したのである。スローンが『企業とは何か』を認めなかったのもそのためだった。

　上記の社会的責任の概念は企業に本来的に要求された責任領域を踏み越えるものであって，過剰な責任が経営者としての権限を越えるとして，不誠実であり，無責任であるとしたスローンの責任観の表出と背馳している。

　現在にいたるも企業の社会的責任に伴う多義的な課題への継承を看取しうるが，ドラッカーの観点に立つならば，スローンの所説が実情の危機を踏まえざる狭隘と映ったのは確かであろう。それというのも，『企業とは何か』以前に示された『経済人の終わり』『産業人の未来』で示された要路を踏まえるならば，まずもって産業社会の第一集団たる企業組織からスタートし，経営権の社

会的・政治的責任の探索を基礎作業としたのも，全体主義との鋭いコントラストから自由と機能の担い手をそこに見ていたためにほかならないためである。

他方で，企業が第二次大戦の巨大軍需生産を支持する側にあったとしても，無条件に唯一の主導的担い手とは当初より見なされなかったのも確かである。もちろん，企業が経済的主体として，1940年代の西側諸国はもとより，敗戦国たる日本をはじめとする国々への支援においても巨大な役割を演じたのは否めない。あるいは，産業組織を推進する内在的要因としても，産業経済全般を担いうる社会的機関として企業が決定的な役割を果たしたのは事実としてあるとしても，アメリカ社会に根付く歴史的な社会的諸力へもドラッカーは止目している[29]。

　　アメリカでは，新しくやってきた者は，ロータリークラブ，商業会議所，教会の教区に入る。今日，それらアメリカのボランティア組織こそ，おそらく世界中で最も反全体主義的な存在となっている。

上記に見られる基本的な図式は，経済対社会という単純なものではなく，ロータリークラブや，商業会議所，教会などの純粋な社会的契機を内包しつつ，自由にして機能する社会の担い手として，同時に全体主義への防波堤として想定されていた事実である。企業以外の多元的成り立ちを伴う組織は，経済や産業上の機能を時にほしいままにする傾向をもつ企業における適切な監視者となり，第二次大戦後の高度化する産業状況の中で，環境問題や，大規模資本による発展途上国の労働収奪などへの異議申し立ての代弁者たりうる。『産業人の未来』刊行時点で，本質的に企業やその他の非営利組織をめぐる自由と機能，正統性の課題が，産業社会成立可能性への視座に定位していた点は明らかであろう。最後に，本章を締めくくるにあたり，『産業人の未来』『企業とは何か』で示された，産業社会と企業に対する持続的関心について，3点を指摘しておきたい。

第1に，ドラッカーの産業社会観は，ヨーロッパで見たナチズムへの抵抗の側面との鋭いコントラストを形成する概念構成がなされており，企業活動に携わるトップマネジメント以下の倫理観をも含む体系的な自由と機能を具現する

諸力による全体主義への強力なプロテストを意味してもいた。また，連邦制との類似を示す事業部制に見られるように，企業のイメージ自体が保守反革命のヴィジョンによって担保されてもいる。

第2に，アメリカ産業社会及び企業に対する関心は，社会を構成する自由な個の協働から生ずる経済的，社会的，政治的次元からの複層的責任を要請するものであり，第二次大戦後の自由にして機能する産業社会を建設していく躍動する保守主義の駆動力としての含意を保持している。

第3に，ドラッカーが産業社会における主要な担い手をとらえる一般的な枠組みは，産業化を推し進める時代にあって第一集団としての企業に集約的に見られるものの，他方で企業への一元的全体化への危惧から，本来多元性が理想であり，『産業人の未来』の時点で，アメリカ社会の根をなすロータリークラブや教会などの組織もまた，自由にして機能する社会の苗床を醸成する要因として重視されていた。

上記いずれも，赤黒のハーケンクロイツ旗の随処にはためくヨーロッパを生々しくその目に収めてきたドラッカーからするならば，アメリカ移住以降の所説は，まずもってアメリカ及び戦後世界の全体主義からの防護と，そのための条件探索に充てられなければならなかったのは十分に承認可能な要路としてよい。自由と機能，正統性など，全体主義的諸力に抗しつつ，しかも自由の価値を推進する足場を措定しえなければ，課題の十全な検知は不可能となる。また，自由の担い手としての企業を中心とする産業社会の枢要な機関をまず社会における投錨点として保持することで，かえって，多元性に基づくその他の多様な市民活動のもつ役割をも理解可能となってくる。かかる総合的な視座のもとに，産業社会と企業への視座が形成されていった点は再度強調に値する。かくしてドラッカーの基本的視座は，第二次大戦後においてマネジメントの言説形成に着実な展開を見るのであるが，第Ⅱ部では，それらを形成し賦活した基底をなす主たる認識アプローチに着目して考察していきたい。

[注]
1）*AB*, p. 256.
2）ポラニー（2009），x頁。
3）W. Churchill, Review of "The End of Economic Man," published in *Times Literary Supplement*

第 3 章　躍動する保守主義としてのアメリカ産業社会　｜　*111*

　on 27 May 1939.
4 ）Kantrow（1980），p. 79.
5 ）Flaherty（1999），pp. 30-31.
6 ）トクヴィル（2005）第一巻（上），27 頁。
7 ）*EV*, p. 426.
8 ）*FIM*, pp. 31-32.
9 ）*FIM*, p. 13.
10）*FIM*, p. 23.
11）*FIM*, p. 156.
12）*FIM*, p. 17.
13）*FIM*, p. 151.
14）*FIM*, p. 156.
15）*FIM*, p. 180.
16）*FIM*, p. 181.
17）*FIM*, p. 145.
18）*FIM*, p. 185
19）Cohen（2016），pp. 72-73.
20）トクヴィル（2005）第一巻（上），16 頁。
21）*FIM*, p. 192.
22）*AB*, pp. 270-271.
23）*AB*, p. 292.
24）坂本（2008），31-33 頁。
25）*FIM*, p. 85.
26）*FIM*, p. 85.
27）*AB*, p. 287。
28）*AB*, p. 292.
29）*FIM*, p. 172.

第 II 部
基礎的視座の形成と展開

　社会観察における認識上の定点は，著作のすべてにおいて，様々な形態をとって潜勢している。ヴィジョンの中枢をなす最も顕著な点は，社会生態学と呼ばれる，あらゆる観察対象を生命と見なす相関主義的アプローチであろう。ドラッカーは社会生態学の基本認識の中に，継続と変革の主題を見出し，尽きせぬ関心を寄せている。先達としてF・テニエス，A・トクヴィル，R・コモンズ，T・ヴェブレン，W・バジョットなどへの敬意を寄せてもいる。社会生態学への持続的関心は，近代合理主義を超克する主題に照らしても，本書の課題として重要な一面を示している。ドラッカーによる近代合理主義批判は，ナチズムやソ連などの理性主義的革命への不同意とともに，アメリカ連邦主義への尽きせぬ賛意，自由にして機能する社会再建への基底をなす企図とも密接に関連しており，切り離しては論じえない。

リュンケウスの目は大地のなかまで見ぬいたそうだが，同様に詩人は世界をガラスばりに変え，万物を，連続し行進していく姿のままにわれわれに示してくれる。ひとなみすぐれたあの認識力のおかげで詩人は一歩ものに近づいていて，ものが流動し，つまり変貌するさまを見きわめているからだ。

——R・エマーソン「詩人」（酒本雅之訳）

第4章
観察と応答の基本的枠組み

第1節　観察における基底的認識

　第Ⅰ部では，ウィーンでの誕生からアメリカへの転出を経て 36 歳あたりまでの観察と省察の変遷を〈初期〉著作に照らして瞥見し，そのうえでヨーロッパ時代に形成された全体主義への抵抗と自由社会への賛意を一つの価値意識上の軸として考察を進めてきた。第Ⅱ部では，観察に定位する基底的な認識やアプローチのほうにフォーカスしていく。その途上で，ドラッカーの認識枠組みが，固有のアプローチたる社会生態学（social ecology）として提示され，いかなる世界の認識経路を見出していたかを看取することになる。

　視座の骨格を構成する契機の多くは，既に〈初期〉著作の中に萌芽的に，時に明瞭な形で表れている。ドラッカーの視座構造は，人間を中心に据える社会観や，それに伴う反理性主義，生態的世界観を組織のマネジメントに展開する点においても固有の境地を拓いている。わけても，ナチズムから産業社会，マネジメントにいたる一連の関心領域においても，上記の枠組みは一貫した伏流水として看取されうる特徴の一つでもある。しかも，いずれもが，自身の身体的・精神的危機を忌避不能とするナチズムの政治圏内で育まれており，あたかもコンピュータにおける OS のように，随時ヴァージョンを上げつつもあらゆる動作の中核的参照システムをなしている。ファシズムにおける暴威は，市民や大衆としての日常的個のあり方と無関係に生起したものではなく，本来的意味での大衆の絶望による半ば生理的な反応であるとともに，自由の放棄を伴いつつも，社会的熱量を移管した革命運動であったとの見方によって特徴づけられている。かかる視座の特質は，個の前提としての理念や期待，欲求を問題視する点に存するが，反対から見るならば，同様のエネルギーは組織的に最大化

116 | 第Ⅱ部　基礎的視座の形成と展開

し，社会的な成果や貢献への転換も可能となる性質を保持する。マネジメント
は，原点たるナチズム全体主義への異議申し立てへのコントラストとして，個
のエネルギーを自由にして機能する社会における継続と変革に寄与させうる
アプローチが随所ににじみ出ている。観察枠組みが上記の理路によって立ち上
がっていく点は示唆的であろう。

　同様の観点に立つならば，『経済人の終わり』以降の一貫した視座に伴う脱
イデオロギー，別言するならば，イズムとの決別は，見聞や体験に培われた枢
要な基本認識をなしており，経済人（economic man）概念を根底から支持し
てきた近代の支配原理としてのR・デカルトのモダン（近代合理主義），ある
いはその系としての古典派経済学や実証主義法学への批判的考察が行われてい
るのは指摘されてよい諸点であろう[1]。

　ドラッカーの理解するところによれば，近代合理主義の極端な形態はナチス
全体主義以前の体制にも見られ，知識，制度，秩序に関する歪曲した見方をも
たらしてきた。わけても全体主義やマルクス主義はフランス革命の指導原理の
理論的帰結ともとらえられている。『産業人の未来』における「ルソーからヒ
トラーへ」に典型的に見られるように，圧政や専制，大衆社会化状況などにも
見られ，現実の経済社会の把握方法として著しく不適と理解されている。イデ
オロギーは，頭脳の中で捏造された一元的な思想体系によって世界の多元な事
象を説明可能と錯覚するのみならず，さらには青写真をもって世界を一挙に改
造しようとの誘因をも含む点において，現実社会の脅威と見なされている。

　ナチスに対するドラッカーの理解を例に挙げるならば，それもまた近代合理
主義が極端かつ暴力的な形で噴出した政治社会であり，浮遊する分子と化した
大衆は，自らの実存や社会への合理のルートを喪失し，事実上無媒介に国家の
支配権力との対峙を余儀なくされ，一人の例外もなくナチスへの一元的臣従と
拝跪以外の選択肢はなくなる。ナチス臣民は，党組織やその関連組織を除けば
いかなる中間団体や集団にも根付くことなく，活殺自在となり，ナチスの提供
する主題以外に何らの展望ももちえなくなる。

　もちろんドラッカーがナチス体制の告発者として，いかなる政策も支配形態
も受け入れることはなかったのは既に見たところである。というのも，ナチス
体制下の個が絶対的権力者の提供するプログラムに一元的に依存し，自由も責

第4章 観察と応答の基本的枠組み | *117*

任も選択も自発的に放棄せざるをえなかったためにほかならず，もはや自由な
市民とも社会的存在とも見なしえないばかりか，実存の余地のいささかも存在
しえない点が問題とされている。やがて社会に帰属しそこで機能するリアルな
生の感覚をも奪い，さらなる救済を求め，大衆の絶望は一層の深淵に沈んでい
かざるをえなくなる。

　近代合理主義による極端な政治社会の緊縛は，大衆の絶望に乗じた非正統的
な政治権力の蟠踞における底流の一つをなしている。ドラッカーは，かかる近
代合理主義の行き過ぎに対し，E・バークやF・J・シュタール，W・バジョッ
トらに発する保守主義の伝統に立ち，大衆の絶望による個の被縛状況から，
翻って個の自由と責任に基づく機能社会のプログラム探求を通して打開を試み
ている。〈初期〉における政治的言論は，いずれも上記の企図による一貫性が
比較的明瞭に看取されうるが，かかる基本認識は，第二次大戦後に展開されて
いくマネジメントの言論においても，鉱山の古層のように深く息づいている。

　ドラッカーは，近代合理主義の極端な示現形態として，ナチズム，マルクス
主義，資本主義などのイデオロギーを挙げ，大衆支配における手綱としていず
れをも批判対象としている。ただし，近代合理主義とはあまりにも多義的な概
念であって，いかなる部分に準拠してドラッカーの批判的視座を解釈していく
かは，容易に判別しがたい課題としてある。自身が明晰な概念規定を行ったわ
けではない事情もあるものの，それでもなお一貫した観察定点の推移を見るこ
とで，理解の機縁を推察するのは不可能ではない。その機縁とは，主として近
代合理主義への異議申し立てにかかる発言の中に見出され，始原的位置にいる
思想家としてR・デカルトが挙げられ，次のように叙述される[2]。

　モダンの世界観とは，17世紀前半のフランスの哲学者デカルトによる。
この間，心底デカルトを信奉した哲学者はほとんどいなかった。だがモダ
ンとよばれた時代の世界観は，デカルトのものだった。ガリレオ（Galileo
Galilei），J・カルヴァン（Jean Calvin），T・ホッブズ（Thomas Hobbes），
J・ロック（John Locke），J・J・ルソー（Jean-Jacques Rousseau），I・
ニュートン（Isaac Newton）のいずれでもなく，デカルトこそが近代合理
主義のものの見方，自己認識，問題，ヴィジョン，前提，コンセプト，宇宙

観を創造した。

　ドラッカーの理解するところによれば，近代合理主義とは，認識論の構造的一元化を通して，個の内面の世界を含む自由と責任の保持を不可能とするばかりでなく，同様の認識論を世界の全面的改造にも容赦なく適用するドグマにほかならない。ドラッカーが 1949 年のキルケゴールについての論稿で指摘する実存，すなわち純然たる個としての内面生活との緊張関係のもとに社会生活を成り立たせる実存基盤を破壊し，ひいては社会の成立条件としての自由と機能を不全状態に陥れる。結果生ずる大衆の絶望は全体主義への最短経路を用意すると述べる[3]。全体主義がドラッカーにとって敵視されるのも，絶対的権力者によって，社会的な選択とともに個の内面生活における実存の根源的破壊を不可避とするためであったのは想像にかたくない。
　というのも，一元的理性による裁断的判断形式は，全体主義支配の中で，人々の私的生活や慣習，感情，期待など一見すると合理性を欠くと判断される要因を一つひとつ切断し，無力化していき，結果として全面支配を完遂する。H・ボナパルトはドラッカーの反デカルト的思想的枠組みを討究する中で次のように説明している[4]。

　　モダンの世界観は，近代哲学の父デカルトに由来する。デカルトこそが当時にあって信仰と科学の問題に決着をつけた。自然は壮大な機械とされた。人体もを含む自然の総体は，機械論の語彙をもって説明できないものはないとした。精神や霊は異なる秩序に服するものとした。それは神であって，物質とは異なる討究対象とした。（略）デカルトの第一歩は，哲学や物理に高等数学さながらの演繹的思考を適用する点にあった。そうしてはじめて，システムや方法論は合理による知識たりうるとされた。そのことをドラッカーは言いたかったのだろう。革新というものは常に継起してやまない。その中で，変革を期し，働きかけ，方向付ける。そうして秩序を主体的に創造する人間をドラッカーは想定した。デカルト流の近代合理主義はドラッカーの考え方とは異質である。

第4章 観察と応答の基本的枠組み | 119

　ボナパルトの指摘するように，近代合理主義批判において注目すべき点は，人間社会は機械論的なプロセスによっては理解に到達できず，むしろ人間社会を一つの働きかけ合う生態とする洞見にある。既に述べたように，ドラッカーは人間社会における青写真や万能薬への不信から省察を始めている。換言するならば，人間社会についての唯一の正解は存在せず，ありうるのは責任を伴う選択，すなわち自由のみとする。

　その一つとして，デカルトに加え，J・ロックやA・コント（Auguste Comte）につながる古典的な要素還元主義にもまた早くから批判的な議論を展開し，かえってそれはドラッカーは知覚による形態把握との併用において意味をもつとし，形態は部分の総和より大きくないかもしれないが，根本的に異なる（They may not be greater than the sums of their parts. But they are fundamentally different）としている。〈初期〉の政治的著作から第二次大戦を経てマネジメント関連の著作にいたるまで，観察者としての生涯において，繰り返し近代合理主義批判に立ち戻っていったのであり，晩年にいたってさえ，主たる視軸として展開していった。

　いずれにしても，デカルト批判の一つの系として，全体論的，形態的観察アプローチが提示されるが，ほぼそのまま生態と実存との緊密な相互連関性の課題として立ち現れ，ドラッカーによる問題提起の深部に伏流する主題の一つを形成している。『経済人の終わり』で先鞭をつけた近代合理主義への異議申し立ては，以後の著作においても様々な角度から行われ，例えば先に述べたように，その思想的範型さえをも探索し，キルケゴールについての哲学考察を思わせる発言に赴いたこともあった[5]。

　ドラッカーの指摘するところによれば，近代合理主義の先鋭的状況における危機感を表明するにあたり，還元主義の否定に伴う諸点は古典派経済学への批判としても識別可能であり，諸種の圧政や専制の基盤をなす思想を区別するうえでの重要なメルクマールとなりうる。その最たるものは，快楽学説としての功利主義であり，一貫した定式化をJ・ベンサム（Jeremy Bentham）に帰しながら，一般にある行為の成否をもたらす快楽の純増をもって判断する功利主義を，自らの依拠する生態的，実存的視座との本質的違背として理解する。

　ベンサムは他面で，近代の実証主義的法思想の定礎者であるとともに，〈初

120 | 第Ⅱ部　基礎的視座の形成と展開

期〉著作においてはデカルト，ルソーに並ぶ最大の論敵としてよく，近代合理主義の極端な戯画的表現として理解されている。背後にはホッブズ以来イギリスにおいて盛んに議論されてきた「人間は何によって動くか」に関する原理的考察があった。ベンサムによる快楽学説は人間理性を超越した点からの一義的言明にほかならず，同様の視程から極端な近代合理主義のもたらす破壊的作用から理解する[6]。

　1776 年当時，イギリスの政治で脚光を浴びていたのはバークではなかった。W・ピット（William Pitt）でもなく，W・ブラックストン（William Blackstone）でもなかった。アダム・スミス（Adam Smith）でもなかった。それは，最も危険なリベラルの全体主義者，まさに世界のために世界を奴隷化すべく無数の計画を練っていた J・ベンサムだった。ベンサム自身が，自らの社会理論の一環として，一人の看守が 1000 人の囚人の行動を常時監視できる刑務所を設計したことは，たんなる趣味に属する余技ではない。そして当時，進歩的で科学的とされていたのは，妥協と分権という時代遅れの 1688 年の理念に立つ者ではなく，ベンサムだった。

ベンサムによる功利主義のヴィジョンは，近代にいたって支配的となる一元的な絶対理性による覇権主義的権力に直結する危険をはらむとドラッカーは見る。近代合理主義から派生した古典派経済学説の一つの系譜とも看取可能であり，固有の合理主義の観念を包摂した知的伝統の精華でもあった。すなわち，感覚的認識論がベンサム思想の第 1 前提とすれば，第 2 の前提は快楽学説にあるが，人間の行動は快楽と苦痛に依存し，2 要因によって行動が律せられるのみならず，同時に正邪の判断基準としても機能するとされ，「自然は人類を二人の最高の主人，すなわち苦痛と快楽の支配下においた。人間が何をなすべきかを指示し，また人間が何をするかを決定するものはただこの二人の主人だけである」と明言する[7]。かくして一元的検証と正当化の立場をとり，判断や命題といったものは予め決定された手続きにしたがって分析され，疑いえぬ根拠に還元されるまで正当とはされない。ドラッカーの理解するところによれば，同様の理論モデルを現実の政治社会や経済に適用するとき，一元的正当化

を経た原理に依拠しないあらゆる形成物は，すなわち不合理を意味せざるをえない。かかるドグマこそ18世紀後半の急進主義的論者が探し当てた知的系譜であり，その基本認識に依拠しつつ，実証主義的法の支配に基づく政治を具現化するとき，同時に全体主義的強制力を生み出し，すべての社会的慣習や偏見などを拒否し，暴力による絶対的支配として立ち現れる。

　あるいは均衡理論以降の古典派経済学の論理はベンサムによる最適化（利潤最大化及び費用最小化）であり，本来市場のメカニズムが収斂する理念的な点で実現される。古典派経済学は最適化を合理性の基準に据え，逸脱を不合理の現れと見て，かつ現実に生起する様々な取引主体の思惑や価値判断を合理性を阻害する要因としてしか処理しえない。さらに合理的市場均衡は，取引主体における情報が完全に共有され，個々の主観的判断が客観性に転換される場合にのみ可能となるが，仮に実現されたとしても，競争市場における均衡点での利潤は0となる。市場を静態的と見なす観点に立つならば，顧客にダイナミックに働きかけつつ新たに顧客を創造するイノベーションやマーケティングは説明不能とならざるをえない。ドラッカーの観点からすれば，ベンサム流合理主義は倒錯であり，現実への説明力や妥当性をもたず，功利主義，すなわち最適化の基準たる最大多数の最大幸福（the greatest happiness of the greatest number）はその先駆けであり，古典派経済学には一貫して批判的であった[8]。

　かくして近代合理主義は慣習等の生態的プロセスを経て生成した秩序に意味を付与しえないと理解されている。その脱却への期待はマネジメントの書『現代の経営』（*The Practice of Management*, 1954）にも看取可能であり，古典派的基本認識としてのB・マンデヴィル（Bernard Mandeville）批判とアメリカへの希望で結ばれる点に叙述されている[9]。

　50年前，マンデヴィルの思想は，今日のヨーロッパと同じように，アメリカにおいても完全に受け入れられるところとなった。しかし今日，アメリカでは，公共の利益が企業の利益となるようマネジメントせよという，マンデヴィルと反対の思想が，一般的とまではいかないまでも可能になっている。

122 | 第Ⅱ部　基礎的視座の形成と展開

　古典派経済学説そのものが一つの理性主義的ラディカリズムの表現であり，経済という一元的合理による現実社会の裁断がドラッカーによる異議申し立ての中枢をなしている。『経済人の終わり』において，経済学者が自らの理論を政治的に具現化する行為，すなわち，経済運営において経済学者が実質的な権力を握る危険について論及する点にも警戒への意識は表れている[10]。ドラッカーにあっては，人と社会のもつ権力とは，近代以降成立した政治や経済による上からの支配による権力とは異なる。人や社会から自発的，自律的な選択として生み出される価値，ないし行為者の市民としての自由な同意に基づくことなく，人と社会に内在することのない，すなわち個の自由意思に基づくことのない外部の支配権力による下達的命令は，自由社会に反するのみならず，生命体としての本来の活力を殲滅し，ゆえに受容は許されなかった。

　近代合理主義への批判は市場均衡のみに向けられたわけではなく，さらには法の起源へも向けられている。同様の系譜における法は，主として命令と制裁，義務，服従といった価値中立的な概念によって規定されなければならない。慣習法や道徳のような価値評価は，科学性を侵犯し，主権者の立法に先立つ法はいかなる形でも存在しえない。法の合理性は主として上位の実定法から下位の実定法へと継承され，近代合理主義様式の視点からすれば，コモン・ロー，判例法のような慣習法は不合理の堆積物となる。ギムナジウム時代に母方の叔父の公法学者Ｈ・ケルゼンとの会話において，刑法における刑罰の根拠について議論をしたものの，いかなる形においても普遍的な合理性による基礎づけが不可能であり，多少なりとも自己目的的性格を帯びていると考えるにいたったとの経験をドラッカーは記している[11]。

　上記の認識枠組みには現代の支配的な社会科学から見ると，いくぶん奇異なものが含まれているのに気づく。多元性の肯定的観察に基礎づけられる枠組みであり，ドラッカーはそれを自然生態学との類比から，社会生態学と呼んでいる。社会生態学自体が，いまだ人口に膾炙されざるドラッカーの固有の認識方法とも見られ，その中に，自覚的に採用した視座の所在が十全に表現されている。次に社会生態学をはじめとする基本概念をなす諸点に着目しつつ，枠組みの性質について考察したい。

第2節　社会生態における合理と秩序

　ドラッカーの理解する社会生態学の特徴として指摘しうるのは，社会的に創
生された人的環境をあたかも自然生態を観察するように視野に収めていくアプ
ローチであろう。多元的であるとともに固有の自律性（autonomy）をもち，
創発性（emergence）に依拠した相互的な関係性が前提とされている。社会生
態学は，近代合理主義において優勢であった要素還元的，理性主義的理解を超
克し，多元と生成を想定している点に特質がある。近代合理主義における合理
性が，政治であれ社会であれ，上からの理性的権力である事実と比較するなら
ば，ドラッカーにおける合理とは生態における自律性を前提とする点で異な
り，社会生態学の枠組み自体が近代合理主義への異議申し立てへの要路を形成
している。事実，生態には独自かつ固有の合理があり，イデオロギー的合理な
どとはいかなる関係もありえない。例えば，観察者がマルクス主義者であろう
と，ナチス支持者であろうと，観察対象の自然にはそれらと無縁の固有の運動
法則をもちうると同様に，ドラッカーにおいても，人間社会の多元性を基盤と
した自由な人々の間に現出しうる創発的な関係性を通じて，社会生態における
自律的に生起する現実が観察対象となる[12]。

　同様に，理性主義による原理に照らして不合理と切り捨てられた人間や社会
の行為であろうとも，主体の内部にあって言動を支持し，突き動かす動因をも
つ限りにおいて，合理的と前提されている。現に言動が生起する限りにおい
て，そこには何らかの内面的合理性が存すると仮定するのが社会生態学者とし
てのドラッカーの理解である。むしろ，一見すると不合理な言動こそが，個や
社会に内在する固有の力の自然な発現ととらえられており，その限りで実証性
を備えた科学的合理性とは視座を異にする。

　社会生態における合理の概念は，観察的視座が，人と社会の自由かつ自発的
行動による相互作用に基礎づけられるのみでなく，ドラッカーの著作におけ
る様々な記述上の論理として働いている点において，マネジメントについて
の見解に通底する認識をも示している。一つの例として，ドラッカーは『マ

ネジメント』（1971 年）において，コミュニケーションの成立要因を情報の発し手にではなく，受け手の知覚（perception）に置く議論を展開している（communication is perception）。発し手の意図するメッセージでなく，受け手の知覚的受容，すなわち内面的合理の形成によってメッセージ内容は決定されるとし，近代的パラダイムにおける上意下達的コミュニケーションへの疑義を内包する[13]。

　リーダーシップの概念もまた相互作用的，創発的に解釈され，リーダーとはフォロワーによって機能するとの議論を展開しており[14]，同様のコミュニケーションの論理は，マーケティングにおいて，売り手の意思ではなく，顧客の側の要望に定礎する点にも看取可能である。かかる議論の著しい特徴は，『マネジメント』における非合理な顧客は存在せず，それぞれの顧客における内面的判断からするならば誰もがそれぞれの観点から合理的たりうるとの認識からも窺うことができよう[15]。

　　メーカーは消費者を非合理的であるという。しかし原則とすべきは，非合理的な顧客なるものは存在しないということである。顧客は，顧客にとっての現実に基づいて合理的に行動している。

　上記の顧客理解に見られるのは，理性によって管理的に把握可能な存在と見なすのではなく，それぞれ固有の多元性とそれに基づく欲求や期待をもつために，科学的合理性によって説明し切れない合理をもつとの見解であろう。社会生態学は上記の基準のうちに自ずと現出し，非合理的行為を説明するうえで，実証的方法では現在確認しえない推論を生み出す人間社会の価値観や信条，美意識といった多元的論理に依拠する見解の複合でもある。

　同様の観点から，ドラッカーが日本美術の愛好者として生涯を過ごした事実との関係も指摘しておくべきであろう。美術はそれぞれが固有の多元的存在であり，そもそも審美的判断において科学主義的な量的還元は不可能なだけでなく無意味である。同様の価値基準は人と社会の多元性や固有性にも妥当する。平均値は何らの意味ももちえず，むしろそれぞれが個として美術品に対し心を開いて向き合うしかたで，それぞれの顧客を量的存在ではなく，質的存在

第 4 章　観察と応答の基本的枠組み　│　*125*

と見なすべき点が推奨される。日本美術収集家だった妻ドリスは「正気を取り戻し，世界への視野を正すために」（to recover my sanity and perspective of the world）日本美術を見るとのドラッカーによる発言を紹介しており，日本美術鑑賞と知覚開発が不即不離の関係にあった点が窺われる[16]。

　社会生態学においては質の観察とは対象のもつ形態把握に通じ，日本美術などの芸術作品との対峙を通しても，ドラッカーは高次の知覚的体験を日常に意識的に引き入れていた。2015 年にドラッカー・コレクションの展覧会を開催した千葉市美術館館長の河合正朝は次のように述べている[17]。

　　ドラッカー教授の述べられるところによると「トポロジーの中心課題は，角度，境界線，渦巻きなどで，『何が空間を区分しているのか』ではなく，『空間が何を区分しているのか』という問題を研究する。日本の画家たちは，いきなり線から描き始めるのではなく，まず空間を見て，次に線を見て描き始める。それゆえ私は，日本の美学はトポロジカルであると考える。つまり，描く対象を見る時，個々の部分の構造でなく，全体的な形態，すなわち今日で言う『デザイン』を見る」のである。

　上記のような，個々の部分の構造ではなく，全体的な形態を見るとの見解は，ドラッカーの視覚的特徴を的確に表出するものがあり，視座構造全般を規定する枢機的要因とも理解可能であろう。

　もちろんドラッカーはデカルト由来の近代合理主義の中に，偏狭な認識の契機のみを見出したわけではなく，科学主義的合理の価値を認識してもいる。しかし，一元的な合理の尺度を付与し，プロクルステスの寝台さながら，多元的・生態的合理の正否を裁断していく点に根本的懐疑を向け続けたのは確かであろう。日本美術による触発から，「良い先生は『私はこう見ている』とは言わず，『どうごらんになりましたか』と質問する。そして『もっともっとよく見てごらんなさい』と言う」と述べたが，異なる視点における合理に立脚した問いかけをアプローチの中枢に定位した点が示唆されている[18]。個々のもつ特有の審美観を内包する精神的特性や，総じて強み（strength）として，生産的原点を通じた協力関係を打ち立てて行く点に社会生態の観察定点を置いてい

る。

　ドラッカーにおいて，人間や社会における固有の特性とは，人々の共生を可能とする現場の協働にあり，それらを構成していく点に社会生態学にあっての合理の所在を確認していった。社会生態学における合理とは，人々の自由な言動とそれに伴う強みの発揮を媒介にしながら一定の社会的理念に向けて協働していくとともに，一定の方向付けのためのヴィジョンやミッションを提示する力でもある。さらに議論を跡付けて見ていきたい。

　人や社会のもつ本来的な主体性や力動性，あるいは多元性に基づく人々の個的特性を重んずる立場からするならば，古典派経済学の志向する最適化も均衡も採用しえなかったのは当然と言わなければならない。ドラッカーの理解に照らして言うならば，何らかの理性的解決方法によって利害が調整され，最適化がはかられる状態などは，ボナパルトの指摘するように，現実世界において一部の高等数学で例外的に見うるに過ぎない。あるいは，かりに社会において最適化が見られるとするならば，人為性を伴う一元的権力が政治社会を掌握した最終段階でしか見出しえない。

　ドラッカーは，社会生態学が内包する継続と変革（continuity and change）という2つの異なる局面として同様の点を理解している。継続と変革とは，社会生態を構成する存在——企業，NPO，教会，学校など——いかなるものであれ，生命と見なす視座に基づいている。あらゆる事象を生命体として看取する視点から，生命体を維持発展させるうえでのフィードバック機能としての継続と変革が導出される。では，継続と変革とはドラッカーにあっていかなる意味をもつ概念なのだろうか。

　第1に，継続とは特定の生態としての人や組織，社会の保存への要請である。植物や動物が自らを維持するのに必要な物理的・機能的条件を必要とするのに類比されよう。第2に，変革とは生命体が継続的に生存し続ける限りにおいて環境に適応し，自らも生存上の条件に照らして必要な変化や自己刷新を遂げていく要請である。

　一例を挙げるならば，社会が要求する継続と変革の条件として，企業が行うイノベーションがある。イノベーションを行う企業は，卓越性を尺度として日常的な規範を打ち破り，経済社会を賦活することで，生存可能性を高める。す

なわち，市場を含む社会的制度は自己保存の核をもちつつも，固有の強みを
もってなされる自己刷新によってのみ，継続を果たしうる。生命の呼吸や新陳
代謝にもなぞらえうる，生態的な視座の一端が窺い知られるであろう。

　ドラッカーは第二次大戦後の『明日への道標』（*Landmarks of Tomorrow*,
1957）において，生態的・生物的な世界観が現実的な様相を既に呈しており，
イデオロギーや科学的学説など一元的に正当化を行使しうる状況は終焉したと
の認識を述べている。ドラッカーの理解によるならば，第一次大戦前に世界に
対する前提条件と現実認識との間に，産業であれ，戦争であれ，科学であれ，
架橋不能な乖離が明瞭になったとする。『明日への道標』以降上記の主張は明
示されるようになるが，モダンを脱する世界認識が急激に増大した点を踏ま
え，ポストモダン（Post-Modern）の術語で表現している[19]。

　　生まれ育った世界から別の世界へ移り住んできたかのような感さえする。
　17世紀の半ば以降350年にわたって，西洋はモダン（近代合理主義）と呼
　ばれる時代を生きてきた。だが今日，モダンはもはや現実ではない。

　本来多義的なポストモダンであるが，ドラッカーの場合，背後には，他の言
説と同様に政治的含意をはらむのは自然の要路たりえよう。すなわち，自由で
多元的な個による秩序形成の課題として看取可能であり，マネジメントに関連
する一連の議論ともかかわりをもつ。秩序形成の問題は，〈初期〉のナチズム
批判の刻印を深く帯びながらも，同時に創発の場としての産業社会を強調し，
またE・バークやW・バジョットらの政治社会的言説を組み入れる点で，さ
らに固有の視点としても練り上げられている。

　というのも，ドラッカーの理解によるならば，社会生態における秩序形成に
あたっては，特定の一元的な権力機構や最大化の手段は必要とされていない。
社会生態を支える自律的で多元的な個や組織の創発的関係性によって成り立
ち，数の多さや物理的な量以上に，個々における選択など自律的要因に依拠し
ている。秩序の源泉をなす要因とは，慣習や慣例，共同体といった分散的で系
統性を欠くものに埋め込まれており，その成り立ちからして一元的権力によっ
て管理するのは不可能であって，強引に理性主義的手法をもち込むならば社会

の本来的な自律性は破壊されてしまう。まさしくナチズムやソ連が行った破壊がそれに該当するのは言うまでもないであろう。

　また，社会生態における主体は常に何かの目的の手段としてのみ功利的な意味での価値をもつに過ぎないわけではなく，それ自体目的としての機能と価値を具有すると見なされる。そもそも社会生態とは，理性的な構成を経て成り立つものではなく，歴史的是認を経た自然発生的な自律体と見なされており，社会主義や全体主義の生命線をなす価値判断の一元性による全面的改造とは何らの関係性をもたない。

　ドラッカーにあっては，社会生態において生じる権力とは，社会的な決定的権力（social decisive power）として社会の固有性と多様性を開示する秩序形成の源と認識されている。社会を生態として見るとき，その本来の姿は，決定的権力の中に自ずと現れるとの認識が前提とされる。自らが社会生態の中でもつ固有の強みを通じて，自らを生態としての社会に移植するのであり，その点を通して，アイデンティティを開示する。「企業をコミュニティとしなければならない。産業組織をして，農業社会における村落や，商業社会における市場の役割を産業社会において果たさせなければならない」[20]との指摘に見られるように，企業は社会生態の代表的機関であり，自由で多元的な個の創発的関係性の中で生態的秩序は立ち現れ，社会を存続させる諸力として現出する。秩序形成の源は一元的な権力による強制力とは異なり，複数の異なる背景をもつ人々の多元的協働に依拠している。政府や法的な権力とは異なる次元，すなわち決定的権力として作用する[21]。

　　憲法や法律でさえ，決定的な権力がどこにあるかはほとんど，あるいはまったく教えない。言い替えるならば，決定的権力とは政府と同義ではない。決定的権力とは社会的な権力であり，政府の権力とは法的な権力である。

　かかる権力の理解は，主権者の明確な意思のもとに構成された法，すなわち立法による法のみを認めるならば，意味をなさない。ドラッカーの言う決定的権力とは，支配と統治のシステムとしての立法に焦点を当てるのではなく，

第 4 章　観察と応答の基本的枠組み　│　*129*

人々が日常の現場での協働において創出される秩序の作用を想定している。ドラッカーは合理主義的な法や経済理論から袂を分かつとともに，合目的性や合理性がア・プリオリに措定される全体主義やマルクス主義に見られる特定の政治体制を実現する目的論的道具となりうる法への警戒をも示している。むしろ目的と手段が同義──例えば，ナチズムにおける党組織──となることで必然的に導出される意志の支配が『経済人の終わり』の批判的原点をなした事実を再び思い起こす必要がある。

　付言するならば，母方の叔父にあたる H・ケルゼンにおいて，近代合理主義の嫡子たる法実証主義が精華に達した点は重ねて注目してよい。ドラッカーはケルゼンとの相性の悪さを『傍観者の時代』で公言さえしているが[22]，政治観におけるコントラストとも密接に関連しており，評価にあって分離不能の論点を供する。ケルゼンにおける法の科学を称する純粋法学は，法学への不純物混入の拒否は純粋に法規範を記述する科学とならざるをえない[23]。実定法とは制裁によって担保される命令とされ，合理性と正当性は主として上位法の実定法によって保証される。上位法に見られる根本規範は法と政治の接点として，政治的イデオロギーによる一元支配と不可分の状況を作り出さざるをえない。

　他方，自由にして機能する社会の再生と展開を促すものとして，慣習法，判例法に象徴される法，すなわち社会生態の生成を通じて自然発生した規範が発見され，体系化され，幾重に渡る相互作用を通じて生成した法にドラッカーは着目している。生態的なルールや秩序は，外部に立つ一元的な意志によって目的志向的に形成されたものではない。コモン・ローや慣習法，判例法は歴史的に自己展開し，主体的に選択された生態的な秩序の諸力と見なされる。慣習法や判例法は国家社会のみならず無数の共同体領域において散在するが，決して偶然によって形成されるものでもない。政治権力とは一見異なるように見える力であるが，一元的還元を経ざる法の原型が見られ，しかも歴史的につど責任を伴いつつ選び取られる中で刷新され機能する点で，自由にして機能する社会生態における合理認識の契機をなしている[24]。

　　政府と社会の分離という考えが，現実の政治に適用されるようになったの

は，1776年及び1787年の世代からだった。すなわちアメリカの建国の父祖たちからであり，イギリスのバークをはじめとする真にリベラルな保守主義者たちからだった。この原則こそが自由の基盤であることを最初に明確に認識したのが，彼らだった。

　ドラッカーの理解によれば，社会的権力を自由の基盤として再発見したのはアメリカ建国の父祖たちやE・バーク等のイギリスの保守主義者であり，啓蒙主義的政治伝統においてその含意はさほど顧慮されることはなかった。しかしながら，社会の側に蓄積された慣習法や判例法に時の権力者の恣意的管理になじまない政治的安定性を見て，一元的意志による支配への防波堤としても期待を寄せている。

　他方でドラッカーは秩序の観察において，イギリスのジャーナリストであり政治家でもあったW・バジョットに範型を見出していた点を言明している。バジョットは政治制度の設計において，合理的人間観と諸利害の自然な一致を当然とせず，自治や民主主義を価値あるものとして弁護するのみでは自由の維持は困難との見方を示し，自由の至上価値は当然としても，むしろ実現する手段の現実性に関心を寄せ，イギリス憲法に高い評価を与えている。バジョットの代表的著作『イギリス憲政論』（*The English Constitution*, 1867）の冒頭は，J・S・ミル（John Stuart Mill）による『代議政治論』（*Considerations on Representative Government*, 1861）への批判からはじまる。「すべての重要な問題については，論ずべきことがたくさん残されている」とのミルの『代議政治論』を引用し，他方で，生きた現実と紙上の理説とは常に別物であって，「実体を見ると，書物に書かれていないものがたくさんある。なおまた実際をありのままにながめてみると，書物に書かれているような多くの明快な理論は，見当たらないのである」とバジョットは述べ，ミルの講壇的教説が高度な規範性ゆえに，生命体として生きて活動する側面から政治を説明し切れていない点を指摘している[25]。

　バジョットにとって，自由主義とは静態的な理念や信条としてのみ理解するならば，実体を失う。かえって変化を前提としつつ，全体的な対象のとらえ方に力点を置くことで把握可能と見なされる。ドラッカーは，バジョットを自ら

の社会生態学の範例を示した言論人として最大級の敬意を払っているが，というのも，いかなる観察対象であれ，バジョットの関心は人間社会に置かれ，人間のもつ合理以上に不合理に着目がなされていたためであった。その点を煎じ詰めるならば，人間の合理性を所与の前提とするミルを系譜に含む古典派経済学の理論と袂を分かつ主たる理由とも認めうるであろう。バジョットは人間行動が理性や利益によって決定可能とは考えず，本能や慣習に依存する点に着目し，折しも近代合理主義が全盛を迎えていた当時，言動に矛盾を含む実在の人間をとらえようとした。人間の矛盾した性向を不合理として排除することなく，理性主義的合理主義のアプローチではとらえきれないばかりか，それによって誤った制度設計を行う危険性を認識し，知覚と分析の併用に依拠した立論を展開している。

ドラッカーはかかるバジョット的視座による観察に立脚したわけであるが，社会的権力は明文化されることのない規律（the invisible limitations of the unwritten code）として時に違反者に対する暗黙の罰則や，貢献への報奨として作用し，不確実性に構造を与えるのに寄与する点に止目している[26]。相互の黙契としてそれは了解可能であり，『経済人の終わり』で提示された大衆の絶望もまた人々と社会との間の黙契の不履行が，実存的真空を生み，結果として真空を埋める虚偽の勢力に対して進んで自由を譲り渡した状況を説明する理路にも通じる。〈初期〉からの言論の前提と呼応する関係にあると見られよう。

かかる社会生態にあって暗黙に創出される約束や契約とは，権力者の作為によるものではない。人間社会の意識的営為によって再発見される性質をもち，ドラッカーは，ロンドンで金融業に携わった経験を交え，19世紀イギリスの金融市場における決定的権力を叙述している[27]。

イギリスで仕事をしたことのある者ならば誰でも知っているように，社会的，経済的領域には規制が厳存しており，利益の追求による自動調整など，まったくの作り話に過ぎなかった。（略）商業社会における統治の力は強く，有無を言わせなかった。銀行，証券，卸売り，保険など商業社会の企業は，その規制を無視することができなかった。市場の権威からの指示を軽視すれば，直ちに罰が下された。規範や指示を知りつつ背くことは，大企業で

132 | 第Ⅱ部　基礎的視座の形成と展開

さえ許されることではなかった。（略）それは，富と経験，伝統と知性，仕事と叡智，さらには規律性，責任感，廉潔さ，指導力，自制力を総合したものだった。権威としか呼びようのない，具体的ではあっても，とらえどころのない資格だった。

　ドラッカーの理解によれば，市場においてさえも権威としか呼びようのない，具体的ではあっても，とらえどころのない資格（concrete qualification which can be only be described with the word "standing"）が適切な調整機能をもち，その点が古典派経済学や実証主義法学に見られる現実感覚の欠如を巧みに描き出していた。あるいは社会生態の合理と秩序形成にかかわる政治的機能をもそこには明瞭に看取しうる。背後には，既に述べたように，デカルト由来の近代合理主義批判の表白的意図が抜きがたく結びついている点を看過すべきではない。

　上に述べた理路は，ドラッカーにおける社会生態学及びそれに導かれる合理や秩序の概念が，元来占めているはずの場——日本では現場と呼ぶ創造的な空間に近いであろう——をどのように観察していくのかとの問いを改めて提起せずにはおかないであろう。

第3節　社会生態学的アプローチ

　社会生態学者とはドラッカーが自らに許した肩書きの一つ，しかも重要な一つであった。ドラッカーはニューヨーク大学時代にはマネジメント担当の教授であったが，1970年代初頭に西海岸のクレアモントに移ってからは社会科学担当の教授に就任している。ただし，内心の肩書きは社会生態学であったとフラハティに語っている[28]。

　社会生態学の術語が意識的に使用されたのは『すでに起こった未来』（The Ecological Vision, 1993）からであり，〈初期〉著作以来一貫して示してきたナチズムやイデオロギー，近代合理主義等への異議申し立ての視座からも規定しうる。以下ではその点に十分な配慮を払いつつ，上記の2点の考察をさらに深

第4章 観察と応答の基本的枠組み | 133

めていきたい。

第1に，ドラッカーが社会の側面から問うのは，実定法と個との関係ではなく，個が自由をもって多元的に結びつき合う組織やコミュニティの問題としてのトクヴィル的な視点である。ドラッカーがナチズム体制からアメリカにいたる社会を観察し続けてきたのは既に指摘したところであるが，同様の視座を通して，人間社会に自然発生的に横たわる約束や契約を見出そうとしている。社会の論理では，各個の内部で働く欲求や期待などの精神活動に伴う理念が意味をもつ。同様の理路からするならば，例えば，個の内面を社会に対して投射する精神活動の代表としての言語活動は，純然たる主観的な言明であるにしても，社会生態に見られる土台として認識すべきとされ，社会生態学者に最高度の慎重さによる取り扱いを求める。人々の使用する言語は，事実であれ主観であれ，内面的な実存や理念における緊張を豊かに表出しており，ドラッカーもまた，ウィーン時代からナチス体制下の青年時代にいたり獲得した言語への畏敬を堅持している。なぜなら，言語は自然生態における大気や水などの環境を保持する基本的条件に似て，社会生態全体の質を担保する枢要な保全作用として理解すべきであり，逆に言えば，言語の堕落が必然的に政治社会や一元的強制化の招来をもたらしたと理解するためである。ドラッカーの理解によれば，言語は社会生態そのものであって，社会生態学者にとっての言語とは，一つの実体であるとする（For the social ecologist language is substance）。同様に，自由で多元な精神活動の保持を基本的行為として含意するゆえに，自由をはじめとする理念や価値への志向は，言語活動を契機に現れるとも解されている。むしろ，社会を成り立たせているのは，対話や討議，総じてコミュニケーションと呼ばれる言語的行為にほかならず，社会生態学者としてのドラッカーにとって言語への信仰に似た敬意は，上記の点から理解可能であろう[29]。

社会生態学者の仕事には，言語に対する敬意が必要である。私は専門分野が何であったにせよ，言語に対する敬意は常にもち続けてきたと思う。

言語への敬意の背景として，「自然生態学者は自然の創造物を神聖と信じ，また信じなければならない。同様に，社会生態学者は精神の創造物の神聖さ

134 | 第Ⅱ部　基礎的視座の形成と展開

を信じ，また信じなければならない」(The physical ecologist believes, must believe, in the sanctity of natural creation. The social ecologist believes, must believe, in the sanctity of spiritual creation) とも記述している[30]。上記における精神の創造物の神聖さは，予め言語活動に投影されていると見なされている。かかる言語への敬意を跡付ける経験として，ウィーン時代からの言語哲学者の K・クラウスへの畏敬にも言及すべきであろう。クラウスは言語の使い方を見るならば，モラルをも理解しうるとの信念があったばかりか，言い間違いを含む言語はすべからく精神の奥にある何かの反映と考えていた[31]。

　逆に言うならば，言語が有意性を失い，堕落していくとき，社会生態が汚染され一元性による危機的な状況を招く危険は高まる。とりわけマネジメントにおいて上記の言語観は，特別の意味をもつ。企業の経営陣は，既に述べたように，実定法的な権力ではなく，社会的な決定的権力の枢要な担い手である。対話的ないしコミュニケーションとしての諸力は，少なからざる部分，言語の課題に帰する。『現代の経営』に見る次の叙述は，社会生態学における言語の枢要な位置を反映する[32]。

　　　経営管理者は，言葉を知る必要がある。言葉とは何であり，何を意味するものであるかを知る必要がある。そして恐らく何よりも，人間に与えられた最も貴重な能力及び遺産としての言葉を尊重することを学ぶ必要がある。

　経営陣における機能の成否もまた，社内外の他者との言語による対話とコミュニケーションに依拠してなされざるをえないのは，マネジメントのもつ社会生態学的性格が大きく関係している。産業社会の中心的担い手である経営陣において，社会的権力を背景とした一元的強化を回避しつつ，かえって言語を介して，他者の観点を自らの判断の中に取り入れ，適切に修正する必要がある。経営陣のもつべき条件を，安冨は孔子の『論語』における君子になぞらえ，フィードバックと学習の重要性として指摘する[33]。他者への一方的弾圧や打倒，教化ではなく，反対に他者における合理の多元性を学び取り，対話によって自らを改める点に主眼が置かれており，言語の運用とも密接なかかわりをもつアプローチにほかならない。

第4章　観察と応答の基本的枠組み　| *135*

　さらにもう一点指摘するならば，ドラッカーの観察する社会生態は静態的
固定性をもつものではない。自然生態が流転し変化していく宿命を定められ
ているのと同様に，社会生態もまた，継続と変革，あるいはフィードバック
と学習などによって変化を宿命とする力動性を特質として内包している。イ
デオロギーによる硬直性とは完全に無関係に，それ自体が生命体としての自
律性をもつ。N・ルーマン（Niklas Luhmann）のもとでシステム理論を学ん
だW・ウェーバー（Winfried Weber）は，「複雑性の時代のマネジメント」
（"Managing in the Era of Complexity"）と題される論稿において次のように
評している[34]。

　　ドラッカーは卓越した観察眼をもって，組織における複雑性と渡り合いつ
　つ，分析とコンサルティングに携わった。自らを社会生態学者と呼んだ。生
　態学とはものごとをありのままに観察する。ドラッカーは類稀なる観察者
　だった。実際のところ，いくつかのシンプルな原則により，複雑性に向き
　合っていた。まず歴史分析がある。それらを通してネットワークの結点を外
　延的に拡張し，誰も気づかないつながりを見出した。

社会生態学における社会とは複雑性を内包する生態であり，社会を社会とし
て成り立たせているのは多元な人間活動にほかならない。プロセスを経ること
なく視野に取り込んだ判断力，相互作用に基づく合理を称して，ウェーバー
は，「ネットワークの結点を外延的に拡張し，誰も気づかないつながりを見出
した」（extensive network of contacts and saw links where no one had seen
them）と述べている。かかる複雑な社会との対峙の中で，変化を発見し，そ
の変化を未来に利するアプローチをとることをドラッカーは既に起こった未来
（the future that has already happened）とも呼称している[35]。そして，観察
者としての責任の一つが変化の発見にあり，様々なつながりにおいて，一見あ
りふれた事象に特有の予表性を見出し，他者に伝える点を社会生態学者の務め
と見なしている。
　もちろん変化を観察するといっても，一人の人間による変化の全容と奥行
きの精密な把握は不可能であり，断片をいくつか認識しうるに過ぎない。し

136 | 第Ⅱ部　基礎的視座の形成と展開

かし，変化に対する認識論的前提からするならば，世に言う未来学者とは異なり，ドラッカーの行う観察は「未来は知りえないとともに，現在あるものや期待と異なるものとなる」（We know only two things about the future: It cannot be known. It will be different from what exists now and from what we now expect）とする点に帰結しうる。社会生態学においては，未来の予測可能性について唯一言いうることは，「それは知りえない」（It cannot be known）という一文であり，社会生態学者としての良心の宣言とも解釈しうる[36]。

　ドラッカーの所見に立ち戻るならば，社会生態学者の行動は，過去に起こった事象の観察結果を回顧的省察から導出される未来への選択肢やシナリオの提示にかかわる。ウェーバーが指摘するように，現実社会の断片は，分散しているとはいえ，社会に深く定位された理念や価値観による現象であり，想像力の駆使によって形態としての認識を作り上げていく。価値自由的な立場にとどまらず，生々流転する現実の中で，意識や価値構造をも積極的に知覚的な把握対象としていこうとする。同様の点において付記するならば，フラハティは既知（known）との関係で，未知（unkown）を把握するプロセスを通じての理解を指摘している。ドラッカーが執筆予定であった著作のタイトル候補に「未知の体系化」（organizing ignorance）があったことをフラハティは指摘し，主たる関心が，既に知られた事実とのかかわりを通して，知られるべきにもかかわらず未知にとどまる知識を確定し，そのための検討と模索に伴う体系的な知的活動に向けられていたとしている。しかも，フラハティによるならば，ドラッカーは頻繁に未知の体系化の語彙を使用したとしている[37]。

　とりわけ，未知の体系化は，外部の世界で生起する諸現象を知る有効なアプローチとフラハティは解釈し，「過去の問題についての分析にかかわる知識よりも，知られることのない事象のほうが常に上回り，しかも常にはるかに多いためである」（ignorance will always outpace knowledge in the analysis of problem because there is always so much more of it）とする点に根拠を見出している[38]。象徴的範示として，ドラッカーの理解によるならば，D・メンデレーエフ（Dmitrij Mendelejev）による周期表の発見において，多分に同種のアプローチが採用され，自然科学分野のみでなく，人間社会への応用的展開

第4章　観察と応答の基本的枠組み　│　*137*

もなされるべきとしていた。かかる未知の体系化は，未知と既知との間に厳格
な境界線を設けるのでなく，既知の事柄との関係において未知の事柄は知識体
系全体に密接にかかわっており，あたかもパズルにおけるピースの欠落のよう
に，生態的合理の形成において，欠性的要因への固有かつ慎重な配慮を要する
とされている。その限りで未知の体系化が目指すのは，科学的知識の獲得とい
うよりは，むしろ既知の尊重とともに，未知への創発の可能性を最大化する点
にあった。その観点はイノベーションばかりでなく自ずとドラッカーの知的姿
勢における現場知識の重視をも明らかにするであろう。なぜならば，未知の体
系化という知的アプローチそれ自体が，一見するとありふれた日常的事象に決
してありふれているとは言えない創造的契機を見出そうとする持続的関心の示
現にほかならないためである。不在，ないし空白を探索していく点もまた，社
会生態学的精神による。例えば，ドラッカーも例に挙げる C・ドイル（Conan
Doyle）による作中人物シャーロック・ホームズ的な知性とはかかる志向性に
貫かれており，『白銀号事件』（*Silver Blaze*, 1892）において馬が啼かなかった
事実，すなわち不在から事件を解決に導く解釈に一つの表現を得ている。未知
と既知が対立的に扱われるのではなく，協調的に矛盾なく，必然的に統合され
うるとの認識を示している。

　マネジメントについて類似するアプローチは，マーケティングの顧客創造に
おける非顧客（noncustomer）の叙述に見出しうるであろう。ドラッカーは，
既に広義の顧客は，製品を購入する顧客のみでない点に注意を喚起しながら，
いまだ顧客になっていない非顧客を探索するよう促している。非顧客の探求が
顧客創造の総合的主題とするならば，社会生態学的であるとともに，ポストモ
ダン的な視座とも合致しうるであろう。ドラッカーの議論によるならば，既知
を起点とするのではなく，未知を起点とする一種の可能態のヴィジョンとして
提起されている。

　いわゆる学問研究者よりも，経営実務家の少なからざる人々が，同様の局面
への着目を通じて，行動上の指針として採用しようと試みている。例えば，セ
ブン＆アイ・ホールディングスの伊藤雅俊は「何より現実というものが把握し
きれないからである」とその理由を明示している[39]。現実活動が必然的に開
示するのは，顧客の固有の欲求，期待，アイデンティティ等，多様かつ個別の

138 | 第Ⅱ部 基礎的視座の形成と展開

特性にほかならず，事業活動は半ば必然的に未知の探求と体系化を伴うものとして理解されざるをえない。それらを見出し，機会に転換するのは，既知とともに，未知を認識するための自覚的探索に依存する。ゆえに，経営等の実務家にあっては，未知の体系化は何らの強制もなく自発的に行われる事業活動の一部と理解可能であろう。

　他方で，ニューヨーク大学時代の同僚であったフラハティは，ドラッカーに出会った思い出と，人間的な魅力，そして研究者としての謙虚な姿勢について述べている。ドラッカーはニューヨーク大学時代にマネジメントの講義を受けもっていたが，学生には経営者をはじめとする実務家が多く，日中は勤務に従事し夜間に大学に駆けつける学生との交流を好んだ。フラハティ自身，講義やゼミナールに欠かさず出席し，余暇にも共通の関心事であるマネジメントや基底的認識について議論を重ねた経験が，いかに知的刺戟に満ちていたかについても述べている[40]。

　　「学生から教わる」。ドラッカー教授自身の口癖であった。確かにその面があった。意見交換の結果，自ら気づかなかった前提や見落としに気づく。新たな発見もある。自らの講義を通して，手応えを得る。その意味で，教室とは次の執筆のための知的共鳴板の役を果たす。教えることと書くことはコインの両面だった。事実，万事に通暁する一流の書き手であると同時に，学生との交流を通して変転してやまぬ知的刺戟を常に必要とする教師でもあった。

　上記の「学生から教わる」とは，異なる外部の世界との対話が，社会生態学者としての力量の増大に直結するためであったろう点は想像にかたくない。社会生態学者は他者の発言に対して虚心坦懐かつオープンに耳を傾ける姿勢を必須とせざるをえない。同様の点におけるコミュニケーション姿勢とは，水平的であり，教師と学生を上意下達とする一方向の伝達アプローチは採用されていない。マネジメントにあっても，顧客が何を欲求し，何を期待するかを安易に想像するのではなく，顧客のところに行って直接聞くべきとする点を強調するのは，社会生態学のアプローチがマネジメントの底流を力強く支持する一つの

証とも見うる。

次に社会生態学的アプローチでは，知覚による形態把握が重視され，理性に基づく因果の分析を主題とする近代合理主義的アプローチとは方法上の懸隔を示現する点も特徴として指摘されるべきであろう。では，知覚による理解とは，ドラッカーにあってどのように理解されていたのだろうか。

理性主義の行き詰まりの問題については，大別して2つの問題意識がドラッカーによって示唆されたと理解可能であろう。第1点として知覚による把握の課題がある。知覚（perception）とは，近代合理主義における分析（analysis）との対比において，ドラッカーはいくつかの個所で取り上げている。知覚の問題は形態把握の課題としてとらえられ，部分と全体との結びつきに由来する。ドラッカーはイノベーションの議論を展開するにあたって，同様の知覚的作用の意義を強調する。すなわち，企業が新たな価値を探索するにあたって，未来に対し恣意的な判断を投射するのは性格において賭博と選ぶところがなく，むしろ過去の事象の形態に回顧的な目線を向け，未来に対する生産的な原点，あるいは卓説性を見出し，強化していくアプローチを予期せぬ成果（unexpected results）と呼び，最も成果を生み出す可能性の高いイノベーションとして評価している。

しかも，ドラッカーにとって知覚による選択肢の提示は，一種の思索的課題としても認識されていた点は，実践的適用とともに注目に値する。「社会生態学者の回想」（Reflections of a Social Ecologist）というエッセイにおいて，観察者としての来歴や，先駆者に言及しながら，観察者として依拠してきた理想像にゲーテ『ファウスト第二部』に登場するリュンケウス（Lynkeus）があったと述べている[41]。リュンケウスは古典古代を舞台にした『ファウスト第二部』の最終部に登場する半神半人であり，「見るために生れ，物見の役を仰せつけられ」と名乗る，千里眼の勇士である[42]。リュンケウスは，物見台で行為者として世の美しいものや変わりゆくものを見て，視覚を通して，悪に抵抗するとともに，生活者のささやかな居住環境の守護をも枢要な課題として登場している。

自らの理想をリュンケウスに投影したドラッカーの精神生活を想像するならば，今度は逆に，自らに課していた観察対象を選択するうえでの意思の所在が

140 │ 第II部　基礎的視座の形成と展開

明示化されうるであろう。なぜなら、『ファウスト第二部』におけるリュンケウスにあっては、「森羅万象の中に永遠の飾りを見る」ともあるように[43]、美を選択的観察対象とし、観察行為それ自体の中に何を見るべきかを自問し模索する形跡が窺われるためである。さらに人や社会を観察するにあたり、自由や美を大胆に賦活し、肯定していく対象を選び取る点が、観察者としての判断力のみでなく、責任をも意味するとする視座もまた組み込まれている。ドラッカーも自覚していたであろうが、同様の点は一つのコントラストとして『ファウスト』における作品冒頭のファウスト博士のように法学、医学、哲学、神学などの学問を修め、万巻の革貼りの書物による知識や表象の増殖のみをもってしては、生の現実に立ち向かうには脆弱であるとする、近代人の抱える煩悶とも密接にかかわっている。なぜなら、多くの知識を内包する客観的判断の結果を手にしたとしても、知識の形式的手続きを示すに過ぎず、実際に運用するための実質的な責任としての自由はいまだ獲得されていないためである。

　ゲーテは「客観と主観の仲介者としての実験」（Der Versuch als Vermittler von Objekt und Subjekt, 1792）において、「人間は自分のまわりの種々の対象を知覚するや、それらを自分自身との関係において考察するものであるが、それは当然なことである。なぜなら、彼の全運命は、それらの対象が彼の気に入るか入らないか、それらが彼を引きつけるか反発させるか、彼にとって有益か有害かにかかっているからである」と述べている[44]。その観察態度においては、周囲の対象に対して中立的、客観的になるのではなく、むしろ対象と観察者との間に、生命同士の関係を作り出し、日常的な対象物の中に高次の秩序からの意志を探索することによって、知覚を拡大する点が要請されている。

　今一つのドラッカーが内面化したアプローチにおいても、日本美術の鑑賞は一定の視点を示しているものと考えざるをえない。ドラッカーによる観察者としての歩みの始原的認識に根強い政治社会への関心があった点は事実であるが、他方で観察眼が一貫して審美的判断によって支えられていた点はさほど指摘されてこなかった。既に指摘したように、日本美術の収集家として後に名を成すにいたった事実は、ドラッカーの社会生態学の方法論的前提からしても、一つの重要な美的感性の培養源であった点は十分に類推可能であろう[45]。先に述べた美を選択的に観察対象とする点は、社会科学にあってともすれば軽視

第4章　観察と応答の基本的枠組み ｜ *141*

される傾向にある点を踏まえると，ドラッカーが日本美術の鑑賞者であった事実は主要な観察行為を構成する契機として，社会生態学の特性を示す主題の一つとさえ解しうる。

最後に触れておきたいのは，社会生態学の視座を支えるポストモダン的性格がある。ポストモダンとは，ドラッカーの発言と実践を背後にあって支えるメタ的な認識基盤をなしてもいた。ドラッカーの理解によれば，創造的・美的な価値の尊重が，他者を一元的に支配したり殲滅したりする用具として用いられるのではなく，創造的な世界の形成を目指す人々の自発的参画の中で，個々が自由に価値の源泉としての強みを生かし合うことで，近代合理主義の行き詰まりを克服する可能性にかかわりをもつ。確かに『明日への道標』（1957 年）においてポストモダンへの見解を示し立場を鮮明にする前から，〈初期〉著作においても，上記のヴィジョンに結びつけて，ナチズムやマルクス主義への異議申し立てを行ってきた経緯がある。

古典派経済学の理論を支える信憑への一貫した懐疑は既に述べたが，最終的には，社会生態学の根拠を観念や形而上学にでなく，見る行為を通じてモダンの世界を超克しようとする点に関して，ドラッカーは一般の経営学のみでなく，社会科学者全般とも著しく異なる視点に立脚している。しかも，モダンの世界観が有効性を失ったとする問題意識こそが，第二次大戦後における社会のアポリアを克服する鍵とし，「我見る，ゆえに我あり」（I *see* therefore I am）との注目すべき一文を示している[46]。すなわち，見る行為の中に，観念的作為の結果としてのイデオロギーからの脱却という視座が啓発的な意味合いを帯びて迫ってくるのは，観察行為が他者の存在の受容と肯定への意志や美意識の覚醒を伴うためにほかならない。

ドラッカーは，デカルトの言う超越的理性にも，その後裔としてのいかなる理論にもイデオロギーにもくみしなかった。むしろ，人間社会に活力を付与し，変化への柔軟な転換を可能とする一つの意志の働きとして，社会生態学を有力なアプローチとして提起したと理解しうるであろう。人間のもつ生物的な固有性や卓越性，総じて強みと呼ばれるものの探求と具現化への契機がそこに必然的に含まれるとするならば，社会生態学者にとっての観察とは，責任に伴う応答の次元としての実存的主体を基盤とする徳性への志向性をも保持せざ

142 | 第Ⅱ部 基礎的視座の形成と展開

をえないであろう[47]。

　3世紀前，イギリスの評論家マンデヴィルは説教本『蜂の寓話』におい
て，「私的な悪徳は公益となる」といった。これが1世紀後，資本主義の原
理とされた。彼は，一途かつ貪欲な利益追求が見えざる手によって公益を推
進するとした。経済的には彼の言の正しさは証明された。しかし規範として
は彼の言が認められたことはなかった。まさに，オーストリア生まれのアメ
リカの経済学者J・シュムペーターがくり返し指摘したように，資本主義は
成功するほどに受け入れ難いものになったという事実こそ，現代社会と現代
経済の基本的な弱みだった。

　付言するならば，利潤極大や利潤動機なるコンセプトが反社会的であるに
とどまらないわけがここにある。いずれも不純なのである。われわれはマン
デヴィルの言葉は使っていても，考え方としては既にまったく異なる基盤に
立っている。われわれは既に，はるか前から，公のニーズを事業上の機会に
転換することが企業の役割であることを知っている。市場のニーズと，個人
のニーズすなわち消費者と従業員のニーズについて，予期し，識別し，満足
させることがマネジメントの役割である。

　しかしこれらの役割でさえ，正統性の根拠としては不十分である。それは
事業活動を合理的に説明はしても，権限の正統性の根拠とはなりえない。自
律的なマネジメント，すなわち自らの組織に奉仕することによって，社会と
地域に奉仕するというマネジメントの権限が認知されるには，組織の目的と
特性，及び組織の本質に基盤を置く正統性が必要とされる。

　そのような正統性の根拠は一つしかない。それが，組織というものの目的
である。したがってマネジメントというものの権限の基盤となるものであ
る。すなわち，人の強みを生産的なものにする（to make human strength
productive）ことである。組織とは，個としての人間一人ひとりに対して，
また社会的存在としての人間一人ひとりに対して，貢献を行わせ，自己実
現させるための手段である。社会的な目的を達成するための手段としての
組織の発明は，人類の歴史にとって1万年前の労働の分化に匹敵する重要
さを持つ。組織の基盤となる原理は，「私的な悪徳は公益となる」（Private

vices make public benefit）ではない。「私的な強みは公益となる」（personal strengths make social benefits）である。これが，マネジメントの正統性の根拠である。

　「私人の悪徳が公益となる」を否定し，「私人の強みを公益とする」自由にして機能する社会の固有性，個の尊厳の根拠を上記引用には明瞭に看取しうるであろう。徳性と尊厳ある自由な個に人間社会を委ねようとの決意が見られ，古典派経済学や総じてモダンと呼ばれる世界観を乗り越えるのみでなく，新たな社会再建の展望を提示する点は注目に値する。

　上記の条件として，「人の強みを生産的にする」を要諦とし，社会生態学において，社会をあるがままに把握するとは，現状を価値中立的に観察するという意味には解されず，むしろそれぞれの生態を構成する生命において内面から湧き出るポジティヴな可能性，卓越性や美，高貴さ，崇高さを正統性の根拠とすべきとの示唆を看取しうる。同様の視座がドラッカーの観察する社会生態としての人間社会をさらに奥行き深いものとすると同時に，理性主義的論理では容易には整序・分類しえず，またかえって理解を難しくしているのも事実であろう。

[注]
1）*LT*, p. 3.
2）*LT*, pp. 2–3.
3）*EV*, p. 435.
4）Bonaparte and Flaherty *eds.* (1970)（T. Bonaparte, "The philosophical framework of Peter F. Drucker"), p. 24.
5）*EV*, p. 435.
6）*FIM*, p. 163.
7）ベンサム（1967），81頁。
8）*FIM*, p. 163.
9）*PM*, p. 392.
10）*EEM*, p. 48.
11）*AB*, p. 108.
12）野中・竹内（1998），62頁。
13）*MTPR*, p. 483.
14）*EE*, p. 93.
15）*MRRP*, p. 83.
16）『ドラッカー・コレクション』（2015）（「なぜ日本美術に心惹かれたか」（井坂康志訳）），11頁。

144 | 第Ⅱ部　基礎的視座の形成と展開

17)『ドラッカー・コレクション』(2015)(河合正朝「回想のドラッカー教授，そして教授収集の逸伝画家による室町水墨画などのことども」)，15頁。

18) マチャレロ & リンクレター (2013)，12頁，村山になによる日本語版序文。

19) *LT*, p. 2.

20) *FIM*, p. 207.

21) *FIM*, p. 34.

22) *AB*, p. 108.

23) ケルゼン (1969)，40頁。

24) *FIM*, p. 134.

25) バジョット (1970)，65頁。

26) *FIM*, p. 54.

27) *FIM*, p. 52-54.

28) Flaherty (1999), p. 50.

29) *EV*, p. 457.

30) *EV*, p. 455.

31) ジョンストン (1986) Ⅰ，310頁。

32) *PM*, p. 346.

33) 安冨 (2014a)，176-177頁。

34) Weber *ed.* (2010), p. 218

35) *EV*, p. 450.

36) *MR*, p. 173.

37) Flaherty (1999), p. 380.

38) Flaherty (1999), p. 38.

39) ドラッカー学会編 (2010)(伊藤雅俊「ドラッカー教授の思い出」)，194頁。

40) Bonaparte and Flaherty *eds.* (1970)(J. F. Flaherty, "Drucker the teacher"), p. 272.

41) *EV*, p. 456.

42) ゲーテ (1977)(第二部)，496頁。

43) ゲーテ (1977)(第二部)，497頁。

44) ゲーテ (2009a)，36頁。

45) *EV*, p. 365.

46) *NR*, p. 264.

47) *MTRP*, pp. 809-810.

第 5 章
自由にして機能する社会への試み

第 1 節　自由社会の課題

　一人の観察者として時代状況を描出する際の視座を表現する名称は，社会生態学者をはじめ複数ありうるであろうが，その枠組みを決定づけた時代認識を探し求めるならば，個の自由や，それに伴う責任の次元が，特にナチズムの暴威によって決定的に損なわれ，その復元への企図に端を発するのもまた事実であろう。三戸はとりわけ，ナチズム体制下での自由の窮状にあって，ドラッカーがその復権を志し言論活動を切り開いていった事実を強調している[1]。

　自由そのものへの強い関心のゆえか，アメリカ産業社会の実見以降の著作『産業人の未来』『企業とは何か』からマネジメント等で発表された所説においても，終始，有毒ガスの不在を確認しながら坑道を匍匐前進していくように，慎重かつ繊細に自由を究極の判定基準に置きモニタリングしつつ，しばしばその先に広がる領野を仰ぎ見る一面があった。

　同様の点は，前章でも言及した社会生態学における言語の問題ともかかわりをもっている。というのも，社会生態学における言語とは精神活動を根底から支える理念の基底的流路を形成しているためであり，反対に言うならば，ナチズムが言語を堕落させた事実は底流をなす自由の水脈の致命的汚染と不即不離の関係にある。結果として多様な意味を秘めた人間の生を一元的に歪めていったナチス体制を受容不能とした理由の一端は，自由とともに言語を神聖と見なした事実とも根底において符合しうるであろう[2]。

　もちろんドラッカーはいわゆる哲学者や思想家のような立ち位置から自由を観念的に取り扱った論者ではない。むしろナチズム体制下の内側に身を置いた言論人として，自由が致命的に損なわれていく過程を目にする中で，生活の営

146 | 第Ⅱ部　基礎的視座の形成と展開

みの一部として，あるいは社会生態を機能させる水や大気に似た環境要因として理解しようとし，他の概念把握と同様に，学問的精密さをもっての定礎を本来期したものではなかった。

　本章では，自由の解釈を探るとともに，産業社会以降のマネジメントへの関心を含め，『経済人の終わり』『産業人の未来』を中心とする〈初期〉言論の時代背景を重ねて読み解いていきたい。2著ではナチズム批判とともに，自由にして機能する社会の破壊への抜きがたい危機意識によって支えられ，次なる産業社会がそれらの反省を踏まえ，何に留意し，いかなる用意をなすべきかが周到に観察されている。同様の観点から読み解いていくならば，『経済人の終わり』はヨーロッパにおける自由社会の崩壊を観察し，『産業人の未来』はアメリカ産業社会への応答が示される点で，自由をめぐる一対の対話的言説構造をなすものとして理解可能であろう。とりわけ，ヨーロッパからアメリカにいたり自らの視座を確立するうえで，『産業人の未来』は，マネジメントへの事実上の蝶番の役を果たす点において，考察上の要衝をなしてもいる。

　はじめに確認すべきは，ドラッカーの理解による自由とは後にも述べるように，普遍的理念を核に準位するものの，形態において不易不変な性質をもつものではない点にある。すなわち，自由に内包される真理の存在は認識しつつも，不完全な人間理性が一挙に把握可能とは考えない。というのも，かりに自由のもつ真理性を人間が把握可能とするならば，絶対理性による把握を排除しえず，つまるところ，誰かがそれを見出したとする所説に抗しえないためである。

　自由とはそれぞれの社会における時代的展開の中で追求されるべき概念であり，真理性を直接的に把持すべきとはされていない。したがって，ドラッカーの問いの中枢に存する問いは，「人間社会にとって自由とは何か」ではなく，「人間社会はいかにして自由たりうるか」にある。自由は，例外なく，特定の時代状況から生み出された歴史的規定性を帯びた概念としてとらえられる。その事実は，ドラッカーがナチズム体制下における視点から自由の探求に着手した点を改めて想起させるであろう。

　自由の概念を経験を通して育んだ背景として，一つの核をなす系譜の確認を通して思惑の一端が見えてくる可能性が高い。ドラッカーの自由とは，それぞ

れの社会の理念状況を反映し，多元的な社会状況と折り合いをつけようとする，保守主義的な志向性を示してもいる。上記の自由の系譜を見るならば，思想家E・バークにおいて十分な成熟に達し，A・トクヴィルとJ・アクトン（John Acton）において，完全な表現を見ており，いずれも人間理性の絶対視を拒否し，個と社会との相互作用及び緊張関係において，自由をめぐる問題や争点への検討は試みられている。多元的状況に有意性を備える自由をドラッカーは真の自由主義（true liberalism）と呼ぶ[3]。

　自由をよりどころとする真の自由主義は政治的には影響力がかぎられていた。それは革命に抵抗することはできなかった。新しい社会体制も政治体制も生みだすことができなかった。それらのものは，せいぜいが既存の体制への抗議にとどまった。役割は，権力から一人ひとりの人間を守ることにあった。政治や社会を超え，政府を超えて，さらには個の社会的な地位や機能を超えて愛に訴えることにあった。従って真の自由主義は，機能する社会が実現された後においてのみ本来の役割を果たせた。そうしてのみ，建設的な役割を果たすことのできるものであった。しかし今日，自由主義でさえ，アメリカとイギリスの一部に名残りを残すほかは，世界中どこにも見あたらない。

　上記引用中に言及される真の自由主義の前提とは，ナチズムとマルクス主義との関係を断ち切る原理とともに，総じて一元的な理性主義への懐疑を中枢的視点としてもつ点を特徴としている。すなわち，ドラッカーによる自由概念は，自らのヨーロッパにおける生活を根底から破壊したナチズムに代表される一元的正当化からの脱却と転換の具現化を企図したものと理解しうる。

　同様の点で決定的な自由の理解を示したハイエクの論文「真の個人主義と偽の個人主義」（Individualism: True and False）は，自由主義に付された意味的混乱を整理し，正当な知的伝統を明らかとしている。以下において参考に供し少しく考察してみたい。ハイエクは父アドルフとも交流のあった経済学者であり，『隷従への道』（*The Road to Serfdom*, 1944）でドラッカーの時代観察に賛辞を贈る点からも，高度な観察上の親和性によって意味づけうる。

148 | 第Ⅱ部　基礎的視座の形成と展開

　ハイエクの議論で注目したいのは，漸進主義的な自由主義の系譜と，単一の理性による計画主義的社会設計の系譜を峻別し，前者を真の個人主義として受容し，後者を偽の個人主義として排斥する点である。真の個人主義の本質的特徴とは，「それが第一に社会の理論，すなわち人間の社会生活を決定する諸力を理解しようとする試みである」とする議論にある[4]。上記はいわゆる青写真に依拠して一挙に実現可能ではなく，むしろ人間の誤りやすさに依拠しつつ，漸進主義的に成し遂げられていくとする思想によって裏づけられる。その点では保守主義との間での高度の類同性を認めうるであろうし，個と社会の多元的構成を保持しつつ，個の誤りやすさをも自由の調和的発展に資する要因として見定められている。ドラッカーは自由を次のように表現する[5]。

　　自由とは責任を伴う選択である。自由とは権利というよりもむしろ義務である。真の自由とはあるものからの自由ではない。それでは特権に過ぎない。自由とは，何かを行うか行わないかの選択，ある方法で行うか他の方法で行うかの選択，ある信条を信奉するか逆の信条を信奉するかの選択である。

　上記のように，ドラッカーは自由を責任との関係でとらえており，あるものからの自由ではなく，自らが選択した対象への責任を積極的に担う自由，すなわち選択の自由（freedom）にほかならないとする。同様の自由のとらえ方は，ドラッカーが実見したヨーロッパにおいて切迫性をもって表れている。というのも，ドラッカーの言論の出発点は，個の自由がナチズムの供する単純な原理に糾合され，その帰結として選択の可能性を事実上無化する脅威へのプロテストとして表れていたためである。

　ナチズムの暴威を肌で感じたドラッカーにとっては，概念以上に半ば身体的切実さを伴う体験であったのは想像にかたくないであろう。自身もまた，フランクフルト大学助手時代にナチス・コミッサールによるユダヤ人教授排斥の恫喝を目撃し，またジャーナリストしてナチス党大会に潜入するなどした経験は，後に取り扱う知的主題をもフィジカルに決定づけている[6]。すなわち，ドラッカーによるナチズムとの邂逅が何より自由の危機として体験された点

第5章　自由にして機能する社会への試み　|　*149*

は，自由を責任としてとらえる上での決定的な機縁を供している。

　自由の見解は，現実の社会においては，責任を伴う選択（responsible choice）との形態をとって表れている。すなわち，自由とは責任（responsibility）であるとともに，選択（choices）である。反対から解釈するならば，責任のない選択であるならば，自由は存しえない。自由である限り，責任を免ぜられるものではなく，責任の行使がその実質をなす。

　しかし，かかる見解は，ドラッカーが目にしてきたヨーロッパの歴史状況に即して見るならば，実感を伴う既視感をも内包していたのは事実である。既に述べたように，第一次大戦後ウィーン，フランクフルト，ロンドン，ニューヨークへの漂白の前半生を生きた彼にとって，行き先を失い，内面の真空を埋めることと引き換えに，自由とそれに伴う責任やアイデンティティを偽りの乗合馬車の御者に自ら譲り渡さざるをえなかった人々の失望，苦痛，悔悟はリアルな原体験として，視座に自然に組み入れられたと考えうる。すなわち，一般にわれわれが接する自由を喜びや楽しみとする耳障りのよい臆説は，かえって全体主義を受容する否定的契機として働きかねない危険性を帯び，それへの鋭いコントラストを帯びた自由への警鐘を次のように記述している[7]。

　　自由とは解放ではない。責任である。楽しいどころか一人ひとりの人間にとって重い負担である。それは，自らの行為，および社会の行為について自ら意思決定を行うことである。意思決定に責任を負うことである。意思決定と責任が伴わなければ自由ではない。

ドストエーフスキー『カラマーゾフの兄弟』「大審問官」に見られる苦役としての自由は上記にも看取しうる。ドイツ時代に合理を失った大衆が，イデオロギー対立の中で混乱を極め，やがて未来の可能性に目を閉ざし，自由を独裁者の手に委ねていった観察から引き出された自由観でもあろう。ドラッカーは自由を解放でもなければ楽しいものでもない，重い負担であるとし，あるいは，できれば個は自由の回避を望むとも述べている。本書においては，これ以上自由の系譜を精密に検討していくだけの準備はないが，あえてドラッカーの自由の概念を単純化して述べるならば，いくつかの基底的特徴を有してお

150 | 第Ⅱ部　基礎的視座の形成と展開

り，以下の点に要約可能であろう。

　第1は，自由にあっては実存を伴う個としての主体的判断を不可避とする見方である。まさにその点にこそ，ドラッカーはヨーロッパの危機体験から汲みつくしえない教訓を得たともいえる。それは，責任であり，選択であるとする自由のとらえ方に表れており，その際立った特徴は，人間理性への一貫した懐疑に看取しうる。前章で見たように，ドラッカーは理性主義による合理については批判的まなざしを向け続けたが，そもそも不完全な人間理性，誤りの可能性とともにある人間が，主体的責任において選び取る苦役を堪え忍び，あえて葛藤のただ中に身を置くことが自由に伴う必然として認識されている。

　同様の点において，責任としての自由に付随する特性として，人間の誤りやすさを重視したばかりでなく，むしろ積極的に評価した点は注目に値するであろう。既に述べたように，人間の理性，特に認識能力の有限性とともに，反面として，意図せざる結果をも受容し，かえってそこに未来への機会を見るべきとする見解をも見出しうる。人間の誤りやすさ，言い換えれば理性の限界は，正確に言うならば，限界よりは，可能性の視点からとらえられている。さらに言うならば，人間の不完全性は，対話を促す創発性を前提として，自由の理念を増進する精神的能力とさえ認識されている。

　理性の限界について近年の系譜を継ぐ同時代人として，R・ダーレンドルフ（Ralph Dahrendorf）の見解がある[8]。ダーレンドルフは，K・ポパーの影響を受けたイギリスの政治学者・社会学者であるが，人間の不完全性と自由を考えるうえで重要な示唆を与える点に注目したい。ダーレンドルフの主張するところによれば——彼自身も全体主義との闘争を経てイギリスに亡命した経験をもつ一人である——人間のもつ認識能力は限界を伴い，正義を具現する政治制度や秩序などについての判断において，完全を期するのは不可能とする。むしろ多様な政策と相互の対立・競争を許容する代議制民主主義の整備の中での活発な試行錯誤的過程を通じて，漸進的にアプローチを試みる中に，進歩の可能性を見出し，それをライフ・チャンス（life chances）と呼ぶ[9]。

　　誤謬の克服という前提は，進歩のチャンスをなしているのである。かくして，自由主義は次のように定義づけられよう。すなわち，人間不信の中の

第5章　自由にして機能する社会への試み　｜　*151*

希望，支配者の実際的な必要性を可能な限り緊密に〈最大多数の最大ライフ・チャンス〉と結びつける試み，人間のなすことが完全ではないのを熟知したうえでの個の力と権利への信頼，いかほどかの道徳，いかほどかの認識論――これがそうである。

　上記の認識は，ドラッカーの自由を検討するうえでも，一定の補助線を供するであろう。ダーレンドルフの理解によれば，人間理性は本来不完全であり，合理的理性に全権を委ねるならば専制や過剰な統制を生み，結果として個の不条理が増大する危険性は高まっていかざるをえない。K・ポパーの後裔たるダーレンドルフには，人間理性の不完全性が明確に表出されるのみでなく，自由社会を自己の生き方の対話の場，ないしは創発の場とする所見においても大いに見るべき点がある。

　あえて言い換えるならば，個が社会の現実的文脈で「生きてみる」ことを推奨する点に同様の点を看取しうるであろう。すなわち，現実社会へのアイデンティティの投入と移植を通して，仮説の成否の検討を媒介として，自らの認識や行動を現実に即して刷新していくなかで，次なる言動の妥当性を高めていこうとする。後述するフィードバックと学習の実践であり，人間の誤りやすさを機会と認識することで，意識的な修正が与えられるばかりか，むしろ未来における成長の機会，自由増進の機会ととらえうる点において，ドラッカーにおける自由との類同性を指摘可能であろう。ドラッカーの場合，未来を直接的に理解の対象としえず，既に起こった事実に回顧的な省察の目を向け，そこから得た認識をもとに期待するところを明記し，それを指針にさらに現実を「生きてみる」ことが推奨されている。そして，一定期間を経た後に得られた成果と期待を照合することで，内面的能力と社会的能力の成長についての示唆を得る，いわゆるフィードバック分析（feedback analysis）と呼ばれる方法として提示されている[10]。

　ドラッカーの指摘するフィードバックとは，換言するならば，人間の誤りやすさを未来に向けて創造的に利用するアプローチでもあり，人間の自由を契機として，固有の能力を作動させる条件として理解しうると同時に，社会においても枢要な役を果たしうると期待される。すなわち，フィードバックが個とし

ての自由，すなわち進んで責任を引き受けるべき選択領域を示唆する方法であるのは当然として，社会における自由な主体として生産的機能を可能ならしめる点において深甚な意義をはらむ。同様の意味で，強みを見出し，それを自由な社会における全体的利益に供する上でのアプローチとしても想定されている。その限りで，人間の不完全性とは，ドラッカーの言う自由にして機能する社会を根底において支える重要な人間能力の一つとして理解されている。誤りやすさの背後にあって，多元的かつ複雑な他者の保持する視点や経験を自らの言動に学習を通して導き入れ，有効な選択肢を手にする点においても，自由の賦活要因と認めうるであろう。

第2は，歴史的文脈においてヨーロッパの理念の現実的寄与を希求する点である。自由の意義をいかなるしかたで具現化し，また推進していくべきかが，アメリカ移住以降のドラッカーにおける一貫した戦略目標であったわけだが，その問いに対して，ドラッカーは2つの視点を通して模索している。一つは，正統性の観点からである。自由とは伝統的にヨーロッパ社会における個の最重要の理念と解され，マチャレロ＆リンクレターも述べるように[11]，それはユダヤ・キリスト教に連なる基底的概念でもある[12]。

　自由の基盤となりうるものは，西洋ではキリスト教の人間観しかない。すなわち，不完全で弱く，罪深いもの，塵より出でて塵に帰すべきものでありながら，神のかたちにつくられ自らの行為に責任をもつものとしての人間である。人間を基本的に不完全で儚いものとする時，はじめて自由は，哲理上，自然かつ必然のものとなる。また人間を，基本的に自らの意思決定と行為に責任をもつべきものとする時，不完全さにもかかわらず自由は政治上可能となる。しかし人間を完全無欠のものとするならば，自由は完全に否定される。また責任あるものとしないならば，同じく自由は完全に否定される。

　すなわち，個の理念としてキリスト教的自由が定位されており，ヨーロッパの正統性を形式的にはふまえている。しかし，他方で意味内容は定型性をもって提示しえず，また排他的に国家に帰属する主権的権限ともとらえていなかった。その解釈は，政治社会に帰属するのではなく，個の精神に帰属する。他の

諸概念の解釈と同様に，実定法をはじめとする政治制度のレヴェルにとどめ置かれるものではなく，人と社会のレヴェルにおいて解釈・判断可能な概念と解され，その点においてドラッカーの見解は一貫している。いかなる理念であれ，唯一の主体や完全無欠の真理を僭称する存在が，自由の第一解釈権を手にするとの見方は断固として受け入れられず，一元的な定義を伴う営為自体が，暴力的な社会の再構成を伴う全体主義の温床となりうるとの見解は変位を見なかった。

したがって，ドラッカーの理解によるならば，自由の具体的な内容をどう定めるかもまた，基本的に個による責任を伴う選択，すなわち自由に委ねられるべきであり，国家権力による法的根拠による列挙や，法制化にはなじまない。むしろ人と社会における生態的な合理や秩序あるいは，対話や批判に由来すると考えるのが現実的であろう。反対から見るならば，自由の解釈において，自由の名に依拠する全体主義国家の組織も現実的に十分可能であって，ナチズム社会やソ連もまた自らを自由にして民主的な社会と自認するのに何らの遮蔽物もなきがごとくであった点からも明らかであろう。というのも，ドラッカーの理解によれば，自由とは形態にかかわる原理，すなわち，各々の社会における理念を有効たらしめる生態的システムとして具現化される。例えば，複数の異なる理念を奉ずるだけでなく，人間的アイデンティティやそれを基礎づける価値観が異なる社会，さらに言えば異なる宗教や宗派による社会であったとしても，形態としての自由は機能しうる[13]。

自由とは，純粋に形態にかかわる原理である。従って，いかなる社会といえども，自由に追求すべき人間活動や自由に実現すべき社会目的についての理念が必要である。自由の理念と，宗教人あるいは経済人の理念とは矛盾しない。いかなる人間観のもとにおいても，自由な社会は成立しうる。当然，自由でない社会も成立しうる。すなわち，自由はいかなる社会の原理ともなりうる。

上記は一見するならば本質的な乖離や内的矛盾が存する。しかし，自由の含意とは，必ずしも自由そのものの完全無欠や絶対的真理性に依拠するのではな

く，むしろ理念として掲げる形態，すなわち生態システム上の力学によって根拠づけられる。したがって，いかなる宗教を信仰しようとも，経済的価値を追求しようとも，理念を運用する生態システムとして自由を採用する点に支障はないと見る。

　というのも，形態によって主導されえないならば，自由によって領導される不完全で多元的な個による社会を非効率で不安定と見なし，強権的な力をもって，一元的に社会を安定と効率に導こうとする誘因に抗しえなくなる。時には経済効率や特定の宗教であっても，生態的な社会とは本来多元な価値観から成り立つのであり，かかる曖昧さを前提とし，統一と均衡を与えるのがドラッカーの提示する形態としての自由の特徴と見てよいであろう。

　もちろん，ドラッカーの提示する自由社会とは，時代潮流や個々の社会構造に関連づけ，多様な視点の創出を可能とするばかりか，責任と選択を中心に据えることで，高度なレジリエンスをも内包している。他方で，実証主義的立論からすれば，概念の明晰さを欠き，少なくとも解釈をたどっていく限り，自由そのものの概念内容をあえて列挙・明記しない，したたかな曖昧さを残す解釈でもある。

　高度な産業化を遂げる 20 世紀後半において，ドラッカーは実践的な知性を発揮した論者として一般にはとらえられる。わけてもアメリカ移住以降は，純粋な理論や抽象的な思考から距離を置き，むしろそれらを特に実践的に応用概念としての利用に供しながら，あるいは時に経験を加味しながら，新たなアプローチを展開した観察者でもある。自由の観念は，真理への還元でもなければ，決定論に拘束された概念でもない点は明らかである。むしろ，青写真からスタートしない点に自由に対する解釈がかえって深い奥行きをもって広がってくる。

　したがって，ドラッカーによる自由とは，既に述べたように，抽象的な観念として提示してもあまり意味があるようには思えない。さらに，唯一絶対の自由が実体的に措定されるわけではなく，いかなる社会においても受容可能なマスターキーのごとき汎通的概念としての自由があるわけでもない。ドラッカーの考える自由について指摘しうるのは，既に述べた，正統性に矛盾しない形態を指し，自由の問題は高度に歴史的な性質を帯びるものとなる。

第5章　自由にして機能する社会への試み｜*155*

　ところで，上記の自由のとらえ方は，多元化し複雑化していく第二次大戦後の社会において，マネジメントをめぐる問題状況にも深く定位している。組織的に個の固有の能力を社会における生産性に結びつける方法としてのマネジメントに，自由同様に青写真や万能薬は存しえない点をドラッカーは強調している。ドラッカーの理解するところによれば，マネジメントにおいてもまた，人間理性の不完全さや，誤りやすさを含み，かえってそれらをもって個と社会の自由を増進するばかりでなく，創造の場ともする実践的アプローチの追求が試みられている。

第2節　機能する社会の条件

　全体主義からの回復を企図し，自由にして機能する社会（free and functioning society）の再建を試みたのは本書の基底をなすドラッカーをめぐる論点の一つである。では，自由についての理解を確認したところで，同時に機能の観点から評価した場合，社会成立についての立場もまた，既に〈初期〉のヨーロッパ時代の影響下にあって周到に準備されていた点に目をとめる必要がある。同様の点では，正統性の確立を期しつつ，個への地位と機能の付与が社会を社会として機能させる前提とされた点は既に述べたが，立論にあたっては1927年にハンブルグ時代の読書として摂取したF・テニエスの所説を積極的に評価している。その点は，キルケゴール，バークとともに，テニエスの『ゲマインシャフトとゲゼルシャフト』（*Gemeinschaft und Gesellschaft*, 1887）に出合い，一生を変えるほどの衝撃を受けたとの所感にも示されている。同様の視程によれば，社会における地位（status）と機能（function）との2つの観点による社会原理の探求は，『ゲマインシャフトとゲゼルシャフト』の所説に依拠するだけではなく，切実な危機体験の政治的帰結でもあった。

　J・E・フラハティは，マネジメントの探索に踏み出した1940年代初めをドラッカーの第2段階に当たる時期と理解し，その展開を，知のルビコン川を越えたと表現している[14]。後のマネジメントに伴う世上のイメージを見るならば，いささか奇異に感じられないこともないが，ドラッカーの議論がファシズ

156 │ 第Ⅱ部　基礎的視座の形成と展開

ムへの対抗関係において形成される中で，自由にして機能する社会探求の試み
が，知のルビコン川の架橋的ヴィジョンを供しているのは間違いない。同様の
観点において，企業が自由と生産性，持続力を約束する機関として積極的に評
価された一方で，企業が新しさを訴求しつつも，経済による一元的権力によっ
て社会を緊縛する懸念も合わせて表明されている[15]。確かに，『企業とは何
か』で示されたGMにしても，経済的諸力のみでなく，社会的な求心力のあ
まりの強大さゆえに，企業の外部で進行する現実や変化への麻痺状況について
の議論もなされているのは注目に値する[16]。

　　われわれが今日直面する最大の課題は，18世紀と19世紀が旧体制による
　政治的な位置づけを捨ててまで手に入れた機会の平等を諦めることなく，無
　数の人たちに地位と機能を与えることである。機会の平等という名の正義，
　社会における地位と機能という名の尊厳を統合して実現することこそ，産業
　社会の代表的機関としての企業の最大の課題である。

　上記のように市民的尊厳を保持する機関として企業は見出されており，ま
さにその点において，テニエスの社会についての立論に自由の伝統を摂取し
つつ，市民的参画を促す機関としての依拠すべきヴィジョンが見出されていっ
た。とりわけ『産業人の未来』の枢機をなす記述において，テニエスへの傾倒
は際立っており，ゲマインシャフトやゲゼルシャフトの議論は，国家社会主義
革命以後の公刊当時にあって未来の革命に勝利し，安定的発展の軌道に載せる
うえでの提言にほかならず，本来的に産業社会を根底から支持するうえでの原
理的所説でもあった。同時に，観察者としてのドラッカーの関心からも，自由
と参画を具現する機関としての経路からも，テニエスの理論は，産業社会にお
ける企業の妥当性をはかるうえでの決定的なベンチマークを供した点は看過し
えない。次に，テニエスの所説が産業社会や企業の中で，いかにして意味性を
獲得したかとの課題から見ていきたい。
　テニエスによれば社会とは習慣に基づく場所のゲマインシャフトから，記憶
に支えられた精神のゲマインシャフトに発展・分化していく。共同生活の側面
から見ると，血縁によって結び付けられた家族は，一体性の働く場として家

第5章　自由にして機能する社会への試み　｜　*157*

族生活をもち，家内経済を主たる営為とするゲマインシャフトを生み出す。な
お，慣習を社会意思の複合形式とする場所のゲマインシャフトとしての村落生
活は近隣に基礎を置き，農業を主たる職業とし，さらに精神のゲマインシャフ
トは小都市のうちに表れる[17]。対してゲゼルシャフトは選択意志によるもの
であり，観念的かつ人為的な結合体であり，互いに独立した諸個人の並存に過
ぎず，他のすべての個に対して緊張状態を保つ。結果，ゲゼルシャフトにおい
ては先駆的・必然的に存在する統一体から導き出される活動は行われず，ゲマ
インシャフトとゲゼルシャフトは同時に歴史的な発展の中に表れる。まずゲマ
インシャフトの時代が表れ，続いてゲゼルシャフトの時代が表れる。一般にゲ
マインシャフトは古く，ゲゼルシャフトは新しく，前者が一体性，慣習，宗教
としての社会意志によって，後者が協約，政治，世論としての社会意志によっ
て特色づけられる。かくして両者は基準概念であるとともに歴史概念としての
性格をもつ。テニエスの所説への評価は，『産業人の未来』に見られる記述に
おいても，政治的叡智と判断力の卓越を承認すると同時に，ドラッカーの思惑
を際立たせる着眼点として確認されうるであろう。

　『ゲマインシャフトとゲゼルシャフト』における固有の意義についての立論
は，自由にして機能する社会の擁護者としての説得力ある議論を内包するもの
ではあるが，同時に，社会に対して意味を与え，合理の秩序をもたらす理念的
引照点の表出としての含意をも合わせもつ。その点は大衆の絶望に救済をもた
らしうる心理と論理の課題でもあり，ドラッカーがマネジメントの言説として
取り上げた一連の主題を根底から支持しうるだけの意味を保持している。理念
と合理の喪失をもって，責任としての自由の重圧に耐えかねた大衆の絶望の深
刻さをドラッカーが早々に指摘していた点は既に見たところであり，再び大衆
に理念と合理をもたらす点において，その脈絡に正面から論じた一例として地
位と機能は重要な自由社会再建への契機をはらむ[18]。

　　一人ひとりの人間が地位と機能をもつ秩序が崩壊したことによって，当
　然，合理の秩序だったはずのこれまでの価値の秩序が無効になった。秩序の
　柱である自由と平等は，合理の社会において現実のものとされなければ，理
　解もされないし意味ももたない。

158 | 第Ⅱ部 基礎的視座の形成と展開

　ドラッカーにあっての地位と機能に見る共通因子は，自らが帰属する組織における市民的覚醒や，職業人として，あるいは一個の人間としてのアイデンティティの保持と市民性の相互承認にほかならない。市民的覚醒が，企業への帰属をもって成し遂げられ，しかも，多元的な個における共存の構成原理としてテニエスの所説が要請されたのは重い意味をもつ論件にほかならない。だが，別の視程をとる場合，テニエスの著作をはじめ秀抜な論を展開した思想家さえ見落とした要因があったとドラッカーは述べ，自身の言葉を借りるならば，次の展望として語られる[19]。

　　現代社会に関する非マルクス的見地からの極めて影響力ある評論家であるドイツ人のF・テニエスの『ゲマインシャフトとゲゼルシャフト』においても，組織については触れられていない。また，現代社会学の父たち，ドイツ人のM・ウェーバー（Max Weber）や，イタリアのV・パレート（Vilfredo Pareto）の著作においても，言及されていない。

　確かに19世紀のドイツにあっては，大企業による組織において，明確な選択肢を提示しえなかったのも事実であろう。しかしながら，破綻したヨーロッパ社会に比し，アメリカ産業社会は自由な個の組織的協働による再構成を経て，現実的に『産業人の未来』にはテニエスの理論は新たな社会的コンテクストのもとでの準位を見ている。いわゆる現場あるいは草の根からの自由と参画を基軸として，企業における組織を媒介とした個の協働のなかで，上からの権力に遮蔽され壊死を余儀なくされた底辺を自発性に基づく理念のもとに蘇生させ，それを基盤とする統治と抑制のシステムとして展望されている。

　組織に関する見解は，基本的に既に述べた事業部制の概念にも類似して，一元的同質性を脱し，多様な形態で，自由と機能による二重の市民性によって基礎づけられており，構成自体がナチズムやイデオロギーによる政治社会とは本質的な乖離を示している。あるいは，前節で論じた形態としての自由の有効な受け皿として，脱一元化・多元化による理念を指し示してもいる。

　ただし同時に，第二次大戦後の高度な産業社会，さらには1957年の『明日への道標』で唱道される知識社会（knowledge society）にふさわしい社会の

構成を考えるとき，それ自体が安定的なアイデンティティと自由を奨励される
のは当然として，さらに創造性や，創発性への期待をも内包するのは決して不
自然ではない。というのも，産業社会の理念の一つとしての多元化とは，まず
もって共生のための基盤の展開を意味し，ふさわしい革新や創生をも同時に要
請せざるをえないためである。共生のための創造的空間の可能性もまた，企業
組織において探求されるとするならば，上記の考え方は，つきつめて言うなら
ば，ドラッカーが対峙したナチズムやイデオロギーから脱し，自由と参画によ
る素朴な産業社会の市民像を焼き直したものではなく，むしろ自由な参画を行
う個のアイデンティティが主導をとって社会の理念の範型とならざるをえない
ものとなる。ドラッカーは，晩年の『ポスト資本主義社会』『ネクスト・ソサ
エティ』(*Managing in the Next Society*, 2002) においても新たなグローバル
社会における自由と参画の担い手たる個の課題を論じているのだが，次に個の
主体性と創造性を具現する組織としての企業について検討を行っていきたい。

第3節　自由と創造の場としての企業

　自由にして機能する社会への展望は，今一つの創造への運動体としての機縁
をも表現しており，ドラッカーの言うイノベーションに該当する基本的な作用
としても理解可能である[20]。以下に検討するように，マネジメントの諸領域
においても，ドラッカーはイノベーションやマーケティングなどを固有の視座
から解釈し，一貫した関心の射程に置いている。それもまた企業をして市民を
自由と創造性を伴う賦活の場ととらえるならば，自由にして機能する社会回復
の問題圏の一部と理解可能であろう。また，同様の論理の上に立つならば，ド
ラッカーのヴィジョンそれ自体が，高度な産業社会や知識社会のコンテクスト
において複雑化と多元化を極める中にあって，全体主義化への強烈なプロテス
トを伏在させた点は言うまでもない。
　その一端としては，『産業人の未来』で明示されるように，イノベーション
とはそれ自体が保守主義的アプローチの系譜にあり，「真の保守主義は，現実
については，真の革命に常に同意する」(the true conservative always agrees

160 | 第Ⅱ部　基礎的視座の形成と展開

with the true revolutionary on the fact）とされるまでに，全体主義への反革命的抵抗が企図されていた[21]。同様の点において，ドラッカーは一人の観察者として時代に立ち向かった言論人であったが，少なくとも反全体主義への一貫した知的枠組みを見る限りでは，しかるべき思想的な体系性をも示している点は自明であろう。自由で創発的な場としての企業を見出したのがGMの経営現場において枢要な刷新や変革の組織的着手がなされるのを目にしてからとするならば，『企業とは何か』を刊行した1946年以降としてよい。その中では，イノベーションやマーケティングの見方は，予めマネジメントの一領域であったと言うよりも，むしろ自由にして機能する社会に伴う副次的派生領域と見たほうが適切であろう。全体主義への強烈なプロテストを伏在させつつ，同時に，個の自由と参画，そして創造という，自由にして機能する社会の全様態が作動する総合的枠組みの提示を同様の点に看取可能であろう。

　一方で，創造的契機を伴う組織的参画とは，一見逆説的ながらも，社会の保持ないし保存，継続の上に成り立つ要件である点も事実である。というのも，複雑な循環を伴う生態としての社会を維持するには，自らを刷新しつつ，同時に機能しえなくなった要因を廃棄していく基盤を不可欠とする。例えばドラッカーは変化に伴う枢要な前提の一つに計画的かつ目的的な陳腐化，廃棄（planned obsolescence, purposeful abondonment）を指摘し，成長の機会への投入エネルギーの配分を高めていくべき点を『マネジメント』でも重視している[22]。社会生態学的要路からするならば，生命体における呼吸に類比可能と考えられるが，産業社会の機能的中枢を企業活動の諸々の事象にも見定めている。一例として，活動の結果としてしばしば起こる企業倒産は，それ自体が社会的なニーズに合う生産的機能を果たすことができず，しかも多元化や価値変化への要求への適切な応答に失敗した結果であって，生命体としての新陳代謝に比せられる健全な循環現象と見なされる。その点においても，変化と廃棄はドラッカーによる創造的な企業のヴィジョンにおいて包括的な枠組みとして認識されている。

　上記の企業観は，『現代の経営』で展開される，企業の目的との関連でも仔細に検討されている。ドラッカーの理解によれば，企業の目的とは，外部世界へのコミットメントの課題として把握され，顧客の創造を唯一の形態として成

し遂げうる（There is only one valid difinition of business purpose: *to create a customer.*）[23]。企業を顧客創造の機関や場ととらえるのは，社会に内在する自律性を破壊することなく，しかも社会的要請の可能性を自覚し，創造的に実現し，その貢献を介して社会を保持していく方途である点で，まさしく自由にして機能する社会への正当なアプローチたりうる。しかも，顧客創造とは，その本質的に非政治的外貌にもかかわらず，結果として社会に合理と秩序を与える点において社会的決定的権力としての性格をも保持しうる。企業が市民としての自由な個を最大限創造的かつ生産的たらしめうるとするならば，経済的な主体としてのみでなく，生産者と顧客の出会いの場の創造，共通善の追求とも解釈しうる点をも野中は指摘し，ドラッカーによる最大の貢献の一つとしているのは特筆に値しよう[24]。

　顧客を創造することはこの反対で，外に向かって価値を創造することで，挑戦的な課題である。顧客自らが要求を認識しているわけではないのだから，むしろ創る側の思いやコミットメント，そして顧客の志を総合して，ともに創造していくものだ。それは社会の共通善（common good）の追求でもある。

　上記では，理性によって把握不能な顧客という存在を，多義性や複雑性を十分に認識したうえで理解に努めつつ働きかけ，顧客とともに価値を創造していく，言い換えれば，顧客との協働形態での社会生態を保持し刷新していくべきとする省察を看取しうる。次にその主題との関連で，ドラッカーが述べた創発性の主体としての企業像により立ち入って検討したい。

　まず，先にも若干触れたフィードバックと称されるコンセプトを取り上げたい。フィードバックとは本来あまりに多義的であるが，ドラッカーの理解するところに従うならば，自らが期待する状態を明記しておき，実際の活動を行い，一定の時間を経てから現実的な成果を回顧的理解が，強みや次に力を傾注すべき活動を教えるとし，セルフマネジメントや，イノベーション，マーケティング，戦略論などへの応用もなされている。そこにおいても自由な個が創発的に社会に参画するうえでの固有の洞察を看取しうるが，ドラッカーは

162 | 第Ⅱ部　基礎的視座の形成と展開

フィードバックの基本的な性格について次のような説明を行っている[25]。

　　われわれは，フィードバックのために，組織的な情報収集を必要とする。
　報告や，数字も必要とする。しかし，現実に直接触れることを中心にフィー
　ドバックを行わないかぎり，すなわち自ら出かけていって自ら確かめること
　を，自らに課さないかぎり，不毛の独断から逃れることはできず，成果をあ
　げることもできない。

　上記におけるドラッカーのフィードバック理解において次の３つの特徴を指
摘しうるであろう。
　第１に，ドラッカーの理解によれば，企業にあっては，自社の行った事業活
動の結果において，予期せぬ影響をも考慮し，その結果を虚心坦懐に受け止
め，自発的に自社のあり方を改める要請がある。最終的には，判断と実行にか
かる個としての責任，すなわちドラッカーの用語法に従えば，自由を行使した
帰結とも理解可能であろう。かりに責任ある選択の結果，何らかの形で社会を
損なうならば，プロフェッショナルとしての道義的責任が生ずる。その責任
は，実定法によるものよりは，個としての自由に伴う責任に根拠づけられてい
るが，結果として社会の福利にかなわない行動をとるならば，顧客創造に失敗
し，退出を余儀なくされる。
　同様の点は全体主義やイデオロギーとは著しく対蹠的であって，企業活動に
従事する人々は，自由で自発的なフィードバックを社会との間で行うために，
自らのなす行為の社会的帰結に強い関心をもたないわけにはいかない。ドラッ
カーによる社会的責任論の先駆的原型を供するが，何よりも世を損なうことな
く，事業をもって外なる世界に貢献する点に，企業のもつ自由にして創発的な
役割が期待されている[26]。
　第２に，フィードバックに固有の特徴として注目すべき点は，未知なる事象
への期待を内包する点にある。フィードバックとは，自らの行為の結果を回顧
的に解釈し，未来への指針を得る一連の活動でもある。ドラッカーが関心を寄
せたのは，自ら知らずにいる顧客からの期待をも体系的に収集する学習上のア
プローチでもあった点にある。そのために，人々が協調して顧客を知ろうと行

動する，さらに言うならば，顧客の側の現実を知ろうと体系的に行動する，いわゆるドラッカーの語彙におけるマーケティングの原型をもなしている。ドラッカーの理解によれば，顧客の現実から事業活動を考えるマーケティングの実践によって，理想形態として販売活動は不要となるとされ，顧客創造は自由な創発に根差す一連の活動とも理解可能である[27]。

　第3にフィードバックの実践が，企業においてだけでなく，社会におけるエグゼクティヴやプロフェッショナルと呼ばれるリーダー層の体系的再生産を可能とする点がある。個が自らの自由意思をもって多様なフィードバックを社会との間，あるいは内面的対話として行うことで，自由な市民として生産的に社会に貢献しつつ，同時にふさわしい理念における正統性の担い手たりうる。彼らは時に企業の経営陣や中間管理職，あるいは中小企業や非営利組織の代表者として，自由社会を根底から支える存在であり，上からの一元化を志向する勢力に対しては，自由のための戦いの実行部隊とも見られる中枢的な階層でもある。産業社会のリーダーの基本精神は，いわゆる企業家精神（entrepreneurship）にほかならず，変化とそれに伴う正統性の担い手である点においてその特徴は著しい。しかも，GM幹部の観察において同様であったように，帰属する組織のリーダーであるとともに，一つの理念的範型でもあり，自ら高潔な品性の具備とその実践が期待される。そうでなければ，公益を高調しつつ私利を追求し，社会を自己利益による蚕食の場として，システムを根本的に損なうことも反面において可能となるためである。彼らは自らの品性高潔とともに，社会的には自由かつ創造的な貢献活動を通して，固有のしかたで，社会の継続的発展への寄与が期待されている。

　ドラッカーによるフィードバックを純粋な形で産業社会に展開しようとの試みは，刺戟的であるとともに，斬新な価値内容を内包しているが，一般に言われる経営学等の学術的語彙としてのフィードバックやマーケティングの概念と比較するときには大いに議論の余地を残すであろう。あるいは，フィードバックはそもそも本質的に実践的なアプローチに過ぎず，それ自体を全体主義への抵抗と考える点に違和感を覚える向きもあろう。確かにドラッカーのマネジメントにかかわるアプローチを仔細に見ていくとき，明らかに経営についての有効な方法論，いわゆるビジネス・スキル的色彩が濃厚に示唆されているのも事

実である。フィードバックにしても，マネジメントに伴う知的道具立てのほぼすべてに浸透し，フィードバック分析と称するセルフマネジメントの手法としての提示もなされており，いわゆる自己啓発的なコンテクストにおいて語られることも少なくない。ビジネス・スキルの中に，直接ドラッカーの時代観察の視座や，思想的フレームワークを探ったとしても，十分な回答は見出しえないかもしれない。

　しかしながら，ドラッカーはビジネス・スキルと解釈される著作の中で，透徹した歴史的・哲学的省察を残しており，軽いしつらえの中に，深遠な思想を蔵しているのもまた事実である。特に第二次大戦以後の世界において，一見すると全体主義の危機は過ぎ去り，経済的繁栄を極めるなかにあってさえ，ビジネス・スキルの装いの中に，ナチズムの中に見出された危機認識への防護網をさりげなく組み込んでいた中に同様の点は看取しうる。マネジメントもまた，〈初期〉の政治的著作と根底において水脈を共有する証左とも考えられ，一例としては，フィードバックの組織における実践的適用手法とも言うべき，目標によるマネジメントと自己統制（management by objectives and self-control）の見解にそれを見出しうる[28]。

　　目標によるマネジメントと自己統制こそ，共同の利益を全員の目標に代えることのできるものである。外からの管理を，厳しくより効果的な内からの管理に代えるものである。命令や説得ではなく目標からの要求であるがゆえに，人に行動させるものである。誰かの意思ではなく自らの意思によって行動させるものである。言いかえるならば，自由人として行動させるものである。哲学という言葉を安易に使いたくはない。できればまったく使いたくない。大げさである。しかし目標によるマネジメントと自己統制こそマネジメントの哲学たるべきものである。

　目標によるマネジメントと自己統制とは自らが設定した目標によるフィードバック活動の系をもなすが，上記引用文は，ドラッカーによる全体主義への抵抗への意志を示す点でも興味深い。確かに，文中にもあるように，ドラッカーは哲学（philosophy）といった語彙を使用するのには限りなく慎重であった

し，上記のような経営的なコンテクストにおいて，かかるビッグ・ワードを使用するのは，いささか不可解と思われなくもない。しかしながら，ナチズムによる一元的権力への抵抗に際会し，自由人としての個の行動ほど強力な意味をもつものはなく，いささかトリッキーな手法を用いてでも，執拗な異議申し立てを果たそうとしているかに見える。

　ドラッカーの発言に従うならば，目標によるマネジメントと自己統制を行う主体は，自律的な個にある。すなわち，責任を伴う選択を行いうる自由な主体により，それ以外には何らの選択肢も見出すことはできなかった。内発的で，自律的なフィードバックとしての目標によるマネジメントと自己統制こそが，ドラッカーにとってはいかにしても曲げえない哲学的真理にほかならなかった。そして，同様の形式にのっとる行動こそが，個が自他の自由を侵害することなく，しかも実践的に，内面から突き動かされる固有のエネルギーに基づいて創造性を具現化しうる手法でもあった。頭脳の中で一方的に自己完結する不毛の独断に陥ることなく，また他律的強圧によることなく，フィードバックへの適切なコミットメントがなされるならば，それは一つの必然として虚偽的支配勢力の欺瞞性をどうあっても暴露せざるをえなくなる。まさにその点において，ドラッカーはナチズム体制の危機の時代に内面化したラディカルな知見を，マネジメントやその関連領域にも丹念に埋め込んでいった。かかる隠された戦略性は，言説のほぼすべてを根底から養う一貫した伏流水のごときものであるが，基本構想の要点を指摘するのが，安冨によるドラッカー解釈である。その点に止目するとき，ドラッカーのテクストに内在するフィードバックと学習という2つの概念を見出すことが可能となる[29]。

　　フィードバックとは，主体が自分の行為の影響を観察し，次の行為に反映させる，ということである。学習とは，フィードバックを執り行なう自分自身のあり方を，自ら作り変えることである。機械にはフィードバックのみが可能であり，学習はできない。いわゆる学習する機械は，複雑なフィードバック機械に過ぎない。学習（あるいは進化）は，生命のみになしうる業である。

166 | 第Ⅱ部　基礎的視座の形成と展開

　上記の議論は，安冨による脱ハラスメントの観点からの鋭い文明への警告を含んでいる。安冨は，ドラッカーの考えるフィードバックとは，(1) 主体による自己観察を通した，(2) 自己理解を伴う学習，(3) 自己の変革の3点を本質としてもつとしている[30]。ドラッカーによる抵抗のヴィジョンをも同様の点に探り当てることが可能であり，既に『経済人の終わり』や『傍観者の時代』などの中にも明確な形をとって表れている，過去による被縛を拒否し，常に新たな可能性と変革を自らのうちに引き込む作法として提示されている。

　同時にまた，生命のみになしうる業としての学習を内包する点において，人格的陶冶等のリベラル・アーツに伴う自己形成のプロセスであった点も特徴として指摘しうるであろう。ドラッカーの理解を見るならば，責任を伴う選択の主体たる個にある，誤りうる能力への信頼がフィードバックを創造的行為に転換する一つの重要な契機であって，人間の固有の能力である責任の自覚と，現実との対話に伴う生のリアリズムを内包する。というのも，誤るとは，言い換えれば，現実と格闘し，責任ある主体的個としての自由の実践にほかならないためである[31]。

　　間違いをしなければ学ぶことはできない。しかも，優れた人間ほど間違いは多い。なぜならば，それだけ新しいことを多くしようとするからである。私ならば，一度も間違いをしたことのない者，それも大きな間違いをしたことのない者をトップマネジメントの仕事には就かせない。間違いをしたことのない者は凡庸である。さらに悪いことには，いかにして間違いを早く発見し，いかにしてそれを早く直すかを知るはずがない。

　上記の理路を吟味するならば，自由と機能，そして学習への信頼を，全体主義の脅威からの防波堤として弁護，推進し，マネジメントの言論にいたるまで遍く基底に定位した点を確認しうる。フィードバックの概念に典型的に見られるように，個のもつ責任や省察，そして高度な現実感覚とそれとのコントラストをなす理性の限界への視程をもそこには看取しえよう。

　同様の点はイデオロギーの中毒症状への強烈な解毒作用，あるいは浄化作用とともに，ドラッカーにおけるポストモダン的創造の実践的堡塁をなしてもい

る。かくして自由にして機能する社会への原動力の道筋を示したのみならず，デカルト以降の近代合理主義的思潮を乗り越える橋頭保として企業や産業社会を見出した点は明らかであろう。

[注]
1）三戸（2011），138-143頁。
2）*EV*, p. 457.
3）*FIM*, p. 140.
4）ハイエク（2008），I，10頁。
5）*FIM*, p. 109.
6）ドラッカー／牧野（2005），57頁。
7）*FIM*, p. 110.
8）R・ダーレンドルフの所説を筆者にご教示下さった室田泰弘氏（湘南エコノメトリクス代表）に感謝したい。氏のご教示は筆者による現代社会の解釈に大きな意味をもつ。
9）ダーレンドルフ（2000），100頁。
10）*MCTC*, p. 164.
11）Maciariello and Linkletter（2011），pp. 64-65.
12）*FIM*, pp. 110-111.
13）*FIM*, p. 110.
14）Flaherty（1999），p. 72.
15）*CC*, 1983年のエピローグ。
16）*CC*, p. 153.
17）テニエス（1957）（上），86-87頁。
18）*EEM*, p. 58.
19）*PCS*, p. 51.
20）*MTRP*, p. 480.
21）*FIM*, p. 181.
22）*MR*, p. 143.
23）*PM*, p. 37.
24）三浦・井坂編（2014）（野中郁次郎「リベラル・アーツとしてのマネジメント」），215頁。
25）*MTRP*, p. 480.
26）*MTRP*, p. 61.
27）*PM*, p. 37.
28）*MTRP*, p. 442.
29）安冨（2010），130頁。
30）安冨（2010），130頁。
31）*PM*, p. 147.

第6章

知識社会の構想

第1節　知識観の諸相

　知識についてのドラッカーの見解は，『明日への道標』（1957年）において事実上初めて示されている。同書は第二次大戦後における世界観の変化を主題としており，デカルト由来の近代合理主義的認識が，既に現実妥当性を喪失したとの見解を提起している[1]。同書はさらに，知識の変容についても言及し，知識が広範な利用と価値創造に供しうる人間活動になったとする概念上の転換について語ってもいる。既に述べたポストモダンの観点から，自由にして機能する社会を担う人間の責任に基づく知識概念への重心の変更を要請する点で，基底的な問題提起を内包している。知識をめぐる課題は，ポスト・フォーディズムや脱工業主義，環境問題，グローバル化，情報化などの文脈とも相まって，新たな価値創造の再定位のために，不可欠の概念として提起されていったが，他方でドラッカーの知識概念は多義性を多く内包し，依然として不確定要因を保持している。

　現在世界を取り巻く現実は，ドラッカーが1950年代に指摘したように，知識社会化への着実な歩みを進めているかに見える。その中で，マネジメントの課題とともに，知識の概念がドラッカーによってどう把握されたかを確認していく作業は本書の展開において避けえない主題の一つをなしている。知識をめぐる立論が『断絶の時代』（1969年）においてもドラッカーの主要関心を占め，最晩年にいたるまでは，創造的かつ挑発的な言説を世に投げかけ続けた事実にも同様の点は看取しうる。

　本章の主題としては，知識の概念が，ドラッカー自身の〈初期〉からの問題意識や，生態的な社会観との関係において，どう把握され展開されたかに注目

しつつ議論を進めていきたいと考える。ただし，既に指摘したように，ドラッカーは知識の概念を使用し，様々な実際的文脈における立論を試みてきたが，多くは，理論的観点からなされたというよりも，言論人ないしコンサルタントとして主になされた点には十分な配慮を要する。なぜなら，ドラッカーによる知識の概念は，必ずしも厳密な理論定立を志すものではなく，むしろ独創的な知のルートを設定してきたためである。その点において，他の社会科学分野で対象とされる知識とは，含意とニュアンスにおいていささか異なるものとなる。

　しかし，だからといって，知識やそれに付随する知識社会，知識労働者などに伴う一連の言説が，専門的論者の間で意味をなさないとして退けられたわけではない。野中は自らの知識創造企業の理論化において，ドラッカーの貢献を指摘しており，その点は次のM・C・ジャクソン（M. C. Jackson）による指摘からも読み取りうるであろう[2]。

　　　ドラッカーが知識社会のアイデアを導入し，野中が知識創造企業の理論的枠組みを提示したのは，そう昔のことではない。現在までに，持続的経済成長における知識の本質的な役割を洞察したドラッカーと，企業の長期的競争優位の源泉として知識の役割を広く認識させた野中は，マネジメントの理論と実践に重要なインパクトを与えた。

　では，ドラッカーの含意する知識とはいかなる概念内容をもつのであろうか。まず留意すべきは，ドラッカーは歴史状況から遊離した中立的な判断のもとに知識をとらえてはおらず，一定の歴史的背景や人間社会の現実からとらえた点である。自由その他の重要な概念同様に，理性による一元的かつ超越的な中立性を伴う政治勢力の脅威への反発は知識においても顕著に看取しうるであろう。同様の観点から，ドラッカーの含意する知識とは，真理にかかわる哲学的概念というよりは，人間側からとらえうる実用に準位した概念と見たほうが実像に近い。知識の概念もまた，理性概念として上からの一元的下達を拒否する点において，全体主義やイデオロギー，わけてもナチズムの脅威への反発にその立論上の淵源を見出しうるであろう。その意味で，ドラッカーによる知識の第一義的意味は，全体主義への対抗軸と同時に自由と個の創生を可能とする

170 | 第Ⅱ部　基礎的視座の形成と展開

知識にほかならない。言説の根底をなす理念的応答の一部として，知識の基本的性格について次のような説明を行う[3]。

　　知識とは，書物に書かれていることである。しかし，書物にあるだけでは，たんなるデータではないにしろ，情報に過ぎない。情報は，何かを行うことのために使われてはじめて知識となる。知識とは，電気や通貨に似て，機能する時にはじめて存在するという，一種のエネルギーである。（略）新しさや古さには関係なく，ニュートン力学の宇宙開発への適用のように，実際に適用できるか否かに意味がある。重要なことは，新しさや精緻さではなく，それを使う者の創造力と技能にある。

　上記のように，ドラッカーは知識を使用者側の適用の課題ととらえており，既に述べた自由についての要路を踏まえるならば，知識もまた責任を伴う選択に依拠した形態として把握すべき概念に属する。一元的に定義し，使用を占有する政治勢力——例えば，物理や工学についての知識を特定人種の殲滅に適用するように——への対抗概念としての背景をなしている。むしろ反対に，個の自由や実存の否認や蹂躙を防止する点，知識を自由な生存や機会の拡大に伴う使用法にドラッカーの関心があった点は，十分に推察可能であろう。

　かくして全体主義への対抗的含意をもつ知識概念が，多元性の内包を不可避とするのは自然な理路とも解釈しうる。そもそも知識の客観性や普遍性の側面よりも，解釈や習熟，利用の観点からとらえた点にドラッカーの特徴があり，知識を自由にして機能する社会実現のための推進要因として押し出しつつ，同時に，恐怖や欠乏，専制や隷従などの消極的観点からの解放をも含意する。というのも，知識をめぐる客観的様態以上に，使用する主体による経験や解釈，さらには理念や倫理観，美意識をも包摂する条件によって，機能的内実を具現化するものとなりうる。ドラッカーの知識概念を作用において見るならば，知るための手法にかかわる知識というよりも，行動のための手法にかかわる知識として提示されているのはその表れと見てよいであろう。同様の知識は，技能などをも内包せざるをえず，ドラッカーの語義に従えば，諸部分を全体へと統合する認識主体による知覚（perception）作用を基盤とした知識として理解可

能であろう。辞書や書物等に記された体系的で整序された知識というよりも，技能や組織的適用によって，現実世界に貢献をなしうる知識を主題としているためである。

　行動のための手法にかかわる知識にあっては，知識はそれ自体が独立した客体としてではなく，生成・発展する固有のパターンとリズムを備えた生態的視野において意味を獲得しうる。パターン，リズムとは，部分ではなく全体からの観察によってしか把握しえない。すなわち，客体として静態的な含意をもつ知識に代えて，実践的成果のために他の知識との協働によって機能する知識をドラッカーは想定しているかに見える[4]。

　　数学と哲学の基本認識では，知覚的な認識は感覚に過ぎず，疑わしいもの，あるいは神秘的なもの，とらえがたいもの，不可思議なものに過ぎなかった。（略）しかし今日の生物的な世界では，中心に位置付けるべきものは知覚的な認識である。しかも訓練し発達させることが可能である。訓練し発達させることが必要である。（略）生態系なるものはすべて，概念的な分析ではなく知覚的な認識の対象である。生態系は全体として観察しなければ理解は不可能である。部分は全体との関係において存在しうるに過ぎない。

　上記の認識は，ドラッカーの知識概念に伴う要諦を雄弁に物語ってもいる。知識における知覚的次元における把握は，特に技術を含む知識がドラッカーの生きた歴史的文脈の中で，第一次大戦やナチスによる残虐な暴威を考慮に入れた場合，人間の自由や責任の側からの対抗的試みと解するのが妥当であろう。知識を社会生態的な概念，あるいは知覚的次元で理解しようとする根拠は，知識が他方で文明社会に対して破壊的な危険を伴うとの懐疑にある。既に第5章でも指摘したように，人間の側が自らの責任をもって選択する形態としての自由概念と同様の波形をなす立論であり，権力から一元的定義のうえで下賜される知識ではなく，個や社会が責任とともに選び取る知識と解される点で，知識と自由は，責任という同一水源上の湧出物にほかならない。

　では，知覚と責任の結合の中に，知識社会，すなわち知識を人間的行為として，組織的に価値を生み出していく社会の特質を見出した背景はいかなるもの

172 | 第Ⅱ部　基礎的視座の形成と展開

であったのだろうか。次にその点を確認したい。

　既に述べたように，客体としての知識観をあえてとらないならば，認識や行動との関係において評価がなされうるのは自然な理路をなすものであろう。技能においてそれは顕著であるが，本来，全体（行為の目的）と部分との関連で意味をもたざるをえない。主要な部分とは補助線を供するに過ぎず，全体としての目的を焦点とするときに，その存在理由は明らかになる。

　反対から言うならば，部分とは補助性ゆえに意味をもち，それらに直接焦点が当てられてしまうならば，全体としての目的の認識に支障を生ずるであろう。すなわち，部分と全体とは置かれた相を異にし，部分の総和と全体は等価ではない。あくまでも，全体の目的を上位に，部分を下位に位置付けることで意味をもつ。理性主義的な合理の立場からすれば，逸脱にほかならないであろうが，現実的な技能や芸術においては，ごくありふれた要路を述べるに過ぎない。ドラッカーによる次のような叙述がある5)。

　　われわれが理解するのはCATであって，「C」「A」「T」なる3つの文字ではない。「C」「A」「T」は，最近の用語でいうところのビットであって分析の最小単位に過ぎない。コンピュータもビットを超えなければ意味を伴う何ものをも処理できない。

　上記は知覚の意味解釈にかかわる説明であって，ドラッカーの例にならうならば，「C」「A」「T」の各アルファベットをそれぞれ補助的に使用してはじめて全体としての意味（CAT）を獲得する。すなわち，全体（CAT）と部分（「C」「A」「T」）は次元を異にするのであって，部分は全体の中で，補助的に意味を獲得しうる。言語のみならず，オーケストラや絵画，彫刻などの芸術活動も同様であろう。各パートや部分は，全体としての調和によって統覚され，美意識を触発する。同様の点を技能に適用する場合，近年の知識労働の代表例にコンピュータを駆使したプログラミングやウェブ編集，デザインなどがあるが，部分的なスキルを用いつつ，最終的には効果的な広告や，システム構築などの上位目的を達成しようとする。すなわち，諸部分の知覚的統合を経ることによって，目的に資する知識労働は達成される。かりに部分のみに意識を焦点

化するならば，全体目的との関連で現実的なコンテクストの中で意味を失うであろう。

　すなわち，第1に全体構造に注目し，第2に主要な部分を補助的と意識するが，その時，全体（目的）と部分（機能）を関係させる力が知覚の作用であり，働きは想像力，意味解釈や経験学習などのフィードバックによって架橋され，成果への貢献を可能とする。

　ドラッカーの論述するように，知識とは社会生態において，全体的に観察される必要があるとするのは，知識の展開可能性における指針ともなりうる。ドラッカーの考える知識とは，構成的で可逆的な性質を保持しえず，知覚的で不可逆的な性質を保持し，日々の現実との対話やフィードバックを通して調整し適合させていく機能をも内包する。知識の伝達については，言語やデータや情報という形で定式化可能な部分ももちろんあるが，それらは部分に属する知識であって，明示的に客観知化された知識が，行為論的次元における知覚作用の完全な代替物とはなりえない。書物に整序し，列挙した知識，すなわちマニュアル化された知識が実践における委細を尽くしえないのはそのためである。

　同様の観点に立つならば，まさしくマネジメントこそが人と組織における実践的立場を強調する系の知識に属すると考えられるが，マニュアル的な知識というよりは，むしろ各人の理念や態度，倫理観から品性高潔までをも含む，包括的原則として提示されている。すなわち，マネジメントもまた客体的体系というよりは，行動や思考，成果にリーチするための技能を含む新たな知識社会の構想を示唆している。

第2節　知識における自由と責任

　ドラッカーのあらゆる発言において，自由の保持は立論上の基本前提であり，自由の契機とは，責任を伴う選択（responsible choice）として把握されるのは既に見たところである。同様の射程は知識をめぐる議論においても例外でなく，知識を行為の次元でとらえるなかにあっては，知識を使用する人間の精神的能力にまで踏み込む性格を強く保持している。現代に見られるよう

174 | 第Ⅱ部　基礎的視座の形成と展開

に，知識が基本的な個の能力や社会的諸力をなす時代背景にあっては，さらに進んで自由と創造性の基盤として理解可能であり，21世紀初頭の最晩年にいたるまで，知識を中心に編成されていく社会における自由と創造の場の増進にドラッカーが期待を寄せ続けたのはその表れであろう。同様の点では，知識とは個の自由の創出要因を内包してもいる。既に述べた知識の現実的成果へのコミットメントを前提とし，全体主義への防波堤とともにポストモダン的構想をも積極的契機として企図されている[6]。

　　今日ではあらゆる体系が目的律を核とする。ポストモダンにおける諸体系のコンセプトは，全体を構成する要素（かつての部分）は，全体の目的に従って配置されるとする。実にポストモダンにおける秩序とは全体の目的に沿った配置のことである。

　上記引用からも知識の概念を展開していく諸相の中で，奥深く独創的な企図をドラッカーがもっていた点が窺われる。従来のドラッカー解釈の中でも看過される傾向があった，モダンの超克と知識との関連について少しく付言しておきたい。

　かりに知識概念を命題知と方法知の2種類に分け，前者は西洋哲学の追究対象としてきた知識，ひいては近代合理主義の要諦をなす知識観とし，後者を比較的低い評価しか与えられなかった行動や技能の知識とするならば，『明日への道標』や『断絶の時代』で強調された中心的価値としての知識は，後者の復権を副旋律として保持している。その点は，アリストテレス以来，西洋思想の普遍的カテゴリーとされる形相と質料の区別，質料に対する形相の決定的優位にあって前者の根本思想を映し出し，形而上学が実践知に優位する点は，前者が世界の成り立ちの根源を考察対象とし，普遍的真理の直接的把握を志向したためであった。

　対して，ドラッカーの志向する知識とは，実践と成果にかかわる。先のアリストテレスの分類によるならば，形相とは精神や霊であり，質料は身体，物等の個物を指している。精神より身体を劣位にあるとした点が西洋思想の一貫した論理にあったが，デカルトに発する近代合理主義哲学においてそれは極

第6章　知識社会の構想 | *175*

端な高調が見られ，ついに精神と個物とは絶対的に妥協せざるものとして，精神に関する知識，すなわち普遍に到達する最善の方法があると認識されるようになった。徹底した個物の排除こそが普遍的かつ客観的知識に到達しうる唯一の経路とする認識に対して，ドラッカーは下記のごとくに同意署名を拒否する[7]。

　デカルト以来，重点は論理的な分析に置かれてきた。しかし今後は，論理的な分析と知覚的な認識の均衡が不可欠となる。新しい現実は，すべて形態である。従ってそれらの問題を扱うには，概念的な分析とともに知覚的な認識が不可欠である。今日の多元社会の不均衡状態，グローバル経済と地球環境問題，緊急に提示することが求められている教育ある人間のモデルなどすべてが形態である。

　上記には，近代のテーゼから逸脱した知識解釈上の固有の展開や斬新な主張が見られる。引用中にある，形態（configuration）はすなわち知覚による理解であり，知覚作用の重視及び行動論的次元への知識概念の拡張は，命題知に偏重した近代西洋の思想潮流を踏まえつつ，理性主義的一元論を超克する新たな論理の提示と見ることもできる。先の分類に従うならば，いかに多くの命題知をもとうとも，技能としての方法知，すなわち知覚による行動の知識をもたないならば依然として対象に適切にリーチしえず，実際的成果を獲得するうえで有意な知識とは呼べなくなる。ドラッカーによる知識理解の基調とは，近代的精神が人間社会の発展に果たした点への積極的肯定の響きも重奏的に聴き取れるものの，やはり20世紀以降に噴出したその否定的側面の危機認識によって力強く支持されている。

　というのも，ドラッカーの理解に従えば，第一次大戦以降の世界は期待された知識人による貢献が次々に裏切られていくプロセスと同義であり，歴史家W・ドッド（William Dodd）の説を引き，なぜナチス幹部のゲッベルスが博士号をもちえたかについて深刻な問いを発している[8]。知識ある者が人間が生きていくうえでの基本条件の改善に何ら貢献しえないばかりか，かえって積極的に人間社会を損ない，知識人と社会との間に架橋不能な深刻な溝を生じた

ためであった。あるいは,『傍観者の時代』において,自らがフランクフルト大学の拡大教授会で目にした場面を記述している。ナチス・コミッサールが大学に暴力的に押し入った事件に端を発し,結果としてユダヤ人教員の解任と追放が一方的に宣言される中,精神的自由の表現である学問の府を根底から蹂躙する蛮行に対し,同席した著名な生化学者は,研究費の増額についての形式的質問しか口にしえなかったと記述される[9]。ドラッカーはかかる知識人の裏切りをナチスそのものの罪よりも重く見て,無関心の罪(sin of indifference)として同書で糾弾するが,その点は,ドラッカーが知識の保有は独占的権利を賦与するのではなく,かえって社会から付託された重い責任と解釈した表れと認めうる[10]。

　知識人の裏切りの問題性を,第二次大戦後のアメリカで,ドラッカーはたびたび目撃したと言い,とりわけ私的利益増進のために高学歴保持を志向するMBAホルダーには露骨な不快感を表明してもいる。ドラッカーの認識によれば,高等教育とは社会からの責任の付託と同義であって,ふさわしい貢献への期待を意味した。その点は,ドラッカーがGMの調査活動に携わる中で,幾人かの高い教育歴をもつ幹部が,自らの学歴をあえて隠していたのを実見し,知識人よりも実践家としての品性高潔さをそこに看取し,アメリカ社会に健全な文化を見出してもいた[11]。むしろ,誰もが自由に知識にアクセスしうるものの,同時に責任を免れえないとする点に,ドラッカーにおいて構想された知識の意義を認めうる[12]。

　　知識社会において最大の問題は知識ある者の責任である。歴史上,少なくとも西洋では知識ある者が権力をもったことはなかった。飾りに過ぎなかった。権力の近くで演じることのできた役割も道化師のそれとあまり変わらなかった。ペンは剣よりも強しどころか,せいぜい知識は阿片だった。たしかに知識に魅力はあった。苦しむ者にとっての慰み,金持ちにとっての楽しみだった。だが権力ではなかった。

　いかに普遍的知識に通暁しようとも,現実問題について適切な推論を行える保証はなく,むしろ理論的合理に緊縛され生きた社会を損なうことは十分に起

こりうる。したがって適切なフィードバックを行い，さらに責任を伴う行為に結びつけるには，経験と実践の反復を通じて，いかにして（how）の知識，すなわち野中の言う実践知の習得を避けて通ることはできなくなる。ドラッカーの知識論は西洋思想の主流の座を占めてきた合理主義思想に対するアンチテーゼをはらむ点で，語るべき課題を多く保持してもいる。もちろん，ドラッカーは全面的に近代合理主義を否定するものではなく，むしろ，基調としては知覚作用との併用によって，知識の有効性を高めるべきとしている。その点で，野中によるドラッカーへの評価は至極正当であろう[13]。

　　動きながら，考え抜く。実践の只中に身を投じながら，客観的に考え抜く。行動しながら，傍観者のごとく距離をとり，現実を見つめる。そこから屈折する像を独自に解釈し，コンセプト化する。彼が生き生きとしたコンセプトをつくる名手だったのは，現実を直観するときに通常の人が見えないアクチュアリティを見ていたからだ。

　上記の知識は，近代合理主義における普遍の概念に対して，人間の知覚，感覚，経験，認識などの個物に発する実践性や潜在性を強調する結果となり，科学主義的合理の尺度によって切り捨てられてきた個や社会の生の膨大なエネルギーを様々な生活領域に体系化しつつ放射していく可能性を秘めている。21世紀の今日において既に同様の傾向は，実感として明らかに看取されうる。そもそもそのような知識とは大学の研究室や政府，軍研究所の占有物ではなく，むしろ社会の多様な領域に散在し，慣習や文化などの中で現に機能している。その成り立ちと様態からしても万人に開かれており，一部特権階級への集中がはじめから不可能であって，人と社会に対して知識へのアクセスを容易にし，かつ普遍性による序列の鉄鎖から人々を解放し，同時に近代合理主義的次元から知識を解放する重要な機縁ともなろう。
　ただし，繰り返しになるが，ドラッカーにあって知識を行使するうえでの責任が前提とされているのは看過しがたい論点として存在する。『傍観者の時代』で批判する生化学者に見られるように，徳や正義についてもいかに多くの命題を知ろうとも，それだけで徳や倫理，正義の人たることは保証されない。

178 | 第Ⅱ部　基礎的視座の形成と展開

つまり，学識ある者としての実績と，徳や倫理，正義との間には直接的因果関係は認容しえないためである[14]。

　プラトンがその口を借りた賢人ソクラテス（Socrates）は，知識の唯一の機能は，自己認識，すなわち自らの知的，道徳的，精神的成長にあると考えた。他方，ソクラテスのライバルだった聡明にして博識なプロタゴラス（Protagoras）は，知識の目的は，何をいかに言うかを知ることにあるとした。（略）知識が意味するものについて二派の対立はあったものの，知識が意味しないものについては，完全な一致があった。知識は，行為能力は意味していなかった。すなわち知識は，効用を意味してはいなかった。効用は，知識ではなかった。効用は技能だった。

　ドラッカーが知識社会に言及するとき，比較的軽視されてきた行為能力を積極的に知識の中に取り込み，むしろ自覚的に受容し擁護してきた点は明らかである。ドラッカーの知識は認知論的次元のみならず，行動を包含すべきとする点で，普遍を個物よりも優位に置く伝統的西洋哲学との決別をも示唆するが，そこでは個が知識と直接的に結び付き，新たな自由と責任への展望の獲得が期待される。個の内的な責任と知識との結びつきが，そこにおいてドラッカーによる言説上の要衝をなすのは言うまでもない。ドラッカーの観察によるならば，第一次大戦後，知識をめぐる状況にも危機が継起しており，既に指摘した知識人の裏切りによって，ナチズムやソ連における蛮行は多くの学者や専門実務家，総じてプロフェッショナルと呼ばれる人々の直接的関与なくして不可能であったのは否定しえない事実であろう。ドラッカーにあっては，青年期以来の観察からも，人と社会が一元的な政治勢力に憑依される危機意識が常に大きな認識上の引照枠組みを供してきたが，その結果形成された言論活動の多様さは，個の自由や知識を中心に遼遠な裾野を形成している。

　個としての主体がもちうる知識に伴う責任を理解するために，知識と個の内面的結びつきについて今一度考えてみる必要がある。というのも，筆者の理解するところによれば，同様の知識は個の人格的な次元とも深い結びつきをもたざるをえない。先に，行動のための知識を行使する人間主体は，部分を補助的

に意識することで，対象の全体の意味を知り，知覚の媒介を経て実践的コミットメントをはかると述べた。デザイナーが広告を制作するに際して，イラストやコピー，ロゴ，フォトなど，様々な要素の発案や創出に通暁しつつ，同時にコンピュータ等のスキルを通して，最終的にはクライアントの要望に沿う広告に仕上げていくプロセスに類比可能であろう。何を手がけるにせよ，技能や知覚を内面化し，全体の目的に対する能動的関与を必然とせざるをえない。すなわち，知覚的統合を経る以上，いかなる知識であれ，認識主体と密接不可分の関係性をもたざるをえない。行動としての知識が意味解釈と実践的適用を経ることで，知識は主体による内在化を促しているためである。

　書物等に記述しうる客観的知識を認識主体からの外在的知識とするならば，行動の知識は知覚を介して主体に内在化し同一化しうる。前者を人間にとって衣服や帽子のように着脱可能な知識とするならば，後者は網膜ないし器官として，主体の取り入れた知識であり，所有者の倫理観や責任に体化せざるをえない。

　かくして知識が社会の価値創造にとって大きな意味をもつのは確かながらも，一方で責任の観点から個の内面に伴う留保が付されるべきとするのがドラッカーの見解であった。ドラッカーの留保とは，人間の倫理観や美意識を含む，精神的能力をめぐる責任の観念とかかわっており，知識の概念の実質的な自由と機能に対して向けられている。ドラッカーは，2005 年 5 月 7 日に行われた筆者によるインタヴューにおいて，知識がより多元的な価値を創出しつつある中で，その評価は専門家としての知識労働者による誠実なモニタリングを必須とすると語っている。ある知識が社会に対していかなる影響をもたらすかは，事前には予測不可能であるためにほかならない[15]。現実的に，IoT や AI，バイオテクノロジーのように社会的に期待される知識は無数に存在するが，翻って未来における自由社会の脅威とならない保証はない。一方で理想的な未来が語られながらも，容易に換骨奪胎されて，戦争や富の集中など，社会を破壊的に一元化していく呼び水となる危険は常に存在する。あるいは，知識の社会的貢献を隠れ蓑として，つまるところ，特権階級の私利私欲や軍事的拡大などをもって世を壟断する危険も指摘されうるであろう。知識が社会貢献の大義名分としてあるいはスローガンとして誤用される可能性はいかなる状況で

あれ排除不能なリスクとして残る。

　それらの妥当性を逐次判定していくのは，市民としての知識労働者の責任感，すなわちドラッカー言うところの integrity，品性高潔や内面的規範，倫理観に依拠せざるをえず[16]，知識の概念を現実世界に行使していくにあたっては，知識ある者の精神に基礎づけられる責任が前提とされざるをえない。

第3節　知識と生態的秩序

　ドラッカーにおける知識とは，行動のための方法として理解され，その概念的基礎はマネジメントにも忠実に反映されている。その背景には，自由にして機能する社会への期待があり，知識を産業上の課題とする一方，もう一つの視座として，政治社会の課題とする点にも注目すべきであろう。知識社会のもう一つの断面として，知識に伴う秩序形成要因が枢要な視軸を供している。

　『産業人の未来』において示された地位と機能，さらに正統性が加わることで，社会成立の3要件と見なされた点は既に述べた。かかる理解は，ドラッカーによる社会成立の前提を示すだけでなく，最晩年の『ネクスト・ソサエティ』などのポスト資本主義，ポストモダンの議論にも流れ込み，枢要部分を形成している。その関連で想起されるのは，ナチズム分析において，合理へのルートを喪失することで生ずる大衆の絶望からドラッカーが政治的危機を明確にとらえていった事実にある。第二次大戦後においても，自由と機能をめぐる政治的関心は，重要性と優先度においていささかも減ぜられてはいない。

　では，ドラッカーは，社会の背景にある秩序を知識との関連でどのように考えていたのか。まず，知的来歴からして，ヨーロッパで実見したナチズムとアメリカ産業社会との間に存する鋭いコントラストが社会的秩序についての消極，積極両面における形成動因をなしているのを見る。同様の視程からすれば，ドラッカーが想定する秩序は，概略2種として理解可能であろう。

　一つは，イズム（ism）ないしイデオロギー（ideology）に依拠する一元的かつ機械論的に整序された秩序観があり，その形成原理は命令と統制にある。ともにベンサムの唱道した極端な理性主義を一つの祖型としており，一般通念

第6章　知識社会の構想　│　*181*

でとらえるならば，恣意的権力の制限や抑制は容易ならざる一方で，支配権力の創出機能をもって正統化と統治を行う面では積極的側面をも合わせもつ。というのも，イズムにおける良き秩序とは良き支配者による意思と行為の結果にほかならず，秩序の上位に立つ者の意図や目的の副産物として良き秩序が生ずると理解されるためである。

　対して，ドラッカーが依拠するのは，生態的視野（ecological vision）に依拠する秩序とも呼ぶべきものである。その形成原理は自由な相互の信頼と創生にあり，個々の単位に命令によって地位と機能を与えるのではなく，自発的かつ自律的な生成による。ただし，その秩序の形成にあたっては，社会を構成する人々の理念と矛盾してはならず，ドラッカーの理解によれば，マネジメントもまた，上記の条件を内包しており，『産業人の未来』での議論に依拠して，多元性と自由の擁護の試みは一貫して保持されている。

　しかし，生態的秩序は多元的である分，複雑さの度合いは高まらざるをえない。イズムに依拠する秩序においては，組織の規模が拡大しても，命令系統が一元化されているために，複雑さの度合いは極端に高まることはないのに対し，生態的秩序においては構成員の数や，活動の範囲，知識の質量等に比例し，複雑さの度合いは幾何級数的に高まらざるをえない点が想定される。かかるドラッカーによる生態的秩序の骨子は，ドラッカー自身の発言からも承認可能であろう。というのも，ドラッカー自身は，上記のような概念的な区別は行っていないとしても，著作内容を見る限りにおいて，2種を常に区別して論じていたためである。そして，同様の主張は，第二次大戦後の歴史的状況を適切に反映した議論として説得的である。

　上記の生態的秩序観は，複雑性ゆえに，迂回的に自由で機能する社会の再建に寄与してもいる。というのは，ドラッカーによる知識が行動にかかわる点は先に見たとおりであるが，生成・発展のプロセスを見るならば，いわば政治的権力から離れたところで形成される現場の知識を多く内包せざるをえないためである。その点が行動のための知識の積極的秩序形成動因として主張されている。

　その一つが，GM における事業部制であるが，そもそも権力分立を企業内で機能させ，それぞれの固有の能力の最大化を骨子とする事業部制が，アメリ

カ建国の政治原理であった連邦制に類似するのは，その積極的側面を説明しうる。そのコントラストとして，ナチスやソ連におけるイズムによるならば，伝統や慣習，コミュニティによる権威などは，不合理の集積物にほかならず，計画的な政治・経済の組織化を一義とするために，多元性の受容自体が政治システムとしての目的に反することになる。イズムにおいては唯一の正解しかありえず，事実上，受容か否認の二者択一しかなく，責任を伴う選択と呼びうるものでなく，結果強制的な命令によってしか秩序を創出・維持しえなくなる。

　かかる秩序についての見解は，政治システムのみを対象とするのでなく，社会的関係の創造における知識の機能条件とも密接なかかわりをもつ。というのも，生態的秩序を可能とするのは，伝統や慣習法など暗黙のルールにあり，それらは権力構成において集権的な急進的力学を作動させにくくするシステム概念でもある。社会における決定的権力に秩序の源泉を見出しうるとする点は既に見たとおりであるが，テニエスの提示した概念で言うならば，ゲマインシャフトもまた強く，知識という生産手段ともなる資源の補完を見ることによって，ゲゼルシャフト的側面が融合する。他方，ナチズム体制での最大の危機の一つとして，一元主義的権力の掌握によって，教会や商店などの中間団体の消滅が見出され，個は分子化され，さらにナチスへの依存を劇的に昂進したのは周知の事実である。それは大衆の絶望の強化であり，専制的支配に必要な社会的条件の創出にほかならなかった。ドラッカーの理解するところによれば，同様の社会における個の断片化こそが，ナチス化への傾向を助長する基因となりうる。その抑止のために，個が地位と機能を付与される必要をテニエスの所説に依拠して主張し，固有の秩序を創出するうえでの社会的権力もまた保持すべき必要にも論及されている。生態的秩序は，個の属する共同体が社会の間に緩衝的に介在し，各個は生態的秩序の伝統，権威，技能のルールに従う場合に限って自由を認められ，生産活動に従事しうる。ドラッカーがしばしば重視した社会における決定的権力とともに，個と社会における緩衝層とも言いうるであろう。

　同様の点において，19世紀イギリスの金融市場における社会経済的領域におけるルール（a rule in the socio-economic sphere）に注目しドラッカーは次のように自身の経験を叙述している[17]。

商業社会における統治の力はきわめて強く，有無を言わせなかった。銀行，証券，卸売り，保険など商業社会の企業は，その規制を無視することができなかった。市場の権威（the duly constituted authorities of the market）からの指示を軽視すれば，直ちに罰が下された。（略）それは，商業社会の維持という政治的な目的のための規制だった。（略）その最高の権威筋がイングランド銀行だった。イングランド銀行は，外為市場の過熱を危惧しても，通達の類は一切出さなかった。そのような代物は市場のルールに反した。たんに意向を伝えるだけだった。

　上記においてのドラッカーの議論は，W・バジョット『ロンバード街』（*Lombard Street: A Description of the Money Market*, 1873）の所説を想起させるものがあるが[18]，金融業という知識労働の先駆的形態に従事する人々を前提として成立したイングランド銀行の権威や階層的秩序の例示は高度に示唆的である。生態的秩序の含意は明白であり，自由は特権や放縦ではなく責任であり，責任を果たすには社会経済的領域における権威への自発的服従が要求される。ルール自体は実定法の定めに依拠せざる自然発生的で自己組織的な性格を保持し，同様のルールが否定されれば生態的秩序は自壊せざるをえなくなり，同時に自由も失われる。自由と秩序が自生的に確立されることで，ドラッカーの言う生態的秩序は保持されうる。

　知識社会にあっても，知識ある者には自由と責任が付随し，同様の原理によって支えられる中間的な組織が社会における秩序形成を促していく。ドラッカーによる知識とは，伝統や慣習を内包する社会において広い裾野を形成する下部の知識，すなわち現場における行動の知識をも含むが，まさに現場の知識こそが，知識社会における正統性の基盤であり，秩序や権威の源泉たりうる。なぜなら，企業や組織の経営者，すなわちトップマネジメント層は，企業の経営原則や資源の配分等について一般的な知識を保持しうるに過ぎず，最高度かつ致命的重要性をはらむ顧客創造の現場に伴う知識は，組織階層の最下部に存在するためである。事業の目的を顧客創造に置くならば，現場の状況や問題について情報収集に努めるべきである点は当然としつつも，あらゆる事象への通暁はトップマネジメントにとって現実的とは言えない。上位者におけるマネジ

184 | 第Ⅱ部　基礎的視座の形成と展開

メントは具体的な状況や問題，さらに知識それ自体に向けられるよりも，知識をもつ個に向けられざるをえない。知識と個は不即不離の関係にあるためである。したがって，知識社会のマネジメントとはいわゆる上からの一元的管理・統制ではありえず，生態的構造をもつ組織を構成する純然たる人間的次元における課題たらざるをえなくなる。

　同様の系として，現場を構成する個は，トップマネジメント層のもちえない個別具体的な問題状況に関する知識，とりわけ顧客についての知識を豊富に有し，それらを用いた行使を認められる限りにおいて組織の秩序を形成する主体であり，同時に専門性の高さに応じて広範な決定の自由をも認められうるであろう。換言するならば，先のドラッカーによるイギリスの金融街及び市場の権威筋としてのイングランド銀行の例示に見るように，個は組織においてこそ固有の知識をもち，活用に通暁し，貢献しうる点で，自由な責任主体たりうるのであり，知識とは生態的秩序における決定的権力の中心要因たらざるをえなくなる。個は固有の知識を組織社会に適用し成果を挙げる限りにおいて，自由に伴う責任主体たりうる。しかし，知識とは部分としての知識で意味的構成をなすものではなく，あたかもオーケストラにおける各パートに似て，目的全体との関係性において，総合的に意味を生成していくダイナミックな概念でもある。しかも，知識それ自体が生態系の中にあるとともに，その解釈は人間の側の知覚と責任によるともするならば，固定的な構造をもつものではありえない。内部における揺らぎは常態化し，主体は状況による影響を受けつつも，状況に働きかける自律的存在と想定される。J・E・フラハティはドラッカーに見る知識に伴う責任を次のように指摘している[19]。

　　知識に伴う責任，そして意思決定過程で情報をもつことからも，職位以上の権限が人には実質的には与えられている。その際，さかしらに抽象的で観念的な思考の遊戯であらゆる問題が解決できると錯覚することは致命的な陥穽となる。それを避けることもマネジメントの課題なのだとする。

　かかる関連で指摘すべきは，1990年半ば以降の情報技術革命を一つの機縁として，企業のみならず諸種の組織が，ネットワークを基軸に展開されている

第 6 章　知識社会の構想　│　*185*

事実である。ネットワークも広義においては組織の一種と見うるが，その形態による知識の行使と価値創造が，自由にして機能する知識社会にとっての有望なアプローチたりうるとの解釈も可能であろう。自由な個と多元性によって表現されるネットワーク型の協働形態は，現代において国境を越えて活動するNPOやボランティア団体などとの緩やかな連携によって展開され，実践されている。

　1990年以降，ドラッカーは企業のマネジメントのカテゴリーを超えて，救世軍や赤十字，メガチャーチ[20] などの巨大非営利組織のコンサルティングを行っている。ネットワーク型の活動形態においては，究極的には個が内面的な精神能力をもって知識における責任を引き受けざるをえない。しかし，自由で多元的な個が，知識を媒介として柔軟に関係性を組み替えていく社会とは，ドラッカーの危惧する全体主義やイデオロギーによる支配に対して，一貫した強固なアドバンテージを供するのは明らかであろう。しかも知識へのアクセスは，社会の一部の上層部に限られず，社会を構成する万民に開かれており，自由にして機能する社会を一段と高めていく自己展開の場として意味が見出されうる。

　知識及び知識社会についてドラッカーは1957年以降断続的に著書や論稿を世に問うてきたが，わけても1990年代半ば以降はいわゆるディジタル・エコノミーの進展から，予期せぬ形で知識社会化は高度かつ具体的な形姿を示現してきたことで，次なる社会としてのネクスト・ソサエティ（the Next Society）の展望に関心を移していく。ドラッカーの知識論が21世紀にいたり多元的な社会的セクターや個への関心へと向かわせ，さらに明瞭な形で〈初期〉的ヴィジョンを鮮やかに体現するのは，マネジメントが今なお未完の体系性として保持される観点からも，興味深い論件と見てよいであろう。

[注]
1）*LT*, p. 5.
2）Jackson（2005）.
3）*AD*, p. 269.
4）*LT*, p. 10.
5）*NR*, p. 263.
6）*LT*, p. 4.
7）*NR*, p. 264.

186 | 第Ⅱ部　基礎的視座の形成と展開

8）*LT*, p. 156.

9）*AB*, p. 162.

10）*AB*, p. 169.

11）*AB*, pp. 259-260.

12）*AD*, p. 372.

13）三浦・井坂編著（2014）（野中郁次郎「リベラル・アーツとしてのマネジメント」），223頁。

14）*PCS*, p. 26.

15）筆者によるドラッカーへのインタヴュー（2005年5月7日）。

16）Stevenson and Waite *eds.*（2011），p. 738. integrity は，倫理的指針を堅持すること，全体として調和した状態とされている。

17）*FIM*, p. 52.

18）バジョット（1941），212頁。第8章「真の勢力と顕著なる威信とを具えた地位について」の議論を参照。

19）Bonaparte and Flaherty *eds.*（1970），p. 277.

20）Buford（2014），chap. 10.

第III部
内的対話と交流

　〈初期〉の言説形成は，個の自由や伝統に内在する黙契を無視し，支配的権力として一元的に糾合するイデオロギー的諸力への政治的抵抗という意味合いを帯びていた一方で，インターディシプリナリーとして，忍耐強い対話や討議におけるドラッカー自身の観察や応答上の帰結でもあった。同時に対話による言説の錬成は，一時代的抵抗のみでなく，近代合理主義という巨大思潮における文明批判をも含意していた。同様の観点から，言説形成において特別の意味をもつ論者として，F・J・シュタール，E・バーク，W・ラーテナウ，M・マクルーハンとの内的対話と交流を通してなされた解釈上の視座の培養過程を検討する。

ゲーテにとって重要なことは，少なくとも彼の生涯の最大の期間にわたっては，自分自身を養い培うことであり，「自己の存在のピラミッドをできる限り高く積み上げ，聳え立たせていくこと」であり，——世界の変革ではなかったのです。

——T・マン「ゲーテと民主主義」（青木順三訳）

第7章

F・J・シュタール──継続と変革

第1節　ヨーロッパ社会への視座

　フランクフルトでジャーナリスト兼学究としての活動をスタートさせたドラッカーにとって，ナチスによる政権掌握前夜の政治的行き詰まり打開への試みの中で，プロテスタントを信奉する19世紀の法哲学者F・J・シュタール（Friedrich Julius Stahl）に仮託して自説を展開した理由の一つには，人間の生の深みや見えざる次元と，それらに伴う秩序形成力が，現実社会において見失われたとの危機認識があったであろう。ナチス体制を目前に，否定の連呼と空虚な喝采によって前向きな信条の不在を糊塗する乗合馬車に個の実存や宗教的崇高さなどを委ねた大衆の絶望をドラッカーは指摘している[1]。若きドラッカーにとって大衆の実存的真空の目撃が魂の苦しみをもたらしたであろう点は想像にかたくない。社会生態学者が神聖視する言語や美意識，信条などの実存に直結する精神的諸相の破壊に次ぐ破壊は，反転した形で後の言説形成の礎をなしている。

　というのも，『ヴィルヘルム・マイスターの修業時代』や『魔の山』など教養主義小説（Buildingsroman）の主人公のみならず，青年期の修養時代における苦渋の自己内対話が，精神の根底から自己成就への強固な意思を養うだけの決定要因たりうるのはめずらしいとは言えない。まして，原体験をなす時代状況がナチス時代の暴威との対峙であるならば，後の言動と無関係であると考えるほうが自然の理路に反するものとなる。かくして，『F・J・シュタール』において展開された第0作の構成内容が，ヨーロッパ時代の危機における直接的な関心と視座の所在を雄弁に語るはずであろう。

　ただし，言うまでもないながら，フランクフルト時代の主題は政治社会の観

察と討究にあり，生や精神の深みを直接的に取り扱う哲学的アプローチをとる
ものではない。しかし，ドラッカーの発言は，政治や社会，企業など現実的な
対象を語りつつも，実存への熾烈な関心とともに，しばしば彼岸を仰ぎ見るある種の宗教的傾向を仄めかす一面をもつのは否定しえない。1949 年の論文でキルケゴール的深淵を検討対象としている点にそのことは端的に見られるが，何よりもシュタールの議論において，目線が人間精神の内奥にまで及んでいる一点が，社会やマネジメントに関する言説を一層奥行き深いものとしているのは事実であろう。

　執筆時期からするならば『F・J・シュタール』は事実上，知的出発点を形成しており，半ばプリズム状の意図が複層的に塗り込められている感さえある。ウィーンのギムナジウムからフランクフルトまでも継続的交流を結んだB・フライバーグ（Berthold Freiburg）は，『F・J・シュタール』について「ユダヤ系を出自にもつ知識人を自らの政治的スポークスマンに選び，テーマを選択したこと自体がドラッカーの反時代的宣言であった」と後に評している[2]。同書の主要内容を確認するならば，結局のところ，シュタールが思想形成への決定的力をもったのも確かながら，それ以上に，シュタールを 19 世紀の代表的知識人として押し出していくことで，自身の明言しえぬ何かを世に問おうとした意図をも色濃く看取しうる。シュタールを内的対話の対象とすることによって，翻ってナチス化するドイツの窮状を糾弾するとともに，危機打開への有効な選択肢を提示しようとの認識もあったであろう。

　『F・J・シュタール』には，学問的業績に扮しつつ，内実は政治権力の批判であり，時流の中に立ち，流れに抗しながら，しかも緻密性と大局観とをもって観察と思考を行っていく，固有の実践的知性をも看取しうる。『F・J・シュタール』の立論上の特質は，政治権力を 2 つの極をもつ対立と均衡のプロセスと見て，宗教的権威と議会による多元性との密接不可分な動的関係性の中に個の自由を保持していこうとする行論に認めうる。その際，後述するフラハティに倣い前者を継続の原理，後者を変革の原理としてとらえるならば，双方ともに政治社会の制度的デザインの構成を課題とする構想として，調和と創造に資するシステムの政治教育者としてシュタールが解されたのは想像にかたくない。ドラッカーはその様態に，あえて躍動する保守主義（lebendigen

第7章　F・J・シュタール——継続と変革 ｜ *191*

konservativismus）の理念をもって，反全体主義への防波堤をなす政治社会的
原理説明を求めてもいる。

　改めて主題をなす原点的体験が，ナチスとの闘争によって特徴づけられるの
は明らかであり，有効な武器を手にするためならば，ほぼいかなる武器庫をも
縦横に利用に供したドラッカーの姿が浮かび上がってくる。その面貌は戦後
におけるマネジメントの書き手としてのビジネス然としたそれとは少なからぬ
乖離を認めうるし，ましてそれに伴う世の印象とは正反対として過言ではない
であろう。上記の行論からするならば，シュタールの法政治的解釈のみに限定
し，紙背をなす意図に止目しないならば，ドラッカーの政治理解に一貫して存
在する反全体主義的主張の堅持を見逃すであろう。

　ドラッカーの理解するところによるならば，自由を失いつつあるドイツの政
治社会にあって，保守主義的な後ろ盾をもたずして上首尾な機能は望めなかっ
た。社会は社会を超えた理念なくして，自らの安定した秩序を形成しえない。
同書の取り扱う主題は，32 ページの小著と言えども，文明観察上の領野は広
く開けている。シュタールの業績の詳細かつ緻密な検討は言うに及ばず，引き
出しうる視点を自らの時代への鑑として，自覚的な時代批判への照射を伴う知
的作業がなされている。同時に，ドラッカーの置かれた限界的な生活状況をも
加味するならば，ごくわずかな初期値の読み違えが，強制収容所への鉄路を周
到に準備する危険をも意味したはずであり，ドイツの言論人としての身を賭し
た応答責任の行使でもあったのは見逃しえない背景をなしている。同書出版の
試みを概観するならば，それに伴う葛藤と対立の契機をはらみながらも，自身
の政治的立場を時代の中に刻印せざるをえなかった実存を賭けた闘争の起点を
見出しうるであろう。

　ナチズムへの意識的反抗を選び取った結果として，ドラッカーは再び漂白の
生き方を定められる。同書の刊行による必然の結果として，自らをナチスとの
闘争者として言論界にその名を刻印しながらも，直接対決を回避し，さらなる
有効な戦い方を模索してロンドンに渡る。ロンドン時代が一定の沈思黙考の場
を供したのは確かであるが，言論人としての闘争を終結させる意思がなかった
のは，1936 年にウィーンにて『ドイツにおけるユダヤ人問題』を，1939 年ア
メリカにて『経済人の終わり』という国家社会主義と一分の妥協もない書物を

問うていった事実からも知りうる。

　そもそもドラッカーがシュタールを歴史から呼び出した背景には，宗教をも包含する個の実存にまで視程を深めていかなければ，国家社会主義革命を生み出した精神的黒淵を見極めえないとの信念もかかわりをもつ。というのも，同書が刊行された1933年はナチズム分析の書『経済人の終わり』の初稿に着手した時期にあたっており，既に見たように，ヨーロッパにおける大衆の絶望がいかに人間精神の地下水脈を汚染し，あたかも致命的に渇した者が，いかなる汚水も喉に流し込まざるをえないように，一元的合理を宣する全体主義勢力に身を委ねていった状況を観察している。

　シュタールもまたユダヤ人としての出自をもちながらも，プロテスタントに改宗し，議会主義者であったが，マージナルな視点を利用して，政治社会に潜む枢機に働きかけていく点において，ドラッカーの範型をなす知識人であったのは看過しえない。ドラッカーも述べるように，シュタールはヘーゲルを全面的に承認しなかったばかりか，近代合理主義による分析や整序への懐疑を思想的核としていたとされ，むしろ人間の不完全さや，信仰や権威に依拠して人間社会を継続と変革のうちに再創生していく枢要な視点を獲得していた。

　とりわけ個の実存，個の内面における宗教生活の政治的意味づけをシュタールは的確に理解しており，同時に，それをもって政治社会において有効なアルキメデスの点とするアプローチをも見出していた。同書においては随所にシュタールにおける人間理解の卓越性を称揚するごとき記述に出合うのであるが，冒頭にJ・ブルクハルト（Jacob Burckhardt）の文が引用され，「精神，物質ともに絶え間なく変化し，そのために内外の生命の外皮はとどまることがないが，歴史家の役割は，変化の中に宿る変わることなき精神を聞き取る点にある」とのエピグラフが付されるのに，真意が垣間見られるであろう。同様の点は換言するならば，他の〈初期〉における政治的著作で十分に展開されるように，社会とは社会のみで十分ではなく，個によって是認可能な理念，すなわち高次の精神的指針を供しえなければ，社会としての成立を見ないとする基底的認識につらなりうる。おそらくブルクハルトが，『イタリア・ルネサンスの文化』において，ルネサンスと宗教改革をそれぞれ個人の発見の彼岸と此岸として理解し，前者を後者へと解放することで巨大なエネルギーを投射した主題を

第7章　F・J・シュタール——継続と変革 ｜ *193*

ふまえてもいるであろう3）。

　『F・J・シュタール』は，とりわけ1939年の『経済人の終わり』と1942年の『産業人の未来』へと続く近代ヨーロッパの精神史的考察をも内包し，そこに巣食う宿痾の探求を主題とする点で，政治社会難破の予示さえをも読み取ることが可能であるが，まずは同書そのものも出版にあたり容易ならざる時代的な危機と対峙している事実は強調に値する。端的に指摘するならば，同書出版から間もなくドイツにおいて焚書処分を受けている。詩人ハイネ（Heinrich Heine）が本を焼く体制は人を焼くとしたのはつとに知られるところであるが（*Almansor*, 1823），ドラッカー自身もまたナチズムの蛮行からの人格的制裁を受けており，言論人としてのみならず，その後の価値観や認識の形成にあたっても深部に到達する刺傷を残したのは容易に推察可能であろう。付言するならば，1936年のロンドン時代，ウィーンで出版された『ドイツにおけるユダヤ人問題』もまた，ナチス化したオーストリアにおいて焚書処分を受けている。すなわち，ドラッカーは生涯において2点の著作の出版によって焚書処分を受けており，前者はシュタールというユダヤ人思想家を評価している点，後者はドイツにおけるユダヤ人迫害の根因を探索する点において，ともに人種由来の背景の一端もまた窺われる。

　とりわけ，同書のドイツにおける出版がくぐり抜けざるをえなかった試練もまた，時代への異議申し立ての背景を雄勁に表現して余りある。その点を確認するために，出版にいたる過程を簡単に振り返っておきたい。『F・J・シュタール』が世に出たのは1933年4月26日であり，出版に向けた準備作業は危機的な時期を挟んで続けられ，後に『傍観者の時代』に見る次の回想が，出版に賭けた応答責任の切実さを見事に伝えている4）。

　　私は『F・J・シュタール』を数週間で書き上げた。政治学と政治史の名門出版社，テュービンゲンのモーア（Mohl）社に送った。ありがたいことに同社は，有名な法政治歴史現代叢書の第百号記念号として，1933年4月に発行してくれることになった。やがてこの小冊子は，ナチスによって，私の希望した通りに正しく理解された。発行されるやただちに禁書とされ，焚書処分にされた。もちろん，小冊子が世の中に何か大きな影響を与えたわけ

194 | 第Ⅲ部　内的対話と交流

ではなかった。元々そのような期待はしていなかった。しかしそれは，私の思想的な立場を疑う余地なく明らかにした。

　上記から，同書の出版には自ら言論人としてのドイツにおける政治社会的立ち位置の明示化が包含されていた意図が窺われる。1933年，ナチスは政権を掌握し，3月に全権授権法によって独裁体制を確立しているのであるが，ナチスの理解によれば，シュタールは異民族精神の代表的人物であり，ドイツの法学界から排除されるべきユダヤ主義的な学者にほかならなかった[5]。いわばルター派の洗礼を受けたユダヤ人の成り上がりであって，教会や国家を宗教的狂信による定礎を試みる危険な神権政治支持者と見なされた。また，シュタールはプロイセンにおけるユンカーの弁護人となり，市民的な立憲活動の目標に反対した現実の権力関係の擁護者との批判もあり，K・マルクスもプロイセンの教育から啓蒙精神を駆逐した一人としてシュタールを批判している[6]。

　かくしてナチスはシュタールの法哲学を意識的に排撃したが，同様の事情を勘案するならば，『F・J・シュタール』がナチスの検閲の眼を逃れられるとする予期はおよそ非現実的であったであろう。ナチスが同書の真意を正確に理解し，しかるべき報復に出るであろう点は織り込み済みであって，既に述べたように，いささか逆説的ながら，焚書処分を蒙ることを通して出版の目的を半ば達成したかにさえ見える。

　同書刊行直前のドラッカーはドイツを蔽う危機の様相を予期し，職を奪われる前に大学と新聞社を辞して敏速にフランクフルトを後にし，ウィーンの自宅で数か月を過ごしてから，ロンドンに向かっている。その中で，『F・J・シュタール』の公刊について，テュービンゲンのモーア社と書簡で往信している。同社主O・シーベック（Oskar Siebeck）は若きドラッカーを見出した気骨ある出版人であり，信頼しうるドイツの友人でもあった。モーア社は1801年にハイデルベルグで創業された伝統ある学術出版社であり，現在も神学，ユダヤ研究，法学，経済学などの学術書出版活動を継続している。ドラッカーもまた同社からの出版を切願しており，社主シーベックに「『フランクフルター・ゲネラル・アンツァイガー』国際面記者，フランクフルト大学国際法ゼミナール助手」の肩書きで，法政治歴史現代叢書からの自著出版の打診を行ってい

第7章　F・J・シュタール——継続と変革　|　*195*

る[7]。ドラッカーの希望は同社の受け入れるところとなり，シーベックは草稿に目を通し，意向を全面的に受諾したばかりか，ドラッカーの期待以上の評価を与えたかに見える。シーベック自身がドラッカーの『F・J・シュタール』から受け取った意図，すなわち19世紀の議会主義者を評価した体をとりつつも，歴史に見出したアクチュアルな鑑としてそれを用い，現状を蔽う危機の構図を闡明する歴史的意義を正確に理解したためであったろう。

　この叢書は当時にあって名声と読者数において群を抜いていますし，第1作の出版としてこれほどの好条件は考えられないと思います。それに貴社こそがあのシュタールの主著を新版として果敢にも刊行してこられました。

上記に見るように，ドラッカーは率直な喜びを表明している。ドイツにおけるナチスへの異議申し立ての楔を打ち込んでいくうえでの強固な前提をなしていたためであろう。その2日後シーベックはドラッカーに次のような返信を行っている[8]。

　現在貴殿の原稿を刊行すべく全力を尽くしているところです。加えて提案があります。というよりも，既に決定したことです。この原稿は一つ繰り下げた番号で叢書として出すのがよろしいでしょう。そうするとちょうど叢書の百号記念号にあたります。貴殿の論稿はふさわしいと思います。

シーベックが百号記念に合わせて刊行を調整している点に，ドラッカーへの期待がいかんなく示されている。上記の往信から知られるのは，ドイツにおける『F・J・シュタール』の刊行における緊張と葛藤であり，反ナチスに伴う共謀的覚悟をも垣間見させる。シーベックの行動は，若き学徒に寄せる期待を表現しているばかりでなく，出版人としての時代との格闘をも前提としていた。その後もモーア社との往信は続き[9]，書簡は1933年9月まで残存している。消印を追っていくと，ドラッカーは，5月17日にプラハ公文書館に同書の見本一部を寄贈するよう要請している。6月11日にはロンドンのランカスター・シティのホテルから著者用見本10冊の送付，9月18日にはロンドン

196 | 第Ⅲ部　内的対話と交流

NW3 のベルサイズ・パーク・ガーデンズ 40 からさらに 10 部の見本を送付するよう依頼している。付言するならば，出版人としてのシーベックは，ドラッカーがイギリスに亡命した後もドイツにとどまり，彼の孫で 2014 年までモーア社の経営にあたった社主の G・シーベック（Georg Siebeck）は，「祖父がモーア社を経営していたのは 1920 年から 1936 年までであった。その後ナチスとの絶望的な闘争の末，自ら死を選んだ」と書き記している[10]。

第2節　継続と変革によるアプローチ

　フランクフルト大学でドラッカーが準備していた教授職任用論文は「保守主義的国家論」のタイトルで，W・フンボルト（Wilhelm von Humboldt），J・ラドヴィッツ（Joseph von Radowitz），F・J・シュタールの 3 名を考察する政治学論文の予定であったが，諸般の事情からすべてはかなわなかったことが『F・J・シュタール』への凝縮をもって刊行に踏み切った契機をなしている。事実後に見るように，『F・J・シュタール』において，肯定的要因と見なした政治的諸条件を純粋な形態をもって看取可能であり，信仰，権威，自由，実存，多元性，議会，市民などの概念から検討がなされているのはその表れであろう。かかる視座から危機を打開していく知的探索と苦吟を見るならば，ドラッカーがナチス前夜の危機的認識にあたって数ある思想家からシュタールを選び出したのも理解可能となる。というのも，シュタールの実践や思想を通して，ナチス化していくドイツ社会への明確なプロテストとともに[11]，同書には，意識的に採用した継続と変革（continuity and change）への視座もまた定位されているためである[12]。

　　私の仕事は，継続と変革の相克に対する関心からはじまったと言ってよい。1930 年代の初め，やっと二十歳になった頃であった。（略）私の目の前で，社会や経済や政府，文明さえもが崩壊しつつあった。継続は完全に消えていた。そしてこのことが私の関心をドイツの偉大な 3 人の思想家に向けさせた。（略）彼ら 3 人と法治国家こそ，私が書くはずでありながら書かな

第7章　F・J・シュタール——継続と変革 | *197*

かった書物の，あるいは少なくとも完成させられなかった書物の最初の一冊
であった。私が出版することができたのはシュタールについて書いた 32 頁
の小論だけだった。私はこれを 1932 年に書くことによって自分が反ナチス
であることを公にした。

　上記の言明からも，必ずしも純粋に学術的関心からシュタールにアプローチ
したわけではなく，反対に高度な政治的配慮から考察がなされた点は重ねて強
調に値しよう。同書の概要を見る限りにおいては，明確な時評的な訴求はなさ
れているようには見えない。19 世紀の政治社会的危機に発する，シュタール
による政治思想の評価と考察を主題にとりまとめられている。しかし，慎重に
紙背に横たわる意図に対峙するならば，19 世紀政治への分析が，ほぼそのま
ま危機における挑発的な政治評論として鮮烈な図像を結ぶ訴求法がなされてい
るのに気づかされる。
　時はナチスによる政権奪取直前，大衆が圧倒的な諸力の前に孤立無縁な存在
として糾合される中での刊行である。大衆の絶望に発して自由と責任をナチス
に譲り渡した状況にあって，19 世紀になされた政治的試みを引照点とした時
世への激しい異議申し立てと読むことが可能である。まさしくその点が本書に
おける主題と直接にかかわるところとなるが，『F・J・シュタール』を読み解
くに際しては，記述内容をそのまま 19 世紀における政治社会の政治分析と解
釈するならば真意に到達できず，むしろ 19 世紀からくべられたプロメテウス
の火たる継続と変革のアプローチを 1930 年代の篝としてドイツ明照の手立て
とする執筆動機を慎重に読み取る必要があるであろう。
　同書は，ドイツにおける政治社会の挫折へのアクチュアルな応答を低意と
してもつと考えられるが，フラハティの所説においても同様の消息が見られ
る。フラハティは，『F・J・シュタール』の執筆意図について，注目すべき所
見を表明している。継続と変革による社会生態学的アプローチが既に『F・J・
シュタール』に採用され，一言で表現するならば，保守主義的イノベーショ
ン（conservative innovation）の政治的表現とも呼びうるとする。フラハティ
の理解するところによれば，保守主義的イノベーションとは，歴史に見出され
る正統性を未来との間の緊張と動性のアプローチとして見出すことが可能であ

198 | 第III部　内的対話と交流

り，1930 年代の全体主義における絶望的不全状況への診断と処方の提示と見うる。さらには，『F・J・シュタール』で展開された所説は，1940 年代の言論においても固有の経路をたどり伸長し，「次第に，イデオロギー決定論を回避しながら，しかも大共同体への貢献をもって社会的機関としての自律的行使を可能とする結論にドラッカーを導いた」としている。フラハティは，さらに第二次大戦後のマネジメントの展開にあっても，3 つの次元，すなわち，伝統，推移，転換（differently in three dimensions—the traditional, transitional, and transformational）の各位相から事業体を把握していく着想につながったとも見ている[13]。フラハティは，継続と変革の再獲得とともに，正統性の復権をもそこに見出し，それらに適切にリーチするうえで，一貫して依拠すべきパースペクティヴを保守主義に見出している。

　上記の解釈からするならば，同書はヨーロッパ時代の政治を主題とするよりも，むしろドラッカーにおける社会解釈に定位したアプローチの基礎的表出であり，かつ後の言論への地続きの視点を必然とする所説ともならざるをえない。アレントの語を援用するならば，過去を喪失し，歴史が語りかけることをやめた暗い時代において，19 世紀という過去からの問いかけに依拠した闘争的な言論姿勢をそこに看取可能であろう。

　では，同様の思惑は，シュタールの人と業績にいかにして見出されたのであろうか。

　ドラッカーの理解するところによれば，シュタールはプロテスタントを選択した改宗ユダヤ人として，また卓越した議会主義者，保守主義者として，近代的人間を一般に規定している現世的諸価値からではなく，宗教的権威に合理の枢機を見出そうとしている。ハインリッヒス他によれば，シュタールは，「自らの学説を政治の場で実現しようとし，自己の学問的立場の当然の帰結として，何のためらいもなく君主制的正当性を基軸とする法治国家をキリスト教によって根拠づけ，そして，そのような法治国家を実現するため，プロイセン王政復古期に政治家として粘り強く戦った」点において，ドイツの国家思想史・法思想史において最も重要な意味をもつ法哲学者と評価されている[14]。

　シュタールは 1802 年にバイエルン州ヴュルツブルクで富裕なユダヤ人商人の子として生まれ，ユリウス・ヨルゾン（Julius Jolson）を生名とし，ユ

第7章　F・J・シュタール——継続と変革　*199*

ダヤ教徒として正規の教育を受けたが，高等教育を受ける中で，1819 年に
ルター派へ改宗し，洗礼名においてフリードリヒ・ユリウス・シュタールの
名を与えられている[15]。ヴュルツブルグやハイデルベルグなどでの学生生
活の後，ミュンヘン大学で教授資格を得て，F・シェリング（Friedrich von
Schelling）と知遇を得るなど，知識人としての歩みを着実に進めていく。
1932 年にはエアランゲン大学員外教授の資格を得て，国家法及び教会法講座
担当正教授として講座を受けもつにいたっている。

　後にベルリン大学においても教職に就き，グリム（Grim）兄弟をはじめと
する保守派との交流をもはかっている。シュタールは生涯ルター派のキリスト
者であったにもかかわらず，ユダヤ人の出自のために，貴族が中枢を占める保
守主義者の中ではマージナルな地位しか占めえなかったが，かえってその点が
復古的反動主義から彼を遠ざけたとされた[16]。その後，シュタールは政治家
としての活動を開始し，第一院の議員に選出された後，プロイセン国王により
終身貴族院議員，エアフルト議会の国民院委員に任命されるなど着実な政治的
キャリアを重ね，以降，保守派の代表として，また精神的指導者としても，多
層的な活動に従事している。

　シュタールによる政治的理説における特徴として，キリスト教の神を人格的
存在として措定し，それに伴う自由と創造力を不即不離と解する点を指摘する
ことができる。すなわち，ハインリッヒス他によれば，「聖なる原像を指針と
しつつ，具体的な歴史状況にあわせて制度形成する自由を人間に与えた」点に
特徴が見られる[17]。政治的には君主制原理を支持しつつも，国家内の勢力均
衡において議会の価値を認めており，その点では，神聖性による権威が，シュ
タールにおける政治社会の躍動性の起点と理解されている。「シュタールに
は，すべてを懐疑する，われ思うゆえにわれありとのデカルト的命題，すなわ
ち，あらゆる事象を理性的判断に還元させていく態度への疑義を看取しうる」
とドラッカーは指摘しているが[18]，近代哲学の基調となったヘーゲルの弁証
法についても全面的受容を拒否し，あるいは観念論的絶望やニヒリズムから距
離を置き，個としての人間の内面における信仰や実存を社会の中心に据えた点
をドラッカーは特筆している。

　シュタールは，「多数ではなく権威」を掲げ，国家と法は神の世界の秩序の

維持によって人間による独立かつ自由な仕上げを認め，目標としている。同様の点に立つならば，国家は人の手によるのではなく，世界秩序において与えられる存在と理解され，シュタールの解釈によれば，国家と教会は緊密な共生関係にあるばかりか，事実上一体化していた[19]。したがって，国家それ自体が倫理的存在であり，キリスト教的礼節と品格を土台として保持し，革命的勢力による物質的欲望や諸関係の一元論への埋没からの防護が期待されうる。すなわち，国家は教会を正統性の原理に据え，かくして権威のうえに多元の併存を可能としている[20]。上記を起点に躍動する保守主義の政治社会的枠組みを示す点において，翻って20世紀ナチズム下の大衆において，個の自由は損なわれ，大衆の絶望すなわち実存の真空化を伴う人間像として語られる危機への一つの応答としてとらえうる。歴史的伝統によって是認された種々の制度との並立によって，半ば求心力と遠心力を巧みに調和させるダイナミックな運動体として政治社会を構成したのは，フラハティの指摘する「シュタールによる政治的イノベーション」の証示とも見なしえよう。

　とりわけドラッカーはシュタールにおける宗教的権威の概念を世界についての第一原理（Das Urprinzip der welt）と呼び，人間の倫理的可能性をも含む，神学的思惟に伴う枢要要因と見なしている。むしろ，宗教的権威とは理性主義の観点からの合理を主張するものではなく，かえって合理を超越したところに置かれなければ，自発的な服従や自由，責任を担いえない[21]。

　　世界についての第一原理とは，合理以前，あるいは合理を超えた点になければならない。理性による弁証法的止揚によってしては，世界を説明することはできない。かかる基礎付けをなすのは高次の生ける神による是認のみであった。不完全な理性主義に対し，シュタールは合理ならざるものが生ける者の第一原理であるとした。

　シュタールはプロテスタントであるとともに，現実的な保守主義者として，二重性によるアプローチによる政治社会の復興を試みた点に特徴が見出されている。むしろシュタールが止目を促すのは，形而上と形而下との認識論的な調和にあった。伝統的な精神的諸価値を政治社会における引証枠組みとして措定

しつつ，他方で同時に価値判断基準の安定から，流動化ない多様化する現実的な歴史状況や政治状況における判断力の行使としての議会が定礎される。

むしろ『F・J・シュタール』における問いかけから得た着想や洞察をドラッカーはその後の様々な著作においても積極的に展開している。立論にあたっては，キリスト教との関連で宗教的権威と現世との2つの観点から，政治社会に調和を付与するアプローチが探索されている。あくまでも外貌としては「保守主義的国家の理論と歴史的展開」(*Konservative Staatslehre und geschichtliche Entwicklung*) との副題に見られるように，法政治的課題を考究しながらも，個の実存や生の深みを理念や秩序形成との関係において奪還する意図によって貫かれている。同様の観点から同書は政治を立論上の主題に置きながらも，個の自由や権威に伴う重層低音を聞きとりうるのであり，個の実存や自由を視程に収めた「もう一人のキルケゴール」に並び，ナチス体制による個の内面的真空にも一定の救済の筋道をつける論稿と見なしうるであろう。

K・マンハイム (Karl Mannheim) の『保守主義的思考』(*Das Konservative Denken: Soziologische Beitrage zum Werden des Politisch-Historischen*, 1927) は関連する文献の中でも，精緻かつその体系的に主題を取り扱う文献であるが，同書においてシュタールは次のように記述されている[22]。

シュタールもまたロマン主義的自由概念と対決しなければならなかった。彼は，ヘーゲルと同様に，すべての保守主義的伝統を吸収しようとし，それを公権の観念に基礎づけようと試みたので，その解決は次のような結果となる。「自由とは根拠のない偶然的な決定によって，あれやこれやと行為しうることではない。自由はみずからのもっとも内的な自我に従っていき，行為することである。人間のもっとも内的な自我は，外的条件によるいかなる規制もこうむらない個性であり，個性の権利，すなわち独立した私的領域と公的権力の指令への参与とは政治的自由の本質的要素である」(略) シュタールは問題の解決に次のような命題を与える。「まさに，この内容豊かな自由こそ，また政治的領域での究極目的でもある。それは国家を人間の意志の上に基礎づけんがために，人間を国家の自然力，国家の道徳的実体，歴史的伝統から解き離すのをゆるすものではない」。

202 | 第Ⅲ部　内的対話と交流

　ナチズム社会を生きたドラッカーに見出されたシュタールの主題は，人間自身の内面と実存，すなわち政治神学的引照点の喪失に存する。すなわち，適切な世界との有意味性が立ち行かなくなることで，大衆の絶望に取り巻かれた現状への告発を基底にはらむ点は指摘されるべきであろう。同様の行論からするならば，全体主義から社会を防護すべき存在として，宗教的権威をもって個の実存的飢渇に救済を付与しうるキリスト教会が，第一次大戦後の個と社会の精神上の契機として作用すべきであったとする『経済人の終わり』に見るドラッカーの理解には何ら不整合は見られない。しかし，キリスト教会は近代からの転換を決定づける価値主体として機能せず，継続と変革の主体として失敗したために，ナチズムの防護において何ら決定的役割を果たしえなかったと痛烈な批判がなされている[23]。かくして，1930 年代前半にあって，シュタールの時代において機能した二重の焦点は保持不能となった。すなわち人々は自らの内部にある実存も生の深みも堅持しえなくなり，個の自由への意志もまた自己の外部に移譲し，結果生じた大衆の絶望は，国家社会主義革命を根底から養う巨大なエネルギーに糾合されることとなった。

第 3 節　産業社会における正統性

　シュタールの所論は，権威を起点として，人々の自由な創造的行為としての議会を併存させ，生命維持のための呼吸や新陳代謝に類比しうる循環作用とダイナミズムを生み出すシステムでもあった。しかし，ナチズムの政治社会は，世界への意味性を欠いており，精神的存在としての個を無力化し，社会を生態的に形成する能力をもちえなかった。ドラッカーの評言によるならば，「難破船の中でパニック状態に陥っている人びとの集団」にほかならなかった[24]。

　『F・J・シュタール』で示された保守主義的国家への視程が，1937 年にアメリカ移住以降，産業社会の構想において一定の鮮やかな像を結ぶのもまた事実であり，同書の要路を踏まえたうえで，イデオロギーによる政治理解から踏み出し，自由にして機能する社会への言説上の展開がなされていく。『産業人の未来』において主題は克明な認識をもって押し出されていくが，シュタールの

保守主義における枠組み上の含意と産業社会の構想について次に考えていきたい。

シュタールによる政治形態は，二重性のモデルとして，アメリカ移住後にその精神に触れる連邦主義の課題とも強い親和性を示しているように見える。ともに多元化状況の中で，いかに共存の原理を打ち立てていくかのみならず，多元性を活力の源とする課題を保持している。ドラッカーにとっては，とりわけアメリカに移住して以降全体主義から脱し，自由にして機能する社会の一端に触れるにあたり，産業組織のアイデンティティの承認とともに，本来多元的な個，組織，社会を理念に伴う合理のルートにおいて位置づける必要に迫られている。しかし，同時に自由社会の統合を攪乱するイデオロギーや新たな全体主義への危機が既にそこに胚胎していた事実も否定しえない。そのために，攪乱要因を回避しながら，多元と自由を保証する理念による正統性を通して，ヨーロッパにあってのシュタールの業績がアメリカ産業社会に一層鮮やかにイメージ化されている。多元かつ創造的な組織や個が，平等かつ公正なしかたで自由のもとに統合を可能とする制度構想を内包し，産業社会にふさわしい正統性がさらなる現実性を帯びて模索されている。上記の消息は，とりわけ『産業人の未来』において確認しうるであろう[25]。

　　　権力の正統性とは機能にかかわる概念である。従って，絶対の正統性はありえない。権力は，社会の基本的な理念との関連において正統でありうるに過ぎない。権力の正統性を構成する要因は，社会と政治理念によって異なる。権力は，社会の価値観，形而上的理念によって認知された時，はじめて正統なものとなる。理念自体が倫理的に良いか悪いか，形而上的に正しいか間違っているかは関係ない。

上記の関連で正統性は政治社会における中立的かつ非歴史的枠組みとしてではなく，それぞれの政治社会が価値と信ずる形而上の理念によって定まると指摘されている。むろん原理主義的熱狂主義や暴力主義的全体主義など，社会の安定や秩序への脅威をもたらす一元主義的イデオロギーや，伝統的価値の破壊がその範疇に含まれるはずもないが，既に見た形態としての自由の理念に受容

可能とされている限りにおいて，正統性を機能的概念に収斂させている。

　改宗ユダヤ人であったシュタールはプロテスタントという歴史的是認を経た宗教的に枢要な精神的淵源を正統性の形式として措定したわけであるが，その点で，『F・J・シュタール』から得られた示唆を振り返るならば，正統性の概念とは権威あるいは形而上に関するものであり，理性を超えた，あるいは理性以前の神の観念が国家理念の中枢に位置付けられるのは，人間理性では把握できず疑いえない至高性を根拠とするのと同義でもあった。しかし，アメリカ産業社会の要請する正統性とは，価値の対立から社会的分裂に帰結させることなく，自由な個による内面活動を可能とする正統性でなければならない。そして，それを可能とするばかりでなく，全体主義を打破する戦争を根底から支えうる決定的権力を企業に措定し，ドラッカーは以下のように叙述する[26]。

　　今日の産業社会の特徴は，大量生産工場と株式会社にある。（略）そして，この株式会社の経営陣が，産業社会において決定的な権力をもつにいたった。

　社会的決定的権力が大量生産工場や株式会社，すなわち企業という形態をとる組織に移行したとするならば，企業が多元的ステークホルダーとの対話と協働を本義とする以上，複層的なルートによる正統化を経なければならない。すなわち，既に述べた，政治，経済，社会といったルートを含む汎人間社会的な課題を視野に入れる必要がある。産業社会における正統性の考え方は，手続き的及び自由の解釈としてマネジメントへの強い継承を窺わせるが，そこには一つの問題点が浮き彫りにされている。企業が多元をダイナミズムに変換可能としうるのはよいとしても，果たして公的世界を創造するまでの正統性の根拠たりうるのかとの問いである。むしろ，企業の中には多種多様な価値観や，利益への貪欲を含む悪徳，時にはイデオロギーもが流入しており，無前提に多元的諸価値が理念の下で共存しうるかとの疑問を排除するのは困難であるように思われるためである。

　ドラッカーの正統性と企業の議論には上記の一連の疑問が生ずるが，その点では，1946年の『企業とは何か』で，巨大化し実質的権力を伴いながらも，

第7章　F・J・シュタール──継続と変革 | *205*

　自らを経済組織としてしか認識しえず，正統性の役割などは受容不能とする見方への批判が示されている[27]。しかし，ドラッカーの目指すところは明らかであって，産業社会の正統性保持についての見解も，企業とは予め十全な正統性が措定されるものではなく，企業固有の機能によって複層的かつ同時的ルートを経た正統性が同時的に獲得されなければならないとする主張である。絶えざる正統性の獲得によって，企業はもはや一組織として利潤追求の経済的機関としてのみ行動することは許されなくなり，企業を正統性ある社会的機関としての確立と承認を求め，社会の主要な理念的機関主体として認知し正当化すべきとする。

　第二次大戦後になされるマネジメントに関する主要な言論では，経営者における権限と責任の微妙かつ複雑な問題についてさらに企業の正統性の原点をなす考察と検討がなされている。すなわち，企業とは政治的・経済的・社会的側面をもつ機関であるために，3要件において並立的に正統性を獲得せねばならないとした主張は既に見たが，ドラッカー自身が企業とは現代社会における中心機関とするのは，同様の複合的観点からの正統性保持に失敗しない限りにおいてであった。

　ただし，上記のモデルに依拠した産業社会における企業にあって，全体主義やイデオロギー的な偏向への側面に対する内省的かつ自己批判的視点がどの程度自覚され，システムとして埋め込まれているかは『産業人の未来』では明確には触れられておらず，『企業とは何か』においても十分に展開されたとは言いがたい。現実に，企業のもつ強大な社会的諸力は，決定的権力ゆえに強権に転化する危険を排除しえず，かかわりをもつ人々に内部や外部を問わず暴力として顕現する危険性を宿していた点はドラッカー自身も強く自覚している。現在においても現に同種の状況の見聞は少ないとは言えない。

　ドラッカーの理解によれば，企業を中心とする継続と変革の原理を具現する組織と生産活動を行う自由の理念を引照点としつつ，不断の実践と吟味を要求されながらも，日々の行為の中で，正統性を体現しつつ創造していく企業が期待されている。その限りにおいて，企業に対する基本的枠組みは，同様のコンテクストからのマネジメントの基本的役割を，自らの基本的機能を果たし，トップマネジメントのみでなく企業を内外から構成する多元的主体の協働によ

206 │ 第Ⅲ部　内的対話と交流

る成果を促すとともに，とりわけそこで働く人々の中に市民性を創出すること
で社会に対する責任を果たすべき要路として理解されている[28]。

　同様の点は，いわゆる伝統的な哲学や形而上学と異なり，アクチュアルな行
為の次元でその形姿を現す性質を保持するが，かといって，ドラッカーにとっ
て現世的な過剰な利益追求や，人間の自由や実存など生の深みへの軽視なども
また承認しうるものではなかった。ドラッカーは，形而上と形而下の二重性に
おける実存的緊張の中で，むしろかかる葛藤の中でこそ責任ある選択をなしう
る個と社会を構想し，その点にコミットメントを促すべくマネジメントの所説
を展開していったのであり，原点をなす実存的緊張あるいは生産的葛藤の探求
は，第二次大戦後におけるマネジメントの言説形成にあって隠された渦流とし
て作用していたであろう。

　上記の課題に加え，正統性，自由，責任等の主要概念は，知識人としての歩
みの原初をなす『F・J・シュタール』に由来するものでもあり，深い次元に
定位した基本認識を示唆している。しかも，その基本的枠組みはヨーロッパに
おける焚書と亡命による火の試練を経て，またアメリカ産業社会における冷徹
な観察と内省を通して鍛え上げられ，マネジメントにおける基底的価値の形成
をも大胆に志向している。知識人としての漂白，さらに視座の一貫性を企図の
上に重ねていくならば，言論人としてのみならず，一人の時代と闘争する思想
家としての像もそこに浮かび上がってこざるをえない。その点を理解するうえ
で，『F・J・シュタール』は基本的枠組みの提示における重要な論点を示して
いる。

[注]
1）*EEM*, p. 22.
2）Bonaparte and Flaherty *eds.* (1970) (B. Freiburg, "The Genesis of Drucker's thought"), p. 17.
3）ブルクハルト（1963），194頁。「イタリアではじめて，このヴェールが風の中に吹き払われる。
　国家及び一般にこの世のあらゆる事物の客観的な考察と処理が目ざめる。さらにそれとならんで主
　観的なものも力いっぱい立ちあがる。人間が精神的な個人となり，自己を個人として認識する。同
　様に，かつてはギリシア人が蛮人にたいして，個性的なアラビア人が種族人間としての他のアジア
　人にたいして，立ちあがった。これには政治的な情況が，もっとも有力に関与していたことは，な
　んなく証明されるであろう」。
4）*AB*, p. 160.
5）ハインリッヒス他（2012），119頁。

第 7 章　Ｆ・Ｊ・シュタール──継続と変革　|　*207*

6 ）ハインリッヒス他（2012），118 頁。
7 ）the Drucker Society of Austria, p. 2.
8 ）the Drucker Society of Austria, p. 2.
9 ）the Drucker Society of Austria, p. 2.
10）the Drucker Society of Austria, p. 3.
11）*EV*, pp. 446–447.
12）*EV*, p. 443.
13）Flaherty (1999), p. 375.
14）ハインリッヒス他（2012），86 頁。
15）ハインリッヒス他（2012），87 頁。
16）ハインリッヒス他（2012），93 頁。
17）ハインリッヒス他（2012），102 頁。
18）*FJS*, p. 9.
19）ハインリッヒス他（2012），105 頁。
20）ハインリッヒス他（2012），111 頁。
21）*FJS*, p. 4.
22）マンハイム（1997），66–67 頁。
23）*EEM*, chap. 4.
24）*FIM*, p. 26.
25）*FIM*, p. 35.
26）*FIM*, p. 60.
27）*CC*, p. 129.
28）*MTRP*, p. 304.

第8章

E・バーク——正統性と保守主義

第1節　時代状況と保守主義

　E・バーク（Edmund Burke）の『フランス革命の省察』は近代保守主義の金字塔とも見なされるが，同書はドラッカーがギムナジウム卒業後の1927年にハンブルグで出合った後，言論上の歩みを決定づけるいくつかの書物の一つでもあったのは周知の事実である。ハンブルグ時代に図書館で耽読した『フランス革命の省察』が保守主義者としての自己形成の基底的要因に触れており，F・テニエス『ゲマインシャフトとゲゼルシャフト』，S・キルケゴール『おそれとおののき』とともに，生涯にわたって観察と思考枠組みの深部に準位する著作たりえたと認めている。

　とりわけ，政治社会の観察者として歩みをスタートしたドラッカーにとって，同書は，フランクフルトにおけるジャーナリスト兼学究として，あるいはロンドンを経てアメリカ産業社会にいたっての鑑をなす書として受けとめられた感さえあった。バーク流の保守主義は，時代観察においていち早く採用された参照枠組みでもあり，『経済人の終わり』『産業人の未来』における固有の視座として取り入れられたばかりではなく，第二次大戦を経て企業等の組織の考察に足場を移す中でも，ある面で保守主義的政治分析を継続してもいる。すなわち，観察対象の変遷はあれど，戦前・戦中の政治学者が転換期にあって経営学者に転向したことを意味せず，『現代の経営』『マネジメント』等数多くのマネジメントに伴う言論とても保守主義を基軸とする一貫した視座のもとに企図された点は強調に値する。

　むしろ戦後における時代状況の激変が，戦前・戦中まで背後に沈潜した保守主義の輪郭を明瞭に浮かび上がらせ，第二次大戦後マネジメントへの明確な連

続を可能としている。同様の観点に立つならば，2つの大戦及びファシズム体制の観察が，自らの足で立ち応答することを余儀なくせしめており，時代の推移にも対応しうる一貫した現在位置を知らせる案内板としてバークが引照点とされている事実を看取可能であろう。歴史的意味と今日的機能の双方において，バークによる保守主義はドラッカーの言説形成において広汎に共有されているばかりか，若き観察者としての社会的・政治的責任の自覚と応答における主たる契機ともなっている。

　同様の根拠としては，〈初期〉の著作『経済人の終わり』『産業人の未来』『企業とは何か』において，バークが折に触れて参照され高い評価が与えられるのを見うるし，あるいはむしろ，バークは著作で最も注意深く言及される思想家の一人とさえ言いうる。特に社会の成立及び保守主義的アプローチ（conservative approach）の一般概念について論じられる際にその傾向は顕著である。いずれも依拠する視軸の所在を示唆する著作であって，観察上の基本枠組みに深く定位しているのは明らかである。わけても，「『フランス革命の省察』はマルクスの『共産党宣言』に対比させて『保守主義の宣言』とも呼ばれるものだったといわねばならない」とも評されるように[1]，保守陣営内のみならず，急進主義勢力に対しても強力な作用を及ぼした事実が知られている。

　ドラッカーはヨーロッパ時代ナチス席巻の異常性を考究する際に，改めてバークの視座を歴史から呼び出しており，民衆や社会の側に由来して構成される諸力を枢要ととらえる点においてその影響は顕著である。かくして社会的諸力からドイツの政治的危機を照射し，一元的な上からの権力によって圧殺するナチズム国家の実態を浮かび上がらせようとしている。ドラッカーの理解するところによれば，ナチズム体制にあっては，人と社会のもつ理念や諸力はことごとく精神，目的，機能において唯一の政党に覆い尽くされていただけでなく，歴史的に社会で育まれた自治的組織の多くは事実上生存を許されなくなった。労働組合，教会，企業等社会の側からの意思を代弁すべき組織は，分断化されナチス権力に臣従していった。同様の状況下で，バークを参照しつつ，自らが保守主義者の系譜に属する言論人である事実を言明している。まずドラッカーによるバークの保守主義理解のいくつかの特徴について見ておきたい。

　『産業人の未来』において，近代保守主義の位相に注目するとともに，フラ

ンス革命の観察を通じて，既存の価値体系の維持発展をもって急進的動乱に対峙しえた思想家としてバークを認識している。両者の時代観察を見る限り，フランス革命，国家社会主義革命は，社会的権力の無視と破壊において共通の運動法則のもとに観察されている。同様の点は，政治的意図をもって関与した影響関係の様態について，ドラッカー自身記した知的原点として「社会生態学者の回想」においても確証しうるものがあり[2]，ドイツ時代に積極的な表現活動を行ったドラッカーにとって，シュタールに並びうる政治教育者としての役割を理論的に担いえた思想家の一人がバークであった事実が窺い知られよう。あるいは，『フランス革命の省察』にある保守主義的な精神や美的文物の擁護を志す心性にあってもバークの影響を認めうる。保守主義者としてのドラッカーの政治観は，ヴァイマールからナチス体制の中で規定され，その中で急進的な変革からの砦となりうる現代的思想家としてバークがとらえられている。既に述べたように，急進的動乱に対峙する姿勢として対蹠的なのがJ・J・ルソーについての記述であるが，ドラッカーによれば，ルソーの政治観が国家の最重要の位相にあって理性を至上とする進歩主義に基づくのに対して，バークにあっての保守主義は人間社会にかかわる歴史的理念ととらえられている[3]。

　あらゆる全体主義が，それぞれの時代の進歩主義から発している。ルソーからヒトラーまでは，真っ直ぐに系譜を追うことができる。その線上には，ロベスピエール，マルクス，スターリンがいる。彼らのすべてが，それぞれの時代の理性を万能とする理性主義の失敗から生まれた。彼らはみな，理性主義のエッセンスを継承した。そして，理性主義に内在する全体主義的要素を，革命的専制における剥き出しの全体主義へと転換した。啓蒙思想とフランス革命は，自由のルーツどころか，今日の世界をおびやかす全体主義の淵源である。

　上記引用は本書で既に用いた表現によれば，極端な理性主義の破壊的な側面，すなわちドラッカーの指摘するところの過激なリベラルの系譜であり，ルソーからヒトラーを一つのルートでとらえ，急進的動乱を許容する暴威と欺瞞の発露をも見出されている。『産業人の未来』では，ナチズムをルソーの破壊

的急進主義の同一系譜上にとらえ，他方でバーク流の叡智や美意識による調和を志向する人文主義的な政治観が前面に押し出されている。政治思想の役割と政治的実践の理念の範を既にバークに見出した内面的事実をそこに読み取りうるであろう。さらには，暗い時代のドイツにあって，自由にして機能する社会の再建における鑑としてのバークに視座を重ね合わせ，ジャーナリスト兼学究としての立場を責任あるものとすべく積極的参与の規範体系とも理解している。

かくしてナチズムを極端な急進主義として峻拒し，バーク流保守主義をもって調和の理念を模索しているが，その点では個を高次の社会的理念に統合する存在として，ハンブルク時代の読書の賜たるテニエスの『ゲマインシャフトとゲゼルシャフト』を規矩とした社会の原理を見出しつつ，新たな政治的探索を行ってもいる。次に，対立軸となるいくつかの要因を引証しつつ，アメリカ産業社会への応答の書『産業人の未来』を手がかりに，バークを範とした保守主義の展開とマネジメントに与えた基底的認識の所在を確認していくことにしたい。

保守主義は，自由や平等など他の政治的概念とともに，多義的であり曖昧でさえある。その多義性は衆目の一致するところであり，保守主義の淵源は古く，人間本性の一部をなす性向として変化を嫌い現状維持を志向する人間の原初的心性と半ば同義でもある。とりわけ，新奇さが技術や制度，精神的風潮，言語などを通して急速に日常生活に浸透しつつあるときなどは一層その点は当てはまる。かかる自然的性向は未知なるものへの警戒感ゆえに，論証以上に経験を重視する大衆信条としてあり続け，同様の点を受けて，保守主義は「ナイル河のように，一つの湖，しかも広大で果てしない広さをもった湖から発しているのであって，その境界はだれも見極めることができない」とも指摘されるように[4]，多様な源流をもち，かつ様相は複雑であり，簡明な説明は困難なものとなる。

保守主義は同様の歴史的経緯を通じて，半ば不可避的に変化への消極性という基本的特徴を帯びるものと見られるが，他方で近代思想としての保守主義を検討する場合，同種の自然的性向を深部において定位しながらも，一方で一定の形態的特徴として理解可能な価値内容をも合わせもつ。保守主義は本来，

212 | 第Ⅲ部 内的対話と交流

人間理性により措定された原理が現実を認識・評価する近代合理主義とは反対に，原理が現実と同レヴェルで直接的に作用し合う面があり，さらに人間理性及び急進的変革，すなわち青写真と万能薬については総じて懐疑的ともいえる。

さらに保守主義の社会への視座はとりわけ止目すべき点であり，程度に差はあれ自己調整能力や自律性など，社会に内在する力を相対的に信頼しようとする。社会を歴史的にしかるべき意味付け，権威付けを経た生命体，ドラッカーの術語に従うならば社会を生態と見なし，したがって，歴史を尊重し，現存素材（制度，慣習，価値体系等）をもって変革の手段とする最高方針を保持する。したがって，社会生態の中で半ば自然に形成されてきた秩序や権威への信頼もまた内包され，バークをはじめとする保守主義者たちが社会の自律性を代弁し，担い手たる指導階層や，時代の風雪に耐えた慣習，偏見を重視するのも，保守主義の本来もつ歴史的産物としての社会像を捨象して解釈しえない。だが，後に述べるように，近代保守主義は一切の変革に対する本能的消極性や全面的否定に被縛されるのでなく，継続や保存の必要を承認したうえで，現実を起点とした漸進主義的な変革アプローチを志向する側面をも合わせもつ。

保守主義における価値内容は，バークにおいてそうであったように，現実的な破壊や暴威などの社会に対する危機，すなわち社会的価値体系の圧殺や転覆，他の一元的原理への置き換えなどの革命をもって，反発や異議申し立ての形態によってその形姿を示現していった点も注目に値する。整理するならば，近代保守主義とは人間本来の性向と深く通底しつつも，同時に自覚と内省，自律を獲得しており，展開にあたっては，一定の歴史的・社会的危機の契機を必要とし，したがって，近代保守主義を構成する要件として，伝統主義，理性主義への懐疑を伴うとも理解可能であろう。

他方で第二次大戦及びファシズム体制が，多くの戦後思想の出発点となったのに贅言を要しないが，『産業人の未来』で採用された保守主義的アプローチは，戦後における産業社会構想の起点を雄弁に物語ってもいる。というのも，産業社会の原理による社会の成立にかかわる条件が，戦争とファシズム体制を契機として，隠された諸相を露呈したためであって，筆者の理解するところによれば，国家社会主義革命の結果として剥奪された自由にして機能する社会を擁護し再び回復していく知的営為は，ドラッカーの〈初期〉をなす保守主義的

政治言説そのものであるとも指摘しうる。第二次大戦後のマネジメントの言説もまた，危機への異議申し立ての中で養われた水源上に繁茂する森に類似した知的体系と見なしうるであろう。

ドラッカーにおける意図の一端は，同書副題「保守主義的アプローチ」（*conservative approach*）の明記からも看取可能である。自由と保守主義との結合を基本とした主張はまさしくその点に表出されている[5]。

　　人間は，生物的存在として呼吸する空気を必要とするように，社会的，政治的存在として機能する社会を必要とする。しかし，社会を必要とするということは，必ずしも社会を手にしているということを意味するわけではない。難破船の中でパニック状態に陥っている人びとの集団を社会とは呼ばない。

上記には保守主義が強い関心を寄せる社会観が比較的明瞭に表現されている。そもそもドラッカーの理解によれば，いかなる社会も，継続と変革という異なる合理における緊張関係の中で固有の姿形を獲得していくとの宿命を帯びており，その点はあらゆる生命体においても妥当する要路を供するであろう。ドラッカーの関心の所在は，生命体としての秩序を伴う自律的社会にあり，保守主義による本来的要請からも呼吸に比しうる自己調整能力をもつ。その関心は歴史的な是認を経た信頼に足る社会と同時に，ヨーロッパの伝統的価値としての自由の理念を付与しうる社会に向けられざるをえない。

　他方で，フランス革命は，同様の課題の前に挫折を余儀なくされ，ジャコバン派の革命独裁は，結局のところ，テロルの連鎖と伝統の破壊を生み出したが，バークの攻撃の要点はかかる生命体としての要求を拒否する社会への異議申し立てにあった。バークがフランス革命に一貫して反対の立場をとり続けた点はつとに知られる事実である。バークにとっての社会とは，宗教的権威の信託を経て自律的調整能力を伴い，信頼すべきものは，歴史的経験を経ることなき理性に基づく急進主義にではなく，しかるべき年月をかけ是認を経た叡智に存すると理解されている。バークによれば，社会の内包する叡智とは支配階層における慣習や偏見に表れるとされ，叡智を象徴する階層が社会の正統性を創

出する源とも理解されている。しかし，フランス革命の指導原理は，極度の急進性と理性偏重により，社会に本来備わる自己調整能力や自律性を破壊するとして，伝統による叡智を一掃し，確実なモデルをもたない，破壊のための破壊として了解される。さらに，同種の革命の原理が他国に輸出されれば，全ヨーロッパの価値体系と社会秩序が根底から破壊されるとの深刻な危機意識も合わせて看取しうる。

　上記よりドラッカーとバークにおける観察と応答に共約可能な点があるとすれば，生態としての社会の保存がまず指摘されるべきであろう。両者における危機は，急激な社会革命が個から隔絶した巨大な外力として立ちはだかり，社会秩序の源泉をなす価値体系や自律性を損なう点に見出されている。ドラッカーによる言論人あるいは観察者としての歩みの始まりには，人と社会への関心があった点は周知のとおりであるが，視程はどこまでも社会のもつ叡智や理念などの諸力の枠内に置かれている。かくして理性主義による革命を排し，生態としての社会を損なうことなく維持・展開するうえでバークの所説に依拠して立論がなされた点は首肯しえよう。

第2節　危機への観察と応答

　バーク流の保守主義が歴史上現実の危機を契機として立ち現れる傾向をもつのは先に指摘したとおりであるが，社会が担う現実的要請から離れて保守主義が自らを示現しえない点は，それ自体生命体と見なされている最も明徴な証左であろう。その点で，ドラッカーの保守主義の形成と発展を見ていくにあたり気づかされるのは，20世紀初頭のイデオロギーによる社会の破壊に伴う危機への認識が，いかなるときも背後に伏在する点である。ならば，同種の危機に対し示された異議申し立てにおける諸相を見ていくことで，意図の所在も並行的に姿を現していくはずである。バークの保守主義はヨーロッパの急激な社会改革の精神と踵を接する一連の運動のうちに見出されるが，ドラッカーにあってもまた言説上の理路を明らかにしていくにあたり，同様の視点に立つことが求められる。第二次大戦によって解体しつつあるヨーロッパ秩序の回復を試み

るとともに，他方でマルクス主義や全体主義に抗して押し出された政治的応答とも理念的基底をともにすると見られる。同様の観点に立つとき，政治的混乱期における解消不能な対立関係の多くは，『フランス革命の省察』の時代のバークに引きつけて理解されているのを見る。バークが政治的保守主義の立場をとり，世界を合目的的な生態ととらえる点でドラッカーの視程と乖離なきかに見える。

　ドラッカーの理解するところによれば，保守主義とは人間社会を観察対象の最高位に置き，理想を一挙に実現したり，青写真を描く立場にくみせず，むしろ現存素材を最大限活用しつつ，漸進的に理想に向かって進もうとする。それは，社会の保全と発展を担う責任を伴う改善と創造のアプローチであり，漸進主義的で穏健な立場をとる反面で，社会の根本変革を志向する一元的運動に対しては断固たる反対の立場をとるのは既に見たとおりである。

　バークをはじめとする保守主義者たちにとって，フランス革命は歴史上異質な社会革命であって，報を耳にした当初から政治社会への致命的打撃を予期し，瞬時にして激しい批判者となっている。数年後に早くも出版を見た『フランス革命の省察』は，1790年以降，支配階級のみならず大衆全般に高度の説得力をもち，ヨーロッパの政治文献における最も影響力のある著作の一つとしての位置付けを得ている。『フランス革命の省察』の主題の一つは，習俗や慣習，道徳といったものに社会的叡智の伏在を見出し，その立場からヨーロッパ的価値の弁護を試みる点にあった。実際に革命はフランスのみならず，イギリスにおいても強力な勢いをもって伝播しており，かかる危機状況の拡散がバークの政治的発言の原動力をなしている。フランス革命は既に個別国の問題を遥かに超越し，既にヨーロッパ世界全般の動乱を意味し，無秩序と混乱をもたらすのは時間の問題とさえされた[6]。

　　あらゆる状況を勘案して，現在のフランス革命は，これまで世界で起った最も驚くべき事件に他ならない。最も奇々怪々な出来事は，往々にして最も馬鹿げた滑稽千万な手段により，最も笑うべき流儀で，しかも一見最も軽蔑すべき徒輩の手で引き起される。この軽薄と粗暴の，そして，各種の無数の犯罪が各種の無数の愚行とごった混ぜになったこの奇怪極まる混沌の中で

216 | 第Ⅲ部　内的対話と交流

は，万事が常軌を逸して見える。

　上記に見るように，バークにとってのフランス革命は，ヨーロッパを支えた伝統的な社会の構成原理を転覆させる常軌を逸した事件であって，彼の理想とする社会への深刻な宣戦布告でもあった。フランス革命における極端な理性主義，自由・平等の新秩序に対し，バークはただちに反撃の必要に迫られている。バークの理解するところによれば，伝統的価値としての騎士道精神の支配する社会が理想であり，ヨーロッパの宗教的価値や総じて叡智と呼ばれるものが中核として機能することで，道徳と秩序が創出され，社会の調和ある発展は可能となる[7]。

　バークの理解に従うならば，叡智にはいくつかの特性を見うる。まずもってそれらは社会の不断の努力よる美意識を伴う習慣に一体化され，人間社会の哲学・倫理を社会の慣習などに内在する。というのも，過去の制度や文物はいずれも慣習等から長い時間をかけて生み出され，漸進的に生成発展してきた性格をもつ。そのために制度的文物，あるいは慣習法などは美意識や叡智の具現とされ，人間社会における受容可能な合理の源，すなわち正統性を供する。同様の点などは，ドラッカーが社会生態学と呼び，自然生態との類比で社会が語られた事実を彷彿とさせるであろう。あるいは，既述のごとく，ドラッカーが本来慣習や伝統の中に叡智を見出し，多元社会の中で制度的な文物に倫理や美を見出した点にも通じるであろう。バークは次のように叙述している[8]。

　　この信念と感情の混合した体系は，古代の騎士道にその淵源を有する。この原理は，たとえその現象が人間世界の変化する状況の中で様々に変ったとはいえ，何世代もの長い継承の過程で，われわれの生きる現在にいたるまで継続的な感化を及ぼし続けてきた。万一にも完全に消滅するならば，その損失は計り知れない。近代ヨーロッパにその特徴を与えてきたものは，他ならぬこの精神なのである。

　上記の騎士道精神に見る理念的人間像の見定めは，『産業人の未来』における代表的人間像の中にも色濃く表れている。ドラッカーはドイツ社会にあっ

て，マルクス主義とナチズムのイデオロギーを拒否し，かえって異議申し立て
の試みから社会秩序を脅かす危機を認識しているが，それというのもそれらが
社会秩序にとって必要な自由と正統性を体現した中間階級を創造しなかったた
めでもあった。中間階級は経済的に自由なだけでなく，理念を体現するととも
に，道徳や公的責任などにおいて時代の指導層を輩出する力をもつとともに，
政治的にも社会全体を代表すべき階層と目された。

　他方で，バークにあっては既に見たように，社会の中心的人間像として貴族
制を念頭に置きながらも，狭義の世襲貴族のみの護持を考えたわけではなかっ
た。貴族とは階級であるとともに社会秩序の維持・発展における理念の担い
手でもあり，バークは社会制度に伴う美徳と叡智とを備えた存在を自然の貴族
（natural aristocracy）として包括的にとらえており，社会的価値体系におけ
る秩序の観点から理念的諸原理がそこに据えられている[9]。政治や伝統が意
味をもつのも，社会全般の秩序を保全する範囲においてであり，秩序付けられ
た各階級がそれぞれの義務と責任を負う限りにおいてであった。

　バークは上記の政治ヴィジョンに基づいて権力のあり方をとらえている。近
代的な政治経済学の立場からするならば，その政治観は比較的なじみのない響
きを多く含んでいる。そして，おそらくそれはドラッカーのマネジメントに通
底する特徴としても指摘可能であろう。一つは政治社会のもつ自然発生的性格
についての認識があり，ドラッカーの言う社会生態学的理解によるならば，あ
らゆるものがあらゆるものに関係をもつとする複雑系に類似する相関関係論に
おいて理解されている点がある。政治的権力について顕著なように，それは人
や歴史，集団などの時間観念のなかでとらえられているのであり，すなわち，
近代合理主義にあって優勢な権力の実体論的理解を拒否し，人と歴史という縦
の関係における生成と作用として理解されている。

　同様の所説はフランス革命や国家社会主義革命のような生命体としての自律
性を破壊する支配的権力への対抗的意図のもとに認識されている。かかる対抗
的な視点は，近代保守主義に見られる政治的立場の左右と無関係に，一致した
特徴であり，同様の視点はドラッカーにおけるマネジメントの依拠する思想的
底流をもなしている。

第3節　産業社会への視座——保守＝変革の原理

　1930年代終わりから40年代の初めは第2作『産業人の未来』の執筆時期にあたる。同書では産業社会への支持的要因の保守主義的闡明が著作を一貫する一般命題として語られている。産業を中心とする社会の中心的な機関を見極め，企業を産業社会の代表的機関と見なす点で，ドラッカーによる言説の中核が提示されている。では，ドラッカーは保守主義の観点から産業社会をどう把握したのか。

　ドラッカーの理解によれば，企業とは産業社会において正統性を保持する機関として期待されるが，企業に内在する固有の機能からすれば，社会に対して能動的かつ多元的に働きかける創造性をも包含せざるをえない。というのも，ドラッカーが提起する産業人（industrial man）と呼ぶ人間像は，経済的所有にではなく，組織的協働による成果によって規定され，組織と知識をもって体系的に価値を生み出していく新たな中間階級を指している[10]。

　　社会と社会的機関がどこまで約束と信条を実現しているかを見ていくにあたっては，いかなる社会といえども，その価値とするものの実現を無視しては存続しえないとの認識が必要である。同時に，望みうるものは部分的な成功であって，望むべきものも部分的な成功であるとの認識が必要である。バークを引用するならば，社会は完全でないというだけで転覆させるわけにはいかない。その前に，よりよい仕事をなしうる社会なり社会的機関を提示しなければならない。

　バークによる正統性は上層に位置する貴族階級によって保持されていたが，ドラッカーの理解によれば，産業社会にあっての正統性は変転きわまりなき多元的活動，すなわち顧客を中核とする社会に発する水平的要請に取って代わられざるをえない。なぜなら，産業社会とは野中も指摘するように[11]，企業と顧客による共創の場とも解釈可能であり，多元と創発を枢要な原理とせざるを

えない社会であるためである。同様の社会にあっては，顧客等のステークホルダー志向たらざるをえず，その分多元性と複雑性は回避すべからざる前提条件となる。ドラッカーの目に映る企業とは，経済的成果を期待されるのみでなく，顧客創造を通して社会一般の価値や信条を実現し，同時に社会を構成する人々に地位と機能を介して合理を付与する機関であり，さらに社会変動を自ら主体的に創出する機関としても見出されている。その点にドラッカーの変革の原理としての保守主義を看取しうるであろう。

　では，ドラッカーとの比較において，バークの保守主義における変革はどう考えうるか。既に述べたように，バークはフランス革命という厳然たる事実と激しく切り結びつつ，ヨーロッパに根付く伝統や美徳の保全を高く評価している。しかし，近代保守主義はあらゆる保存を志向するものではなく，『フランス革命の省察』において既に意識的な変革の原理もまた看取可能であって，それはドラッカーの評価する「真の保守主義は，現実については，真の革命主義につねに同意する」とする変革の原理としての保守主義にほかならない[12]。『フランス革命の省察』で随所に見られるように，バーク自身が政治家として改革者を自認したのも一つの証左であろう[13]。

　　われわれの政治体制は，（略）全体が或る特定時期にまるまる老年もしくは壮年，あるいは幼年ではありえず，不変な恒常性の条件下で一様に衰微，消滅，再生，前進なる多種多彩な過程を通じて豊かな様相を呈しつつ運行する。

　バークの理解によれば，社会のもつ流転の性格を踏まえ，変革が必要とされる時は急速になされるべきであり，変化を余儀なくされる世界にあって，時宜に適う賢明な政治判断を下すことが，優れた政府の条件であった。さらには，保守主義の前提には，必要な変革は慎重かつ漸進的であらねばならないとし，同時に変革によって生ずる弊害をも考慮に入れるべきとする。

　しかしながら，保守主義的見解によるならば，不完全な人間としては，依拠すべきは未来ではなく，現在と過去であり，ドラッカーの語彙によれば，既に起こった未来，すなわち，現存する事象や素材を観察し利用する点を最高方針

220 | 第Ⅲ部　内的対話と交流

とせざるをえない。その点バークは，「どのような人間も従来まで何世代にわたって社会公共の使途にみるべき程度に応えてきた建築物を取り壊して，眼前の確実な実益の模型や手本なしにこれを再建しようとする企てには，限りなく慎重であるべき」とし[14]，保守＝変革の原理と呼びうる保守主義的アプローチの枢要な一部としている。理想の社会制度を新たに建設する無謀を冒すことなく，むしろ伝統や慣習をも包含する現存の利益や価値を守り，随時現実の文脈を引証しつつ有用性を保持する要因を未来に残す手法がそこでは追求される。

　そもそも保守主義には人間能力の不完全性が前提とされ，かつ人間は完全な制度を発明しえないとの立場を内包し，まずもって既に手にした，今ここにある習熟し手になじんだ道具の利用を優先させる。フランス革命勃発時において，新たな階級支配を排除し，旧来の貴族制を擁護したのは端的な表れであって，バークの理解によれば，政治家の役割は，政治の普遍的原理の探究にあるのではなく，完全ならざる過去の中で，何をよき未来のために保存・延長しうるかの決定にあった。

　一例として，バークは長期の継続によって獲得された時効（prescription）を重視している[15]。時効とは長期の時間の経過のみで満たされるものではなく，風雪に耐えた長さよりも効用にかかっており，制度の妥当性は効果による検証を要し，ドラッカーもまたかかる変革の志向性を認識し，『産業人の未来』では「変革の原理としての保守主義」を次のように説明している[16]。

　　これは伝統の神聖などとは関係がない。バーク自身，役に立たなくなった伝統や前例は容赦なく切り捨てていた。時効とは，人間の不完全さに対処するための政治的な方法である。それはたんに，人間は，未来を予見することはできないとするだけである。人間は，自らの未来を知りえない。人間が理解することができるのは，年月をかけた今日ここにある現実の社会だけである。従って人間は，理想の社会ではなく，現実の社会と政治を，自らの社会的，政治的行動の基盤としなければならない。

　上記の見解は，バークの保守＝変革の原理における歴史や伝統，道徳への畏

第8章　E・バーク——正統性と保守主義 | *221*

敬と信頼を雄勁に表現している。しかも，現在効用を有する限りにおいてとの前提条件付きであり，過去と現在という理性や五感をもって確認済みの素材を灯火とし，未来を照射しようとする保守主義者としての確かな視座をそこに読みとりうるであろう。価値体系の攪乱を伴わない範囲における変革と，現存社会の調和と秩序に第一優先の位置を与える思想が近代保守主義の背景に横たわるのを同様の点に看取しうる。

　ところで，両者において保守主義の観察と応答を比較した場合，社会観において共約的基盤をもちつつも，あらゆる局面においてただちに各時代的コンテクストに適用可能かと言えばさほど単純ではない。その点では，バークの主張がフランス革命という社会秩序の破壊に際会し，過去の道徳を象徴する広義の貴族階級を擁護しえた事実とアプローチにあっていささか異なるものとならざるをえない。バークにおいてフランス革命が問題となりえたのも，運動形態や政治権力が極端な理性主義を思想と行動の原理とした点や，社会の積極的保全への志向を無視した点に論争の機軸が見出されたためであった。

　さらには，政治社会が過激な近代精神の刻印を帯びたために凶暴な魔物として立ち現れ，かつその影響が保守主義の故国たるイギリスにも波及しつつあった事実を起点ともしていた。バークが社会秩序や階級の課題を検討し強調したのも上記の点に依拠していたが，『フランス革命の省察』で展開される徹底した攻撃姿勢は，革命とバークの思想の間にいかに致命的乖離があったかを示している。

　ただし，バークの場合，伝統的道徳の保全，既存の階級による正統化をもってフランス革命という急進的動乱に立ち向かいえたのも一面において事実である。あるいは前章で見たシュタールもまた教会や君主制を社会における堡塁として用いており，既存のヨーロッパ的諸価値に基づく信条や制度を全面的に武器庫における武器として使用可能であったバークやシュタールの時代にあっては，フランス革命に際会し，新たな価値観を創出する視座は希薄でありその必然性にも乏しかったのは否定しえない。かかる保守＝変革の原理は，古き制度への畏敬の念に支えられ，原理は創造されるものではなく，歴史や伝統に見出されている。

　他方，ドラッカーが直面した産業社会への保守主義的アプローチは微妙に異

なる。その点は，「アダム・スミスでさえ，産業生産を論じながら，軽侮していた。いかなる意味も，将来性も認めなかった。19世紀，イギリスの自由社会の父ともいうべきバークも，社会や経済についての著述において，ほとんど一度も産業生産に言及しなかった」との評言に象徴される[17]。というのも，19世紀以前の思想家にとって，産業生産は新たに出現した生産形態の経済的意味しか見出しえなかった。

バークにとっても，急進主義者たちに抗しうるだけの人間像と社会的機関を追求する志向性は保持しつつも，伝統的価値や慣習によって効用が検証された貴族制や憲法，議会等に見出されたのであって，それらをもって国家の理念と価値観を包摂する生命体としての社会を保存しうると想定されている。バークは保存と補正の原理と呼ぶが[18]，新たな価値や意味を既存の制度に再発見し，実際の時代的文脈に適応したものの，将来を視野に据えた具体的な制度を構想し創造することはなかった。

同様の点では，バーク自身は『フランス革命の省察』においてもイギリス憲法の擁護に紙幅を割くように，政治的次元における社会制度の保持に主たる関心を置いている。同書が次のような文言で締め括られるのも上記の精神を表現する[19]。

　　私は，われわれの幸福な状態がわれわれの憲法に由来すると確信するが，それは，これの単一な特定部分ではなくてその全体に，つまり，われわれが変更もしくは追加してきた要素と並んで，われわれの何度かの点検と変革の際にもあえてそのまま保存してきた要素に大部分由来している。（略）私は変更を必ずしも排除しない。だが，変更を加える場合にも，それは保存のために行われるべきである。

一方でドラッカーにおいて，視座の一貫性は保持されながらも，バークを背後の灯火として見た，ナチズム社会からアメリカ産業社会にいたる暗闇に浮かび上がる像にいくぶんの隔たりの存するのは自明である。ドラッカーにあっては，根本関心が経済人的自由という近代社会の原理がもはや正統性を創出しえない点に置かれており，フランス革命という近代を象徴する歴史的事件を視野

第8章　E・バーク——正統性と保守主義 | *223*

に収めその最盛を目にしてバークが論を展開したとするならば，ドラッカーは
ファシズム体制という近代合理主義の終焉を目にしたうえで議論を展開したと
もとらえうる。そのため，ともに理性主義による社会生態の致命的破壊を視野
に収めつつもアプローチは自ずと異なるものたらざるをえないのは自然の理路
と解しえよう。ドラッカーの理解によるならば，国家社会主義革命という魔物
を目にしつつも，近代精神の終わりに位置するナチス体制にあって過去の価値
体系の全面的復活は既に望みえなくなっていた。

　1937年以後，ドラッカーは産業社会への理念的ルートを供しうる機関及び
人間観の創出をも観察と応答上の課題とし，正統性保持の手段を新たな大衆の
信条や理念とともに担いうる組織探索に着手している。一つの現れが社会的機
関としての企業であったが，マネジメントにかかる一連の議論は，組織を媒介
とし新たな正統性に基づく社会への応答プロセスにあるばかりか，社会のみな
らず個の内面的自由と尊厳を復活させる試みでもあった。マネジメントは，社
会における個の自由，市民性の創造及び社会の信条，理念による正統性の維
持・発展と不即不離の関係にある。

　まさにその点において企業を政治社会的秩序の中枢に秩序付け，同時に社会
的・理念的正統性の創出機関とする点がドラッカーにおけるマネジメントのグ
ランドデザインをなし，かつ隠された戦略目標でもあった。その視程をとる
ならば，マネジメントは，自由にして機能する社会を保守主義的アプローチに
よって回復する一つの系譜を形成する支流，しかも巨大な支流にほかならな
い。ファシズム体制のどの部分にも真に信頼に足る主体を見出しえず，かえっ
て能動的であろうとするほどに，臣従の度合いが高まるなかで念頭に置かれた
のは，大衆を政治的に操作する少数者でも知識人でもなく，むしろ社会の中心
機関としての企業に従事する人々，すなわち産業人における市民性の創出に
あった[20]。

　マディソン，ジェファソン，ハミルトン，そしてイギリスのバークのいず
れもが，いかなる権力の基盤といえども，これに対抗する権力の基盤によっ
て牽制され，影響を受け，制限されないかぎり，絶対主義すなわち圧政の基
盤となるとの考えに立っていた。かつてのような憲法による保護だけでは不

224 | 第Ⅲ部　内的対話と交流

十分である。憲法などいつでも放棄される。一元的な権力の基盤は絶対主義的権力をもたらす。絶対的であるということは完全であることを意味する。ということになれば，もはや自由は不可能となる。

　ドラッカーはアメリカの伝統的価値観に，民主主義的多元論や進取の精神を見出し，伝統的なヨーロッパ精神とアメリカ的な実用主義を結び合わせうる契機を探索し，社会の中心機関たる企業にねらいを定め，両者を深層部で結ぶアメリカの自由主義精神の中に，ヨーロッパ再生の可能性を見出してもいる。バーク等の政治原理に規定されながらも，躍動する保守主義のイメージは現実的な応答については高度のリアリティをもってアメリカの自由社会に大胆な錨を投じている。かかる視程においてアメリカ産業社会は基本的なバークのカテゴリーに帰属しつつも，同時に保守主義的アプローチは，多元的かつ創造的な機縁を大きくはらむものとならざるをえない。その一つの表現として，ドラッカーは企業のみを最高の産業社会における組織と見るのではなく，むしろ組織を動態的かつオルタナティヴに理解する点を合わせて提起し，やがて NPO や教会，病院などもまた社会のプロモーターとして多元的な社会の形成動因としてとらえるにいたる。

　同様の観点に立ち，産業社会における中心機関を十全に自由かつ機能せしめる一つの試みとしてマネジメントが提起されたものとするならば，産業社会から知識社会にいたる多元化に伴う発展可能性が，そのままマネジメントの未完の体系性との関連で理解しうるはずである。産業社会を閉じた体系としてではなく，知識社会の展開とともに開放の度合いの高まっていく社会生態としてとらえたドラッカーのマネジメント上の視座にも，かくして保守主義的遠景を見出しうるであろう。

[注]
1）小松（1961），211 頁。
2）*EV*, p. 450.
3）*FIM*, p. 137.
4）セシル（1979），17 頁。
5）*FIM*, p. 26.
6）バーク（2000a）（上），25 頁。

第8章　E・バーク——正統性と保守主義　│　*225*

7 ）バーク（2000a）（上），169 頁。

8 ）バーク（2000a）（上），141 頁。

9 ）バーク（2000b），662–663 頁。

10）*CC*, p. 136.

11）三浦・井坂編著（2014）（野中郁次郎「リベラル・アーツとしてのマネジメント」），220 頁。

12）*FIM*, p. 181.

13）バーク（2000a）（上），66 頁。

14）バーク（2000a）（上），114 頁。

15）バーク（2000a）（下），35 頁。

16）*FIM*, p. 184.

17）*FIM*, p. 56.

18）バーク（2000）（上），45–46 頁。

19）バーク（2000）（下），199 頁。

20）*FIM*, p. 134.

第9章

W・ラーテナウ——挫折した産業人

第1節　ラーテナウとその時代

　K・ヤスパース（Karl Jaspers）は第一次大戦後の時代状況において，政治経済等の領域において領導的役割を果たし，巨大組織における中枢をなす高度な専門知識と技術を発揮した人物として，W・ラーテナウ（Walther Rathenau）を最も注目された世界の鑑とし，O・シュペングラー（Oswald Spengler）の『西洋の没落』（*Der Untergang des Abendlandes*, 1918）とともに，『時代批判のために』（*Zur Kritik der Zeit*, 1912）を主要文献として挙げる[1]。ドラッカーをはじめとする後世の人々がラーテナウに注目せざるをえなかったのも，時代をありのままに反映する象徴，ヤスパースの表現を借りれば，鑑となりえた言動の特性にあったであろう。世の評価は少なくともラーテナウが活躍した当時にあってさえ，激しい揺れを垣間見させたが，他方，ドラッカーは産業を中心とする社会への一つの道筋として，責任ある産業人の範型を示唆した人物としてラーテナウを評価している。

　既に指摘したように，ドラッカーが政治社会に多大の関心を寄せる契機として，ドイツ時代にくぐり抜けた大衆の絶望とナチズムの暴威があり，その点は改めて十分に考慮すべき事柄となる。ドラッカーの理解するところによれば，大衆の絶望とは，帰結としては全体主義的暴威への臣従を伴うものの，時代を構成する個の実存にふさわしい自由の理念を社会が供しえなかった点に根因が求められている。以下においては，新たな人間像の探索を念頭に置きながら，特に第一次大戦後の危機におけるドラッカーによるラーテナウ像の解釈を検討したい。

　一市民として，サロンやギムナジウムなど様々な知的市民相互の関係の中に

ドラッカーが人となったのは第Ⅰ部で見たところである。その後，ヨーロッパの学問及び芸術の当代一流の人々との交流をもち，さらにはハンブルグ時代の読書生活，フランクフルトでのジャーナリスト兼学究としての活動，さらにはイギリス転出という運命の転機を経て，新たな自由社会アメリカの地を踏み，知的活動の空間は転移し拡大していく。その中でドラッカーにあって，企業経営者でありながらも，市民として積極的に公的事柄に参与し，多様な巨大組織と協働して新たな文明世界の再建を担った産業人のヴィジョンとして，W・ラーテナウの存在が回顧的に見出されていたのは特筆に値する事実である。

ラーテナウへの関心は，〈初期〉から晩年の発言までをも一貫している。アメリカに渡って以降1939年から刊行した政治社会についての三部作は，既に指摘したように，崩壊したヨーロッパ文明の再建の意図のもとに構想・執筆がなされている。その視座，意図，思考をめぐる言論形成の中で，わずか7年ほどの知的活動においてさえ，マネジメントや知識社会など多岐にわたる議論を根底から養いうるだけの凝縮された問題意識をも看取可能である。

さらには，生涯においてなされた総合的な言説の提示において，ラーテナウへの影響がドラッカーの言説形成に一定の堡塁を築くうえで寄与したとする証左は，〈初期〉の政治社会的著作から，中期におけるマネジメント著作，そして晩年の上田惇生への書簡や，社会論をもとに編纂された *A Functioning Society*（2003）などにも広く見ることができる。

というのも，ラーテナウをめぐる理解は，経営者，政治家，思想家，芸術家などの単一の領域で充足しえず，また自らのユダヤ性とドイツ人との確執など固有の特性ともかかわりをもたざるをえない。そもそもラーテナウの知的卓越は特筆に値するものがあり，実業や政治活動のかたわら，執筆活動はもとよりH・ホフマンスタールや，M・ブーバーなどの文化人とも豊かな交流をもっていた。その一人であるS・ツヴァイクは，直に接したラーテナウについて「頭脳はつねに準備が整っていて，私がほかの人々には見たことのないような正確さと迅速さとをもったひとつの器械ともいうべきものだった」[2]と評したが，世の一般がラーテナウに対して抱いた印象とさほどかけ離れてはいなかったはずである。あるいは「マルチ・ディレッタント」「その関心の多面性，思想家及び行動人としての潜在的矛盾が指摘され，また，ファーベルディア（伝説上

228 | 第Ⅲ部　内的対話と交流

の動物）のようだ」との指摘もなされている[3]。

　知的来歴に目を向けるならば，思弁的性格が現実的討究にも符節を合わせるしかたで，実践と学究との両面において積極的に評価可能な側面を有している。ラーテナウは，工科大学で物理，機械工学，電気工学などをも修めた技術者，工学者であり，父の跡を継いで自ら経営したAEGの実践活動において，経営的才覚にもまた卓抜なものがあった。その点では，文理，実理融合型の異才でもあり，同時に普遍的な理念を追求する哲学者としての相貌も併せもっていた。上記を踏まえ，次に人物と実績について少しく確認したい。

　ラーテナウは1867年ドイツの2大電機コンツェルンの一つAEG（Allgemeine Elektrizitats-Gesellschaft）の創立者E・ラーテナウ（Emil Rathenau）の子として出生している。プロイセンの定住ユダヤ商人の家系であり，実業に携わる家庭に育ち，その中で政治や芸術，文学，自然科学への関心を養っていった。ヴィルヘルム・ギムナジウムを修了した後，ベルリン大学で物理，化学，数学を学んでおり，成績はおおむね特別に優れていたわけではなく，大半が「可」（satisfactory）であったという。さらに，実験物理の専門課程に進み，H・ヘルムホルツ（Hermann Helmholtz）に師事しながら，G・シュモラー（Gustav Schmoller）の経済学や，W・ディルタイ（Wilhelm Dilthey）の歴史と哲学などを受講している。その後，シュトラスブルグ大学に移り，光学・音響学のA・クント（August Kundt）の研究室に入り，「光の吸収に関する研究」で博士号を取得している[4]。学知への情熱を刻印されながらも，職業選択において懊悩を重ねた結果，30歳を過ぎた1899年，父の経営するAEGに幹部としての入社を果たしている。

　結果としてラーテナウは実業を選択したわけであるが，折しも文明の危機としての第一次大戦を通じての経営的卓越性は政治領域にも展開していくこととなった。その中で，ラーテナウは多くの歴史的事件に対峙しつつ，意味考察に従事してもおり，とりわけ20世紀に入ってからのラーテナウの人生は歴史における象徴性を強力に身にまとうようになっていった。生き方や実績，そして暗殺の悲劇を含むすべてが非凡なしかたで同時代の精神状況に作用している。同様の点において，ドラッカーの言説形成とのかかわりから見るならば，ラーテナウの影響としては少なくとも次の3点を指摘しうるであろう。

第1に，産業家出身のラーテナウは，AEG総裁から第一次大戦時ドイツの戦時遂行を担っており，実践的リーダーシップと限りある資源を生産的かつ有効に組織していくマネジメントの本質的な様態を，危機の時代の展開に即して具現的に実証した点を挙げうる。

第2に，ラーテナウは経営実践とともに，芸術家，思想家という独自の精神活動を通して時代への応答を行っており，その試みをドラッカーは啓発性のもとに評価し，物的基盤を整えるのみでなく，理念的・精神的基礎づけを行う新たな知識人の可能性を示した点を挙げうる。

第3に，上記のような個の精神的諸力の実践的具現を，近代合理主義の行き詰まりやイデオロギー，全体主義の決定論や暴力主義的性格を打破する要因として認めつつ，同時に知識社会への新たなイメージを付与した点がある。

かかる3点はドラッカーの所説の骨子をラーテナウの業績の見取り図に重ねたものである。しかしながら，ドラッカーによる賛辞は，言論人としての意図や意志への定位もさることながら，人格的影響にまで及んでいた。後述するように，ラーテナウは複雑にして単一の基準で把握しがたい人格を保持し，同様の点は第1章で言及したムージルやツヴァイク，ホフマンスタールなどの証言からも明らかである。その一つは，「対象それ自体への奉仕という，私的な欲望を動機としない，事柄に即した無私の活動」として[5]，生のあり方を世に訴求した点に求められ，同時代の文化人の多くと交流しつつ，精神の深みの次元と直接取り組む在野の思想家と認知されていた事実にも表れている。ラーテナウはむしろ，精神生活の営みを表現しようとし，実務と思索の境界に立ち尽くしながら，しばしば現実世界を超えた透徹したヴィジョンを世に問うていった。その点は，ラーテナウの著作が広く世に受け入れられた事実に示されている。

出版された著作はヨーロッパでも短期間で1万から3万の単位で読まれており[6]，最も成功した『来るべき時代』（*Von kommenden Dingen*, 1917）は，戦時中であったにもかかわらず，6万5000部が発行され，著名な文化人たちからも高い評価を得ている。当時書評を書いた文化人としては，E・トレルチ（Ernst Troeltsch），G・シュモラー，F・テニエス，M・シェーラー（Max Schoeller），S・ツヴァイク，H・ヘッセ（Hermann Hesse）などが名を連ね

230 | 第Ⅲ部　内的対話と交流

ていた7）。上記は精神活動の旺盛さと同時にヨーロッパ最高の知性に受容された事実を示唆している。同様の消息は，ラーテナウの知的生活を奥行きあるものとすると同時に，多面体としての探索を余儀なくさせるであろう。

　しかし，ラーテナウの主張した言説上の枠組みのみでドラッカーへの影響のすべてを説明しうるとはとうてい考えられない。というのも，おそらくドラッカーはラーテナウの言動に並々ならぬ関心を抱き続けたというよりも，あえて言い方を変えれば，総合的な人間像やそれに伴う一連のイメージが関心の源泉をなしていたと理解しうるためである。その関連で，ドラッカーはラーテナウを幼年期から知っていたと述懐し，しかも衝撃的な暗殺の報はリアルタイムでウィーンの学生だった彼の耳朶を直撃している8）。

　　ラーテナウが暗殺されたのは1922年6月のことである。実際のところ，私にとって政治に関する衝撃的な記憶の最初のものとなった。その日学校が退けて，家に帰る途中のことであった。号外が出ていた。大見出しで「ラーテナウ暗殺さる」とあった。当時私はオーストリアにおり，ラーテナウはドイツ人であった。それでもウィーン市民のほとんどはラーテナウが誰かも知っていた。その時，まだ物心ついたばかりの私にさえ，根源的な何かが変わったことが瞬時に理解された。

　上記は衝撃的な個人の体験を示しながらも，根源的な何かが変わった契機として全体主義への脅威の原型をなす直観を与えている。少なくともドラッカーの場合，とりわけ1937年以降アメリカに移住してから，産業社会の行く末に思いをめぐらせながらも，翻って第一次大戦で根源的に損われたヨーロッパにおける公的世界の再建を考えるうえでの次なる文明の予示的存在としてラーテナウに回顧的着眼がなされたのは，ドイツへの愛国の念をやみがたく保持しながらも，マージナルなユダヤ人として生きた両義的一面ともかかわりをもたざるをえないであろう。ヴォルコフの評伝によるならば，暗殺前に交わされたラーテナウと同僚との対話が次のように記述されている9）。

　　ラーテナウは党の同僚にふと尋ねている。「教えてほしい。どうして彼ら

はかくも私を憎むのだろう」。答えは次のものであった。「簡単だ。君はユダヤ人であり，しかもドイツ外交に卓越した手腕を発揮している。君はユダヤ主義がドイツに害をなすと主張する反ユダヤ理論からすれば生きた矛盾なのだ。それが彼らが君を殺害したいと願う理由だ」。

　かくしてラーテナウは最終的には上記の運命を呪いのごとくその身に引き受けるが，ヤスパースの言う時代の鑑として，実存的深淵とともに時代に殉じた点もまたその固有性を浮き彫りにしている。同時に，ドラッカー自身，近代的世界の限界を告発していくうえで鋭敏な観察眼を保持しえたのも，ラーテナウ同様にドイツ社会への責任とともに，ユダヤ人のマージナルな視座から世界への展望を獲得し，第一次大戦を契機とするヨーロッパ文明の帰趨をめぐる問いかけと，さらには組織をめぐってなされる現代的な問いかけの双方を深奥に内包していたためであろう。

　まさしくドラッカーにあってのヨーロッパ時代は，ラーテナウ暗殺を機に，種々の暴力によって挫折を余儀なくされ，とりわけヴァイマール体制からナチス時代にあって全体主義や世界大戦によって公的領域を喪失していくプロセスにほかならなかった。社会の理念的不整合が暴露されつつも，過去へのノスタルジアと戦前を著しく美化した，いわゆる昨日の世界への被縛がドラッカーにとってはとうてい承服しかねる時代認識と得心される契機ともなった。かくして，ラーテナウ暗殺によって，危機の政治の原イメージが開示されている。ラーテナウのなした業績の巨大さや斬新さもさることながら，彼によって予示されたもの——虐殺されたユダヤ人，産業人の先駆，マネジメントの先覚者——など，ドラッカーにおけるライトモティーフの副旋律や変奏はいくつも看取可能である。

　同様にラーテナウ暗殺への危機的認識のなかに，ドラッカーの観察者としての固有のくびきが胚胎してもいる。本来の尊厳ある政治社会のヴィジョンを産業や企業という理念的ルートから問い直すうえで，産業人ラーテナウの身を賭した事績は深い暗示をはらんでいた。確かに，ラーテナウは，産業家の出身として政治・外交領域に進出した稀有な人物であり，その理念的な意図は，マネジメントに見え隠れする一つの固有の視座を固有のしかたで示唆している。

232 | 第Ⅲ部　内的対話と交流

　事実，ラーテナウのなした業績は，歴史的潜在力を帯びたダイナミックな現実的貢献であり，その中に，未来における新たな次元の理念的開示を見る原理的省察を多く包含するものとドラッカーは了解している。見出された原イメージは，全体主義的支配や経済至上主義を超克していくマネジメントにおける理念にも重なるであろう。そのことは2001年の上田惇生への私信に見られる記述からも窺われる[10]。

　　私としては次のことも強調しておかなくてはならない。それは私の仕事がいかに先人たちの業績によって支えられるかを証するものである。日本のマネジメントの巨人とも言うべき，福沢諭吉，岩崎弥太郎，渋沢栄一がいる。わけても渋沢栄一などは19世紀から20世紀初頭にかけての真の意味での明治の偉人と呼ぶにふさわしい者であった。他に私の業績を可能としてくれた思想的先達には，フランスのH・ファヨール（Henri Fayol），ドイツのラーテナウ，イギリス，後にアメリカのM・P・フォレット（Mary Parker Follett）がいる。謙遜ではない。率直な真実である。

　19世紀から20世紀の論者であるH・ファヨール，M・P・フォレットに加えて，福沢諭吉，岩崎弥太郎，渋沢栄一などの日本の実業家や思想家の名が連記されるのも興味深い。それぞれははなはだ異質な理論家・実践家が見出されるが，それらの先達たちは，異なる歴史的背景及び意図に基づき，マネジメントにおける理念の原理を示唆した者として言及されている。その中で，マネジメントにおけるドラッカー特有の企図をどのように評価すべきかとの課題は，ラーテナウの社会的な地位，政治的実践，さらには身に受けた歴史的責任やマージナルな視座との関連での説明も可能であろう。というのも，とりわけラーテナウの場合，経営や政治にかかる実務家としての位置づけもさることながら，個として展開される思想家としての面貌もまた，ドラッカーの総合的関心を探るうえでの重要な問題圏を形成しているためである。その点では，ラーテナウという一人の人物のなかには，経済人を超えた新たな総合的市民像・知識人像として，ヨーロッパ文明崩壊の悲運な対峙者としての視点も見え隠れするし，産業界からスタートして，組織の利用に習熟し，社会的責任を回避する

ことなく，形而上形而下，多種多様な成果への試みをなした傑出した存在としても理解されている。その後フランクフルト時代にドラッカーを襲うナチズムへの違和感は，特に政治社会が一元的支配への還元として彼をとらえ，それへの対抗軸，すなわち大衆の絶望から個と社会を防護し，しかも自由にして機能する社会再建への企図の保持へと向かわしめている。その帰結として，ドラッカーは開かれた総合的知識体系としてマネジメントの探索に着手したとも看取しうるのであるが，同様の観点に立つならば，ラーテナウは，一人の市井の知識人として，あるいは産業人の代表として，産業ばかりか公的領域を再生する責任から，第一次大戦という切迫した時代においてドラッカーに特別なインスピレーションを付与した人物とも理解しうるであろう。

第2節　産業人の範型

　ドラッカーが全体主義やイデオロギー的一元性を克服する機関として企業における組織活動の考察に着手したのは1946年の『企業とは何か』をもってであり，マネジメントや知識社会の萌芽とも見うる一方で，1933年の『F・J・シュタール』からの個の自由と権威，正統性など政治社会との関連の主題もまたそこに引き継がれている。組織における生産活動とは，19世紀的な経済人モデルによる利潤最大化との関連で取り上げられるのではなく，むしろ組織や社会的責任の視点から考察されている。しかも，事業部制に見るように，多元なステークホルダーとの応答を前提としている点からも，企業が公共性を付帯した社会的機関として理解されてもいるのは明らかである。

　他方，ラーテナウの場合，AEG総裁としての経営的能力は，政治領域において活用されながらも，いまだ一般化のなされていない諸力をもってドイツの戦争遂行が試みられていた。第一次大戦に際会し，ラーテナウは，他の専門部署に依拠した指揮をとっており，時のプロシア陸軍大臣E・ファルケンハイン（Erich von Falkenhayn）がラーテナウ提案の全面受諾に加え，実質的な指導権さえ委ねた事実がその点を傍証する[11]。政治的実践を介して，新たな実践思想を世に知らしめたとも理解しうるが，後にドラッカーが展開するマネジメ

234 | 第Ⅲ部　内的対話と交流

ントへの類比とともに，理念を具現した点を通して，公的な世界の再建責任と
して担う示唆とも見なしうるであろう。

　同様の点においてラーテナウは，マネジメントに伴う範例として作用し，ド
ラッカーへの枢要なインスピレーションを与えている。マネジメント的な構想
力は，既に見たように渋沢栄一や福沢諭吉など日本における明治の偉人にも見
られるとドラッカーは考えたが，いずれもがいまだ現存せざる社会の見取り図
を知覚においてとらえ，具現した総合的実績に依拠している。同様の能力は既
に述べた未知の体系化（organizing igonorance）などともかかわりをもつ，イ
ノベーションの概念へと派生するものがあろう。

　上記の構想力はラーテナウが戦争遂行の核心を説得的に余すところなく伝え
るが，明確な成果として，陸軍省の内部に戦時原料課（KRA）が設立され，
その長にラーテナウ自身が着任した事実がある。ラーテナウは旧来のプロシア
陸軍におけるエリート主義が大戦にあたって示す無能に不服を表明しており，
1914 年 9 月には 24 名のボランティア要員を主とする組織活動をはじめ，翌
1915 年初めには外部から 100 名以上の人員を招聘している[12]。最終的に旧来
の 5 倍にも上る要員が組織にかかわりをもった点が，ラーテナウへの世の期待
が核心において新たな権力を創造した事実を示している。果たしてそれらは政
治的無謀のみを意味するものだろうか[13]。

　　マネジメントという新たな体系を私が発明したとするのは，必ずしもあ
　たっていない。最初になし遂げたのは W・ラーテナウである。彼は思想家
　であり，産業家であった。政治家でもあった。後に右翼によるテロの犠牲者
　となった。ラーテナウが最初に指摘したのは 1918 年の著作『新しい社会』
　だった。企業組織こそが新たな，かつて手にしたことのない機関なのであっ
　て，政治的機能，目的，価値において権力の中心をなす自律的存在であると
　した。

　上記の評価は，ラーテナウが愛国的ユダヤ人としてマージナルな視点から多
様な観点を自らの視座に取り入れ，自己の利害にとらわれることなく全体の利
益を志向する判断力から導き出されたものであろう。ラーテナウはドイツの歴

第9章　W・ラーテナウ——挫折した産業人 | *235*

史や理念に目を向け，大戦による難破を回避する必要からヤスパースの言う鑑
となり範例となりうる歴史的役割を担った。しかも，同時に組織に注視しなが
らも，人間社会を機械的に一般化するのではなく，一人の思想家として魂の道
を育てていこうともしている。

　上記ともかかわりをもつ，人間を直接的に肯定していくラーテナウの思想も
また，ドラッカーに示唆を与えた要因の一つと見なしうるであろう。ドラッ
カーは，マネジメントにおける人間の理念を，ギリシャ時代の医者ヒポクラテ
ス（Hippocrates）や彫刻家フェイディアス（Pheidias）の逸話から，一貫し
た品性高潔（integrity）に伴う課題として重く受け止めており，生涯の著作す
べてにおいて同様の傾向は看取可能である。かかる精神的潔癖性の保持は，実
存に伴う個の力を要求せざるをえない。ドラッカーは，ギムナジウム時代に宗
教の教師が，しばしば「何によって覚えられたいか」（What do you want to
be remembered for?）との問いを発したと叙述しており，個が自己の実存と
対話すると同時に，社会の中で自己のアイデンティティを示現していく根源的
な問いと受けとめている。ラーテナウは単独としての実存を生きながら，多義
的な社会との対話に伴う葛藤も引き受けており，その観点では，社会との実存
を賭けた対話が，つまるところ全体主義に抗しうる人間としての条件をも暗示
している。あるいは個としての実存の基盤となる内省とともに，公的世界の形
成への意志，すなわち，全体主義の危機に立ち向かいうるだけの精神的能力を
も示唆している。

　結果として，ラーテナウの言動は，近代の行き詰まりを打開し，経済人終焉
の後に来るべき人間像の核心をなす範型として見出されるが，そこには大別
して2つの視点がありうるであろう。一つは，産業社会という組織を中心とす
る社会において自由な個として機能しうる産業人の課題である。ドラッカー
は『産業人の未来』において，個と社会における組織を介しての自由と責任あ
る市民としての存立を枢要な課題ととらえている。とりわけ経営者は社会的責
任を担いつつ，創造性をもって社会を高めていく責任階級を構成し，自らの意
志と責任，倫理に基づいて活動を行う理念的存在たらざるをえない。というの
も，同様に組織を活用し，上意下達的命令をもって600万人にも及ぶユダヤ
人を体系的に殺戮した全体主義的悪は，つまるところ個の内面に宿る自由や責

236 | 第Ⅲ部　内的対話と交流

任，倫理的な判断能力によって歯止めをかけるほかはなく，第二次大戦後から現在までもち越された組織に伴う諸課題とも基底を同じくしている。ドラッカーの想定する産業人とは，自由と責任を社会的実践を通じて示現するとの前提に伴い，20年代のウィーンで目にした戦前への被縛の危険への，ラディカルな対抗策という側面をもはらんでいる。

　同様の点にあって，ラーテナウの責任に基礎づけられた社会との対話プロセスは，産業人の理念を内実化するものとドラッカーの眼に映ったのではないだろうか。しかも，とりわけアメリカに渡ってから，ヨーロッパ時代のラーテナウによる範例を回顧的に見出し，とりわけラーテナウが個としての思想を保持しながら，政治社会における公共性の復権の枠組みによる一連の試みがドラッカーに強い印象としてとどまり続けたとも推測しうる。

　今一つは，近代の行き詰まりにあって，深甚な含蓄を保持する概念としての知識労働者（knowledge worker）に伴う課題にかかわる。ラーテナウの業績は個あるいは人間の延長としての知識と自由を保持しつつ意味性をもって社会を再興する原理に据える試みともとらえうる。同様の点は，1957年に刊行された『明日への道標』において提起された問いでもあり，同書においてポストモダンの概念が知識社会に運命づけられる要因としても理解されている。人間のもつ知識をもって産業社会に行為者として参与しつつ，知識の行使に伴う責任と倫理観，判断力をもって，全体主義で瀕死に陥った世界を絶望の深淵から贖い出し，同時に個と社会の意味性の回復に寄与させる試みとも解釈しうる。なぜなら，ドラッカーにおける知識とは，既に検討したように，知覚や人格とも密接な結びつきを保持し，社会的な現実への認識形成を経由して，世界に新たな秩序をもたらす可能性としても想定されている。同時に，自由との関連で言うならば，責任や倫理観は，人間社会の変化を肯定し，かえってその変化を利することで，社会を耐えうるものへと変換させる可能性も示唆されている。

　特に，思想，産業，政治の三位一体的事象に終生尽きせぬ関心を抱き続けたラーテナウにとって，まさしく知識のもつ積極的な意味合いが業績の最終的な結論であったと見ても不自然ではない。しかも，ラーテナウによる文明社会への問いかけとは，いずれもが純粋に思索的な課題としてなされたのではなく，実践目的を経由して人間の内面的能力の探求に視程を伸ばした事実を想起する

ならば，一層意図する点は首肯しうるであろう。

第3節　第一次大戦と保守主義の挫折

　ただし，上記で論じられたラーテナウの人間像は，ある種の脆弱性をも合わせて示している。なぜなら，複合的な視点や意図の潔白をもって実践に臨んだとしても，それらの運用にあたっては，理念における正統性を確立しうるとは限らないためである。おそらくその点にラーテナウの両義性の極点が存する。というのも，ラーテナウの意図における観想的傾向を帯びた側面は，一般的な判断力にとって往々にして理解困難と予想されうる。加えて，ラーテナウがユダヤ人でありながらドイツ政治の中枢にまで上り詰めた事実を含めた，世評上のバイアスを包含するならば，自ずとその評価には限界があると考えないわけにはいかない。

　上記の視点からラーテナウの評価に着目するとき，いくつもの批判に出合うのは明白であろう。その一例としてハイエクにおける評価にあっては，かえってラーテナウにおける組織経営を全体主義経済とのかかわりで，その一連の事態を創始した力としてとらえられている[14]。

　　第一次大戦中にドイツの原材料管理に対して独裁的権力を振るった，ヴァルター・ラーテナウ（略）は，自分が始めた全体主義的経済がどんなに恐るべき結果をもたらすか，という点に気付いていたならば，自分自身が身震いしたことだろう。それはそれとして，もしもナチスの考え方の発展を十分に説明した歴史書が書かれるとするなら，その中でかなり高い立場を占めるに足る人物である。すなわちラーテナウは，その著作を通じて他の誰よりも強力に，第一次大戦中や大戦直後に育った世代の経済的見解を決定づけた人物である。

　ラーテナウにとって，いわゆる職業的政治家からしてみれば，一つの困難な領域における葛藤の連続であったのは容易に理解しうる。しかし，ラーテナウ

238 | 第Ⅲ部　内的対話と交流

にとっての政治とは，困難な領域でありながらも，主要な関心を構成する主題
たり続けた。既に述べたように，同様の点はラーテナウの内面活動における意
思の働きを世界の論理構造に組み入れる絶好の可能性を提示したためであり，
むろん単なる私的功名心の追求のためではなかったにせよ，一種の自己実現あ
るいは実存的要求に依拠してもいたはずである。ラーテナウは階級への視点を
放棄し，非合理を合理的手段によって克服しようとし，その担い手を自らを含
む少数の組織エリートの主導に委ねたのは既に見たところである。それは，第
一次大戦という未曽有の緊迫性との留保はあったとしても，独裁の許容とも見
られなくもなく，次のようにドラッカーは記述している[15]。

　　（ナチス幹部の）ほとんど全員が，この前の大戦中，原材料調達について
　権力を振るい，外相就任中にナチス過激派によって暗殺された民主党左派の
　ユダヤ人，全体主義経済学の父，ヴァルター・ラーテナウの門下だったこと
　である。ラーテナウ自身は，全体主義がファシズムのかたちをとることを予
　期していなかった。それどころか，全体主義は自由と平等の道への最終段階
　に位置づけられるべきものだった。

　ただし，ドラッカーは上記の見解について，ラーテナウを否定的に解釈した
わけではなく，それをもってラーテナウとナチズムを結びつけるのでもない。
というのは，ラーテナウを評価した最も注目すべき点は，再び社会において人
を結びつけうる機縁として，産業や企業を通して公的世界の再建の礎を供する
と理解した点にある。ラーテナウの政治的実践においては，資源を組織によっ
て劇的な生産性向上のもとに結びつけるうえで，脱イデオロギー的に全国家的
工業化を領導してもいた。とりわけラーテナウによる実践は，大戦に由来する
国家システムから脱却しつつ，外相としても国境の内外の領域で公共空間を再
創造していく歴史的作業を引き受けていた。ラーテナウの政治的ヴィジョン
に窺われる新たな社会の形成とそれに伴う公的世界の再建の契機は，イデオロ
ギーによる被縛性から社会を解放し，力強い政治社会に資する潜在力をもつ可
能性は否定しえない。
　また，ラーテナウの政治ヴィジョンは，難題中の難題としての異質かつ多元

第9章　W・ラーテナウ——挫折した産業人　│　*239*

的な成り立ちをもつ組織や社会を結びつけ，創造的かつ公的な秩序形成の課題に触れ合う一面をも保持している。実質的にラーテナウの戦時における有能さは，含蓄豊かな教育的指針を世に与えている。ラーテナウの言動に賛成する者にもそうでない者にも，組織的実践上の想像力を刺戟する洞察に満ちた活動であったためであろう。というのも，ラーテナウの言動では，諸種の組織上の素材や概念が抽象的にではなく，歴史的現実において内容豊かに，しかも血肉を伴うものとして，いきいきと展開されている。ドラッカーをはじめとする当時の人々は，ラーテナウが展開する様々な言動のなかに，未来における予型を見ており，それは固有のしかたで思想や主題の輪郭を包括的に示しつつ，また一定の含みをもたせながらも，興味の尽きない例示として立ち現れている。

　ドラッカーの発言を一部借りれば，ラーテナウには精神的外皮からは極度の共産主義者とも極度の国家社会主義者とも判別のつかない点があった。左翼的であるとともに，ハイエクの言うように全体主義経済の創始者とも見られ，左右の定型的なスペクトラムに収まり切れなかったのも事実であろう。ラーテナウの政治的実践は，自身の視点を内に含みながらも，理念をめぐる怜悧にして合理的な知的冒険でもあった。ラーテナウの政治的実践がもたらした結果に思いを潜めるとき，何よりも，多元的な組織や人を喫緊の国家目的のもとに統合するうえでのヴィジョンを，該博な知識と冷徹な理性のもとに闡明した事実を指摘しうる。

　既に述べたように，ラーテナウの思想は私益に対する公益の優先の思想によっており，戦時原料課や戦時原料会社などの設立・運営理念にまでそれは浸透していた[16]。その側面から課題を追っていくとすれば，ラーテナウによる政治的リーダーシップは，すぐれて自由と責任，同時に継続と変革，大戦後の新しいレジームを志向するうえでの理念と共生をめぐる課題でもあった。同様の課題はことごとく，異質な諸集団との共生と賦活の仕組みを，イデオロギーによることなく，制度や人々の活動，理念の各局面で新たな構成をいかに付与するかとの問題に密接にかかわっている。

　同時に，ドイツ社会に居を定める寓居者にとどまらず，あるいは民族的出自や個別性の高い精神にもかかわらず，むしろ積極的にドイツ政治社会の建設者と保持者でもあったラーテナウの政治的実践は，究極的には，理念の灯火の

240 | 第Ⅲ部　内的対話と交流

指し示すところに向かって市民や専門家による連帯や政治的構成を内実としており，権力のための権力に基づく全体主義とは裁然たるコントラストを示している。その形式的及び実質的な権力の概念は，社会における正統性への依拠を前提としており，イデオロギーによる権力の奪取とは無縁である。少なくともドラッカーの理解するところによれば，「その素質と確信において」(by nature and conviction)，M・ウェーバー（Max Weber），G・シュトレーゼマン（Gustav Stresemann），H・ブリューニング（Heinrich Brüning）らとともに，保守主義の系譜のうちにあると認識されている[17]。

　ドラッカーによる産業社会の人間像に従うならば，政治社会の共通課題に能動的に参画する点を通じて，新たな社会を創造する担い手としての市民，すなわち，自由で責任ある産業人像をラーテナウに見出しうる。いわば責任ある産業人像が前提とされ，一種の哲学的な実存主義が混入しているようにも見えるが，基底に明白に定位されているのは，理念と市民創造の連帯を伴う公共精神にほかならない。

　ただし，ヨーロッパの知識人たちの評価は一様ではなく，ドイツにおける結実に対して逆の作用をもたらしたのも事実であろう。ドラッカーは，特にアメリカに渡ってから，自らの知的錬成において，ラーテナウからの回顧的な影響を受けていた点には間違いがなく，本章を締めくくるにあたってその点について付言しておきたい。

　第一次大戦の歴史的意味をヨーロッパ文明の終焉として把握したドラッカーは，1930年代にフランクフルトでナチズムの政権掌握直前の悲惨な体験をもったが，第一次大戦の最大かつ深遠な帰結の一つは，国家や故郷を失い，世の中での地位も機能も失った人々が輩出されたのはもちろん，社会との内的な結びつきを喪失した戦前への被縛の罹患者を大量に生み出した事実であり，ドラッカーの理解によれば，大衆の絶望として，ナチズムによるヨーロッパ席巻の一つの重要な機縁と認識された。ヨーロッパ文明崩壊の衝撃的連鎖は，従来の政治社会の致命的脆弱さを露呈させ，社会そのものが絶望した大衆に対して何らの保証も付与しえなかった。しかし，『経済人の終わり』『産業人の未来』の一連の著作で提示されるドラッカーの立論は，全体主義への糾弾に終わるものではなく，一種の有効な複数の選択肢の提示が見られる。その前提とは，すなわ

第9章　W・ラーテナウ——挫折した産業人 | *241*

ち，ナチズムに代わる何らかの現実的な政治組織が，既に意外な形姿をまとって，アメリカ産業社会に表れており，自由にして機能する社会を萌芽的に具現せしめているとする観察と認識であった。ドラッカーの指摘によれば，全体主義によって蹂躙された世界においては自由と責任の主体としての市民を現実的に保証するものは，憲法や法以上に，市民性の創出，すなわち社会の現実に即した理念を伴う実践活動に求められるべきであった。市民が現実的に理念に形態を付与しうる場がなければ，自由と責任の奪還は果たされえないためである。

　ドラッカーは自由と責任の枢機をなす機関を産業社会における企業に措定したが，その一つの実践的源流としてラーテナウとの脈絡で，マネジメントのもつ特質に関して考究が深められているのは自らも認めるところである。ドラッカーがラーテナウをマネジメントの先駆者としたばかりでなく，むしろ名辞以前になされた理念的実践に準拠した知識の体系的考究がアメリカ移住以降のマネジメントの主題の一つとなっていったのはそのためであろう。その点では，ヨーロッパ時代の体験を踏まえつつ，アメリカ社会への理解と適応を意識しつつも，現実的範型の少なくとも一端をラーテナウに求めていったのは，マネジメントの成り立ちがナチス時代からアメリカ産業社会にいたる経験と観察と不即不離であった点を象徴的に示している。同様の点は明らかに，抽象的な組織の観念から生じた方法論ではなく，崩壊した文明とそこから生じた虚偽の社会への抵抗に発してもいる。

　ただし，ラーテナウに対するドラッカーの態度は，一定のアンビヴァレンスを示してもいる。既に指摘したように，一方においてラーテナウは組織の実効ある確立と創造のために，法をも超越して国家的目的に立脚している。その事実こそが，ラーテナウをして全体主義の源流とする見方をも生んだが，ドラッカーがことのほか危惧したのは，合理へと導くルート，すなわち人間社会における理念が十分に定礎されていないならば，いとも容易に全体主義的な夢魔に転化しうるとの懸念にあった。その観点に立つならば，ドラッカーはGMの内部調査により，経営陣をはじめとする多様な関係者の観察に伴い，その延長上で，自由と責任の担い手として，あるいは全体主義に抗する堡塁をなす市民性の創造機関としての企業の可能性に言及してもいる。事業部制や取締役会

242 | 第Ⅲ部　内的対話と交流

の観察からも，水平的かつ分権的適用によって巧妙に一元主義を回避しうる制度によって，種々の事業部による相互権力の牽制と調整に将来の可能性を見出し——全面的楽観はなかったものの——開かれた望見を抱いていった。そこにはアメリカ建国の父祖によるイメージをはじめ様々な影響関係を認めうるが，その一つとして，観念的性格を払拭したうえで，ラーテナウの思想と実践をトップマネジメントの基本概念や課題設定に組み入れようとしたのも看過しえない。

　付け加えるならば，ドラッカーがまずマネジメントをもって志したのは，何より歴史のうちに生成する全体を観察することで，価値や意義を表象する要因を探索し，それらを担う中枢的組織に領導された自由で機能する社会復元への試みにあった。ラーテナウの原型的イメージは，文明断絶を絶望的な努力をもって架橋に努める悲劇の英雄にほかならなかった。伝統主義と急進主義の狭間に苦吟しながらも克己的・禁欲的な生活態度（ラーテナウは生涯独身を通している），倫理的態度から市民的の時代の解体，危機，没落を前にして耐え抜く毅然たる知的・実践的作法を貫き，なおも産業家，政治家として新たな社会の創造を志向するマクベスのごとき引き裂かれた存在としてラーテナウは描かれる。結果として運命に殉じ，その人物像はデモーニッシュな魔力の危機のうちに必然的に自滅を余儀なくされる虐殺された預言者でもあった。かくして，ドラッカーが自らの知的影響を語る際，聞き取れるものは単音ではない。むしろ個々の影響力を理解するなかで意味をもつのは，マネジメントのもつ時代的応答における副旋律を読みとっていく作業にあるであろう。

[注]
1）小野（1996），84 頁。ヤスパース（1971），25-26 頁。
2）ツヴァイク（1999）Ⅰ，266 頁。
3）小野（1996），88 頁。
4）Volkov（2012），pp. 16-17.
5）小野（1996），112 頁。
6）Rathenau（1921）英訳版の巻頭に記された著書の累計発行部数による。
7）Volkov（2012），p. 155.
8）上田惇生への書簡（1997 年 8 月 20 日）。
9）Volkov（2012），pp. 205-206.
10）上田惇生への書簡（2001 年 6 月 6 日）。

11) Volkov (2012), p. 122.
12) Volkov (2012), p. 123.
13) *FS*, p. 87.
14) ハイエク (1992), 232 頁。
15) *EEM*, p. 260.
16) Rathenau (1921), p. 86.
17) WBPA, p. 39.

第10章

M・マクルーハン——技術のメディア論的接近

第1節　メディア論的応答

　第Ⅲ部においては，ヨーロッパからアメリカにいたる30年代前半の内的対話や移し込まれた意図を，随時関連する著作を引証しつつ考察してきた。意図の骨格を構成する契機の多くは，事実上のデヴュー著作『経済人の終わり』をはじめとする〈初期〉著作の中で，明確な形姿をとって表れている。しかし，ドラッカーの視座が反全体主義との闘争の中で固有の境地を示しているのは確かにしても，視野の広がりはアメリカにいたってもなお，知的交流に由来する豊かな奔流の痕跡を認めうる。

　その一つに技術についての見解がある。第二次大戦以後，ドラッカーは社会構造と文明の観察に基づき，技術や知識に関する発言を折に触れて行ってきたが，他のいくつかの概念とともに多義的であり，時に曖昧かつ広範に及ぶものの，他方でやはり通常の近代的権力による支配的な技術理解を問題視し，関係論的な視座をとりながら，権力主義的技術観への異議申し立てをにじませる。ドラッカーがくぐり抜けてきた経験の内面化を示唆してもいる。

　技術を主題とする叙述は，『明日への道標』（1957年）から『断絶の時代』（1969年）を中心として，人間社会や政治的考察の中で最大級の慎重な配慮をもって扱われている。ドラッカーの理解に従うならば，技術とは社会生態学的アプローチによる把握対象であると同時に，人間の生の内面における知覚作用を含む概念でもある。すなわち，分子のように浮遊する存在ではなく，貨幣のように人間社会や企業，その他中間団体などを媒介として，文化的・歴史的脈絡の中で一種のエネルギーとして機能しうるとして，第二次大戦後の産業社会や知識社会が展開していくうえでの肥沃な知的土壌として認識されている。

第10章　M・マクルーハン——技術のメディア論的接近 | *245*

　反対に言うならば，技術が全体主義統治下などにおいて政治的に統制され，孤立化していくならば，人間社会の生の領域で機能しえず，むしろ圧政や専制などの人間社会の自由を抑圧する手段としても有効に機能するはずであろう。全体主義における技術は，社会におけるコミュニティを破壊し，自由や責任において何らの展望も供しえないばかりか，一元的な権力への依存によって，例えば情報にかかわる高度な技術が秘密警察や G・オーウェル（George Orwell）的なビッグ・ブラザー（Big Brother, *Nineteen Eighty-Four*, 1949）のような情報網による支配を通して民衆の間の精神的自由を剥奪しかねないのは容易に想像しうる。

　ドラッカーにあってとりわけ技術の理解において，アメリカ移住後の知識人との交流の背景が指摘される。一時期職場を得た『タイム』（*TIME*）の創刊者 H・ルースや，編集部に在籍した D・ベル（Daniel Bell），A・トフラー（Alvin Toffler），友人であった B・フラーのようなユニークな知識人に加え，メディア学者 M・マクルーハン（Marshall McLuhan）らとのヨーロッパとは識別可能な知的触発の一時期を過ごした事実が特筆される。アメリカ社会における著作の公刊やコンサルタントとしての一定の知名度を得て，自由に活動する領域が格段に広がり，私的生活の確立とともに，自由な知の基盤が形成された点をも示唆している。その点を通して，ドラッカーはアメリカ社会に帰属しているリアルな感覚をもちながら，多層的な背景を身にまとう知識人としての固有のスタイルを創造していく。その中で，技術の理解は，アメリカにおける知的触発の一つの象徴をなす主題とも言いうるであろう。

　メディア論的な影響のもとで考察された技術についての見解は，M・マクルーハンとの交流と密接不可分であった点が，『傍観者の時代』において指摘されている[1]。技術は単独で存在するとき必ずしも社会的関係性において機能しえず，むしろ人間社会の知覚世界との交流をもつときに意味性を獲得しうるのであり，反対に多様な人間社会との間の関係構築に失敗する技術は，常に一元主義的権力に転化する危険に直面してもいる。

　同様の観点では，人間社会は技術との間に不断の対話をもち，相互主体的なプロセスを内面化したときに，技術は人間活動の基盤たりうる。まさしく，既に指摘した社会を生態になぞらえうる視座において，技術とは知識社会におけ

246 | 第Ⅲ部　内的対話と交流

る知識と同様に，利用に供する者の人格の一部へも準位しうる。技術とともに生きる人間社会は，技術との対話を人間の側で閉塞させるのではなく，社会との開かれた対話を追求する，安冨の指摘するフィードバックと学習が不断に求められる。

　ただし，自由社会において，産業化と知識化を推進する自由な知識を促す一つの前提条件として，再びイデオロギーに人間社会が一元的に籠絡される危険を排しつつ，かえって人間社会が対話の中で，自らのアイデンティティの確認とともに技術を利用する状況を内包する社会を考えるとき，やはり新たなアイデアの創出にかかわりをもったマクルーハンとの思想交流が浮かび上がってこざるをえない。両者がアメリカで出会い20年にもわたる教育研究分野での濃密な関係を築いた事実を考え合わせるならば，ある種の異能による創発関係を推察することは十分に可能である。しかも，〈初期〉著作から見せた技術の社会文化的な時代への応答を見ていくうえで，マクルーハンの影響を探し求める作業は，アメリカ産業社会の実地見聞から自ら涵養した技術観のみならず，新たに獲得された世界認識の一端をも窺わせる。

　議論に立ち入るにあたり，あらかじめ二人の関係をたどっておく必要がある。その中で，異才の持ち主たちと絡み合った糸が繰り広げる人間模様のうちに彼らが時代からいかなる課題を受け取り，いかなる展望を見出していったかが浮かび上がってくる可能性がある。

　マクルーハンは1911年にカナダのアルバータ州エドモントンに生まれており，ドラッカーより2歳年下となる。マニトバ大学で機械工学と文学を修め，ケンブリッジ大学に留学後，1942年にエリザベス朝の詩人T・ナッシュ（Thomas Nash）についての論文で博士の学位を取得した後，ウィスコンシン大学やセントルイス大学を経て，1946年にトロント大学の教授となっている。ドラッカーとはまだ無名であった1940年頃に接近しており，『傍観者の時代』ではB・フラーとともに，マクルーハンを「テクノロジーの予言者」としその交流について一章を割いて記述している[2]。

　　私は，二人が有名になるずっと前から友人だった。いずれも，最初に会ったのは1940年頃だった。長い間私は，二人の言うことに耳を傾けるわずか

第 10 章　M・マクルーハン──技術のメディア論的接近 | *247*

な人間の一人だった。その私さえ，彼らに従う者が現れるどころか，彼らの声が世に届くことさえありえないのではないかと疑っていた。彼らは荒野の予言者だった。しかも，約束の地どころか，オアシスからさえ，はるかに離れた荒野にいた。

　上記の出会いの前，1937 年に二度目の転出からニューヨーク市郊外のブロンクスヴィルに居を構えたドラッカーは，ベニントン大学講師の地位を得ており，イデオロギーや思想的重圧がなく，外部の者に対してオープンな文化に目を見開かれたと記している3）。その中で二人の関係がいかに近しかったかはともに『スワニ・レヴュー』の執筆者であり，構想する著作についての相談相手を務めた知的交流にも示される。ドラッカーの記述するところによるならば，出会いの契機となった学会報告の場で主張の奇異さに強い印象をもったとしている4）。

　このいたって平凡に見えた英語教師が，変なことを言い出した。中世の大学は印刷本のおかげで陳腐化したと言ったまでは，常識として受け取れた。ところが進んで，印刷本が教授法と表現法だけでなく教授内容まで変えたために，近代大学が生まれたと論じた。この人物は，学問の新展開は，ルネッサンス，ギリシャ・ローマの再発見，天文学の発展，地理上の発見，新たな科学とも，ほとんど関係がないと言っているようだった。逆に，それら人類の知的な発展こそ，J・グーテンベルク（Johannes Gutenberg）の新しいテクノロジーがもたらしたものだと言った。モダンの基本認識をもたらしたのは，N・コペルニクス（Nicolaus Copernicus）や C・コロンブス（Cristoforo Columbus）ではなく，活版印刷だったと論じた。発表が終わると，聞いていた学部長クラスの一人が，「活版印刷が大学の教授内容に影響を与えたということですか」と聞いた。「いいえ。影響を与えたのではなく規定したのです。活版印刷は知識とすべきものを規定したのです（it did not influence; printing determined both, indeed, printing determined what henceforth was going to be considered knowledge)」。質問者は「そんな馬鹿な」と言った。

248 | 第Ⅲ部　内的対話と交流

　上記は後にマクルーハンが名をなすメディア論の主題であるが，彼は生涯に
おいて繰り返しそのテーマに立ち戻っており，同時にドラッカーもまた，その
所説に対して抗いがたい吸引力を感じ，もっぱら同様の主題を基軸として技術
論を展開している。とりわけ『断絶の時代』において，思索の結実を見るが，
いずれにしても，ドラッカーとマクルーハンとの関係性に関する考察は，私的
な交流を差し引いたとしても，メディア論と人間社会との緊密な相互関連性の
課題でもあり，第二次大戦後提起した文明社会上の主題へと定位していく点は
看過しえない。

　そのかかわりを傍証するものとして，後にマクルーハンはトロント大学，ド
ラッカーはニューヨーク大学での教授資格を得る中でも，二人の知的交流は続
き，ともに強い刺戟を受けていた点からも明らかである。同時期に，ドラッ
カーとマクルーハンの間にはどのような知的な人間関係が築かれていたのか，
もう一つのエピソードがある。1949 年以来 20 年に渡って，マクルーハンはド
ラッカー夫妻の自宅の頻客の一人となっていた。「いつも自分の考えているこ
とだけに夢中になってはいたものの，楽しい客」であったとしつつも，ドラッ
カーから見ても，マクルーハンは「妙なことばかり考えていた」という[5]。

　　彼が語ったことは，最も重要にして，明晰かつユニークな著作，『グーテ
　ンベルクの銀河系──活字人間の形成』として世に出た。クールなメディア
　とホットなメディアについて論じ，世界の部族化について論じた『メディア
　の理解』はその 2 年後に出た。そして後者が彼を有名にした。

　マクルーハンは文学から社会的事象に歩を進め，いわゆるメディア論への立
場を鮮明にすることで，固有の理論へと向かっている。ドラッカーに少なから
ぬ知的触発と示唆を与えたのみでなく，アメリカ時代以降を支配するだけの，
時代観察や応答作法における認識的枢機を供しえた点は疑いえない。ドラッ
カーにしても，文明社会の課題探索を念頭に置きながらヨーロッパ的な観察か
ら大胆に脱し，北米生まれのマクルーハンから新鮮な知的触発を受け，知識社
会（knowledge society）への視程を形成する豊かな機縁を手にしている。

　とりわけ技術をめぐる見解について言うならば，マクルーハンが先鞭をつけ

第 10 章　M・マクルーハン——技術のメディア論的接近　|　*249*

たテーマを，『断絶の時代』において，情報や知識の結びつきによる共同体の範型としてとらえ，地球村（global village）の実現をも認識変化に伴う一定の要路として受け入れている[6]。

　　今日のグローバル経済は，映画，ラジオ，テレビという新しいメディアによってつくり出された一つの知覚である。いまや頭上には通信衛星がある。近く南米上空にも打ち上げられる。この通信衛星が，アンデスの高地やヒマラヤのジャングルの村を，ニューヨークやロンドン，ロスアンゼルスと同じように身近な存在にする。世界中が，世界中の生活，衣食住，さらには生活水準を直接見る。かつての村人が隣人を知っていたように，世界中の人たちが世界中の人たちを知る。こうして世界が隣人となる。世界は，マクルーハンいうところの地球村となる。

　現在のネット社会における SNS などを見るならば，ほぼ完全に上記の描写内容を具備しているように感ぜられるが，メディアと知覚の共進化から生ずる視覚の変化について述べている点で高度の予示的性格を表現してもいる。ドラッカーにおいては，知識，技術，知覚の課題を社会生態的視野の中で取り扱っていく点にとりわけ強い関心があったが，その中で地球村のコンセプトをマクルーハンの影響下に一つのアルキメデスの支点として用いたのは単なる影響とするにはあまりに重い論件と見なければならない。というのも，マクルーハンの代表作『グーテンベルクの銀河系』（*The Gutenberg Galaxy: The Making of Typographic Man*, 1962）において，地球村の語が初めて使用されており，マクルーハンのメディア理解は，語義の次元を遥かに超越して，ドラッカーの視座の伏流に定位した感がある。

　ドラッカーはマクルーハンを無名時代から知るものの，反対に知的なスターの座に押し上げられた後も，静かな賛意は後の著作にも同様に見出しうるし，翻ってマクルーハンの側からのドラッカーへの評価もまた特筆に値する[7]。

　　知識産業の主役たる企業の論者として，ドラッカーを先端をなす一人と識別するのはたやすい。確かに，現代産業はどれを見ても知識を要しないもの

250 | 第Ⅲ部　内的対話と交流

はない。昔ながらの手工業と比較しても明らかだ。その中で，いわゆる企業
のマネジメントで最も卓越した論者と認識されるのも首肯しうる。

　現実にマクルーハンのメディアについての見解は，知識社会のコンセプト形
成にあっても新たな展望を拓く潜在力を保持していた。マクルーハンと親しく
思想交換を行った 1949 年から 1960 年代初めとは，ドラッカーが『企業とは何
か』（1946 年）以降の一連のマネジメント著作『現代の経営』（1954 年）から
『創造する経営者』（1964 年）の刊行のあたり，すなわちアメリカ社会でマネ
ジメントの言論人として地歩を固め，声望を高めていく時期と重なる。組織論
的手法の展開に最大の関心を寄せつつ，同時に進展する知識社会の把握にもエ
ネルギーを注いだわけであるが，ドラッカーがマクルーハンの著作に対して下
した評価は，知識社会の下書きを組み替えるほどの意味をもったのは疑いえな
い。

　むしろドラッカーはマクルーハンのメディア論によるヴィジョンに基づい
て，知識社会の未来像を構想したとさえ言いうる。同様のヴィジョンには，仮
想敵としてきたイデオロギーのみならず，近代合理主義という巨大な思考枠組
みをも超克する意図さえ看取可能であり，それ自体が人間社会の全体論的知覚
から立論されつつ，しかも知識社会における市民による水平的な相互関係が強
調されている。近代において優勢であった知識や技術の占有的理解を拒否し，
その生成と作用における個の自由と責任を伴う使用を想定する点に特徴があ
る。

　ドラッカーの理解によれば，技術とは支配的な権力やイデオロギーへの対抗
勢力としても認識されている。同様の視点は，第二次大戦後の新たな全体主義
への抵抗の防波堤を果たすものでもあろうし，脱近代推進のうえでの長城の
砦たりうるとも言いうる。同様の観点に立つならば，共通の認識をもって向き
合っていた，ドラッカーの言う「マクルーハンとの 20 年」（『傍観者の時代』）
は，両者に潜む共通の目的を刺戟し合いながら明瞭な像を彫琢するうえでなく
てはならない時間でもあったであろう。

第2節　メディア論的技術観

　次にマクルーハンとドラッカーを共約する基本的な認識を，発言に即して考察してみたい。二人の関係には専門領域を異にしつつ，相互に参照可能な知的モデルと認めていた点を理解しうる。ドラッカーの理解するところによれば，技術が人間社会において意味をもつ場合，人間にあっての知覚的受容が前提とされている点に特徴を有する。すなわち，技術とは，対話的あるいはコミュニケーション的変革力として，全体主義への対抗的諸力として期待されうる。というのも，非権力者においても手にしうる技術は課題解決や機会の創造における変革を推進可能とする点で一元的権力への異議申し立ての観点からも理解可能であるためである。技術が対話的かつコミュニケーション的性格をもちうるのは，一つには受容者の側に，一元的強制化を回避しつつ，フィードバックやモニタリングを通して自らの思想と判断の中に責任を伴う選択として引き入れ，自らのあり方を修正していく用意がある場合に事実上限られる。知覚による受容がある限り，技術は社会の中において，機能する権限を与えられる。反対に言うならば，人間が何らかの理由で技術を利用に供する場合には，新たな価値観や倫理観に加えて知覚的受容もまた要求されざるをえない。すなわち，人間社会に内在する固有の精神的諸力との関係で理解される限りにおいて，社会的に利用可能となる[8]。

　　技術とは自然のものではなく人のものである。道具についてのものではなく，人がいかに働くかについてのものである。人がいかに生き，いかに考えるかにかかわるものである。（略）まさに技術は人間の延長（Technology is an extension of man）であるがゆえに，その基本的な変化はわれわれの世界観の変化を現すとともに価値観を変化させる。

　上記において技術を人にかかわるものとするが，言い換えるならば，ドラッカーは技術の概念を人間社会のカテゴリーに含めており，その点は技術の知覚

的受容，すなわちメディア的特性への立脚を想定している。ドラッカーの理解は，技術が一元的な権力によるものではなく，人間による自発的なコミュニケーションによる基礎づけに止目しただけでなく，技術の活用それ自体が価値観や倫理観を帯び，その限りにおいて道具的定義づけから解放されている。同様の観点からすれば，上記で示唆した技術観は，一つの啓発的な立場として，人間精神との関係性における自律的かつ自己目的的な論理を内包し，人間の認識や知覚を進んで創造する意味合いにまで踏み込んでいる。

かくして，人間の延長としたマクルーハンによるメディア論をドラッカーは技術観に対峙させ，目的論的モデルに依拠した技術観を知識社会の根底に据えている。その点では，技術がある種の目的を実現する手段として利用に供される可能性を伴いながらも，その帰結として使用が道具化され，暴威を巨大に増幅される危険をも自らの責任において引き受けざるをえないものとなる。そのことはあらゆる文明的所産の基礎をなす技術においても妥当しうる事実であろう。現実的に，第二次大戦中においては，核や生物兵器など国家の保有する破壊的暴力の技術が出現し，それらの行使に伴う倫理観や価値観の課題が生じている。

同様の点についてのドラッカーの立場は明確であって，技術とは，人間の共生や実存を可能にする関係論的力，すなわち，それを介して新たな力を構成していく要因として理解されていた。すなわち，社会生態におけるポジティヴなフィードバックを可能とする要因，あるいはマクルーハンを援用しつつ，人間の完成（the self-perfection of man）へと導く力と理解されている[9]。

　　マクルーハンにとって技術とは，人間完成の道具だった。技術によって人間は，自らを変化させ，成長させる。他の動物が進化の力によって新たな器官を発達させるように，人間は新たな道具によって自らを成長させ新たな存在となる。

上記の技術のとらえ方は，知識概念の中心的契機であり，同様の点にかかわる技術とは，主体による事物への内在化，すなわち知覚的認識を介する能動的意味付与と道具との一体化にあった。反対に言うならば，自由や意味を創

第 10 章　M・マクルーハン——技術のメディア論的接近　｜　*253*

出する対話を許すことのない技術が一元的な権力による行使を伴うならば，基本的に全体主義やイデオロギーのための支配の道具への転用を妨げえない。ドラッカーの理解に照らして言うならば，同様の様態は技術と人間社会との対話的コミュニケーションによる不全状況から生じるとともに，正統性を伴いえない権力における逆機能の帰結として生起する可能性は低いとは言えない。1939年『経済人の終わり』において「ファシズムにおいては，汽車が時間通りに走り，乞食が大通りから追い払われる。南大西洋で最高速の船を運航し，世界一道幅の広い道路をつくる。組織と技術の細部それ自体が目的と化す。技術的，経済的，軍事的な有用性さえ二の次となる」との記述が見られる[10]。むろんナチズム社会についての描写であるが，全体主義にあって技術は目的を遂行する手段としてのみ価値をもつに過ぎない。

　対して，ドラッカーが技術に要求するのは，人間社会の支持ないし同意であり，既に述べた語彙で置き換えるならば，是認可能な理念をその技術が具備しうるかに伴う課題，すなわち正統性に伴う課題にほかならない。

　同様の観点についてマクルーハンの用語法に従うと，メディアとは情報伝達機関にとどまるものでなく，人間の身体器官の機能を拡大する人工的な装置はすべてメディアとして把握されている。一般に認識される情報伝達媒体はもちろん，自動車も住宅も文房具も衣服もみなメディアである。人間の拡張を出発点とする限りで，情報伝達機関としてのメディアは，特に視聴覚の感覚器官の拡張に相当する。すなわち，メディアとは人間を拡大する技術であり，それに伴う変化は，技術としてのメディアがもたらしうる新たな視覚に由来する[11]。

　　タイプライターは，活字がもたらした従来の動向をさらに堅固なものとし，それは綴りと文法を規制するのに直接的な影響があった。

　引用中ではタイプライターという技術は，個の活字への認識から社会的経路をたどって，結果として標準的な語法や文法を創造するのに力を発揮したと主張される。マクルーハンのメディア理解の刻印を深く帯びながらも，同時に人間の認識上の変化を不可避的に伴うとされる。同様の点について『グーテンベルクの銀河系』において膨大な例証群を駆使してマクルーハンは叙述してい

る。かかるユニークな見解に踏み込んでいくにあたり，まず直面するのは人間社会と技術が相互に織りなす関係構造の理解にある。ともに客体としての技術よりも人間社会の側の意味解釈，認識構造，形態変化をとらえようとする。マクルーハンが述べたのは，メディアにとって意味をもつのは実質的な内容ではなく，メディアそれ自体であって，「メディアはメッセージ」（the medium is the message）との鋭い一文をもってその観念は表現されている[12]。同様の視座に立つメディアの理解をドラッカーは知覚作用を必然に伴う概念として受け入れており，マクルーハンに見られる人間の拡張の語彙を受容し，意識的に世界認識の変容に伴う議論へと展開しているかに見える[13]。

> 今日の大陸間の関係は，18，19世紀のスラムと高級住宅街よりも緊密である。（略）これらの電子メディアは，物を伝える。経済を伝える。グローバルなショッピングセンターを生み出す。これもまた新しい現象である。しかもそれは，新しいコミュニティを生み出す。

　上記に見られるグローバルショッピングセンターは，現在のワールドワイドなネット流通等の現実に徴するならば，ヴィヴィッドに理解可能となるであろう。まさに，iphoneを使って，amazonで買い物したり，facebookやinstagram，twitter等で風景や経験を他者とシェアするなどは，人間拡張の諸相として，すなわち知覚としてのメディア，あるいは人の一部としての技術のただなかにあり，マクルーハンの予示した地球村の到来を如実に傍証している。

　他方で人間はその技術の中に自らの知覚を挿入し，その作用をグローバルな次元にまで自在に拡張しうる。とりわけ知識社会においては，それらは人間関係の自律と創発の網の目の中に現出し，互いの技術や知識とのインターアクションの中で，自らのアイデンティティを定礎しうる。複数の知識ある人々がともに共同体を構成するうえでの条件に依存すると同時に，その性格上，物的制約にとらわれない無限の形成動因を秘めた諸力としても理解されている。

第10章　M・マクルーハン——技術のメディア論的接近　｜　255

第3節　印刷技術の文明史的解釈

　既に考察した技術観にあって，印刷技術と近代文明の創造についての緊張感
溢れるダイナミックな関係について含蓄豊かな議論をドラッカーは展開してい
る。とりわけ印刷技術は，歴史的な巨大変革力であるとともに，知識創造に
おける枢要なコンテクストを創生した技術としての性質を内包し，それらがい
わゆるモダンの世界観を創造してきた主たる要因とされる。というのも，近代
の世界観は，印刷技術の発明とそれに続く印刷本の大量頒布によって，活字に
よる一元論的強制化のメカニズムを伴うとする。その議論は現代の知識社会に
あって新たな豊富な水脈の湧出を伴う視点を提供しているのも間違いない。な
ぜなら，ドラッカーにおいては仮想敵としての近代合理主義的世界観が活字に
よる理性的共同空間の保持を基盤としてもつ認識枠組みとする点も関係してい
るし，あるいは，現代展開されている AI や IoT，SNS などメディアをめぐる
技術の根源的変化とのかかわりでも，知識や情報を中心とする文明の帰趨的変
化に伴う課題を内に蔵するためでもある。理性主義的一元性への価値志向は，
重要な近代合理主義の契機と理解されているが，技術変化が人間の認識構造に
本源的揺らぎをもたらしているのが現状であろう。

　他方で，マクルーハンの側から，ドラッカーの視座に共通する問題意識の象
徴的表現としても，印刷技術をめぐる文明史的解釈がある。『グーテンベルク
の銀河系』において，ドラッカーによって提起された技術革命の立論を指摘し
ている[14]。

　　ドラッカーは（略）われわれの時代の「技術革命」について次のように述
　べている。「技術革命について，これまでどうも明らかでなかった点がひと
　つある。それはこの点が明らかにならないかぎり技術革命についての真の理
　解が得られないほど重要な点だ。つまり，それは技術革命を解き放つことに
　なった変化，人間の姿勢や信念や価値観における基本的な変化が生ずるため
　に，その前に一体何が起ったのか，ということである。」いわゆる科学の発

256 | 第Ⅲ部　内的対話と交流

達それ自体は，わたしがこれまで示そうと試みてきたように，この根本的変革とはほとんど関係をもたなかった。しかしながら技術革新に先立つこと一世紀前に，一大科学革命をもたらした世界観における一大変革のほうは，どのくらい〔今日の技術革命に対して〕責任をもつものか。本書は少なくともドラッカーのいう「これまでどうも明らかでなかった点」が何であるかを解き明かす試みである。

　上記の認識の中で，マクルーハンは技術革命の根幹をなす要因として，印刷技術に止目し，その探求こそがドラッカーの問いへの主要な回答として想定されている点が窺われる。そして，同様の点はマクルーハンが展開したビッグ・アイデアに基づく最も包括的視点を供してもいる。

　とりわけ印刷技術が問題となるのは，人間社会の認識構造の中枢を規定（determined）した印刷本（the printed book）によっており，上記の消息は，マクルーハンの意図の所在に伴う問題とともに，ドラッカーと暗に共約された企みの所在を改めて指し示さずにはおかない。マクルーハンの発言の要旨はメディアを人間の拡張ととらえた点にあったが，人間意識の外化を伴う技術は歴史上多くあるにもかかわらず，印刷技術及び印刷本が破格の扱いを受けるのはなぜなのか。

　マクルーハンは，書き文字の誕生から印刷技術の発明を経て，近代社会は印刷された文字の影響を多分に受けて成立したとしている。文字文化の特徴は，第1に視覚優位にあり，知覚の働きよりも，精緻な分析や緻密な論理構成のほうが権力形成において優位すると見なされる。事物よりも認識の客観性，抽象的な理念や体系に価値ありと見なされ，それらの観念は文字文化の爆発的普及の結果として立ち現れた文明史的な認識構造変革の帰結と理解されている。すなわち，マクルーハンは，文字文化が人間の認識を規定し，それ自体が政治性を露わにし，近代以降に見られる一定の文明論的帰結を生み出した可能性を指摘している。

　その一つとして，世界や自然を整序すべきとする基本認識が人々の頭脳を支配し，記述された正答を求める圧力をも惹起した点があった。『グーテンベルクの銀河系』の副題は「活字人間の形成」（*The Making of Typographic*

第 10 章　M・マクルーハン——技術のメディア論的接近　│　*257*

Man）であって，メディアを人間の拡張と考えるならば，典型的近代人とは活字人間たらざるをえない。マクルーハンの視点は，メディアや技術を遥かに超えて，近代人の認識構造へと向けられており，印刷技術の展開が，近代合理主義における認識の強制力と同一視され，支配権力として一義的に認識される状況を点綴し，いかにしてに抗していくかとの戦略的意味合いを帯びていた。

　同様の基本的な認識構造はポストモダンをめぐる思索の中にも明瞭に看取可能であり，かかるモダンの超克への問題意識は，ドラッカーとマクルーハンを共約する知的系の縦糸をなしている。既に述べたように，上記の指摘は近代合理主義批判との関係でとりわけ特別の配慮をもって取り扱われるべき論件であり，かつ両者による自覚的追求でもあった。例えばドラッカーは，活版印刷が知識とすべきものを規定した事実を率直に受け入れ，自らの知識観に定礎したのみならず，その帰結として印刷された書物が教授法と表現法だけでなく教授内容まで変え，結果として近代大学を誕生させたとする所見もほぼ修正なく受容しているかに見える[15]。

　　印刷革命が人類の歴史を変えた。人類の歴史において，知識が主役の座を得たのも活版印刷の発明以降のことだった。その時，ヨーロッパが抜きんでた存在となり，西洋と呼ばれるものになった。活版印刷の発明が書物の大量生産をもたらし，社会を一新し文明を生んだ。活版印刷による印刷本の出現は真の情報革命だった。（略）この印刷革命が人類の文化・文明を変えた。近代合理主義を生んだものは，蒸気機関ではなくこの印刷本だった。

　かくして印刷技術によって大量生産されるにいたった印刷本の出現を産業上の部分的な技術規定から区別して，基本認識の成立の機縁から問題とし，視覚上ないし認識上の規定要因として現出してきた点をドラッカーは特筆している。印刷本は，一元的な認識上の圧力として，近代合理主義を創造した技術の形態をとるメディアととらえられ，さらに進んで，西洋なる普遍的全体を把握する立場が立ち現れるにいたったとの見解さえ示している。すなわち，印刷技術はわれわれの意識をテクスト経由で形成するよう圧力をかけ，一定の客観化を過度に重んずる観察様式を生み，ひいては新しい制度や文物，人間像・社会

258 | 第Ⅲ部　内的対話と交流

像を形成していったとする。

　かかる視程をとるならば，近代を創造した印刷技術及び印刷本について思い
をめぐらせ，意義を十分認めたうえで，そこから手にした篝火で未来を明照し
つつ，観察と省察をなすのが社会生態学者としての務めとならざるをえない。
上記の認識はマネジメント著作にも随所に見え隠れする。一例を挙げるなら
ば，初のマネジメントの体系的著作『現代の経営』において，「われわれの文
明は，印刷された書式の魔力にとらわれている」との見方を示している[16]。
その点などは書物の成立に近代の形成プロセスを見出し，近代人が見る強固な
認識上の呪縛の一例を示すものであろう。そもそもドラッカーによる技術観を
吟味するにあたりマクルーハンが重要となるのは，彼が脱近代的なアプローチ
による技術理解，すなわちメディア論的視座の出発点を提示したためにほかな
らない。では，ドラッカーにあって印刷技術の考察を通した脱近代のためのア
プローチとはいかなるものであったか。それは因果的というよりも，むしろ技
術の問題が，人間社会の意味，解釈，行動，責任の問題に置き換えられて理解
されなければならないであろう[17]。

　　　教育ある人間は，人文主義者の教養課程に見られるような書物偏重主義を
　　　克服しなければならない。さらに教育ある人間は，分析的な能力だけでな
　　　く，経験的な知覚をもたなければならない。

　上記において，ドラッカーは書物偏重の克服に言及する。その含意とは，分
析能力のみに偏向するのではなく，経験や五感による知覚によっても養われる
人間，すなわち教育ある人間（the educated person）として特筆される。上
記の原点をなすであろう心象は，ドラッカー自身がウィーンのギムナジウムで
感じた革表紙に閉ざされた知識への倦怠や，戦前に逃避した人々，博士号を保
持するナチス幹部への失望から生きた世界を求め，漂白的知識人としての生活
を選び取った個人の精神的来歴からも推察可能であろう。H・ヘッセの『ガラ
ス玉演戯』（*Das Glasperlenspiel*, 1943）におけるガラス玉名人が小説の最後で
俗界に帰っていくように，あるいは，F・ドストエーフスキーの『カラマーゾ
フの兄弟』におけるゾシマ長老が青年アリョーシャ・カラマーゾフに僧院を出

第10章　M・マクルーハン——技術のメディア論的接近　|　259

て俗世の人々と交わるごとく命ずるように，教育ある者は崇高な精神や知識を
保持しつつ，現実世界との和解を果たすべきとする。印刷技術による文明，す
なわち書物偏重の人間観からの部分的脱出が，そのままモダンの超克への最も
容易かつ有効なアプローチとする観点であろう。

　ドラッカーによるメディアの技術が人間の拡張を意味する限り，近代世界
にあっては書物が人に世界を説明する主たる装置とならざるをえない。書物
を通して，世界を表象としてのみ理解する，偏向的な知識観である。書物から
の命題における静態的な固定性——例えばイデオロギーや宗教的教義（ドグ
マ）——などは，人間社会における複数の意見の存在，多元的な判断力や，
対話，討議など，総じてコミュニケーションやフィードバック，学習と呼ばれ
る世界の豊かな形成動因を切り落としてしまう危険性をもつであろう。あるい
は，書物による真理の定義づけのみによってしては，人間や社会における現実
や奥行き，全容把握は不可能であり，かえって真理の定義づけが現実認識の矮
小化へと誘導する危険もある。というのも，書物を通して知識の内容と範囲が
規定され，高等な解釈機能を含む全神経は書物を通して一元的に働き，限定的
な窓から眺められた世界は，均質な断片の組み合わせに過ぎなくなる。すなわ
ち，書物は脳に直接差し込まれたレンズであって，他の機能に支えられなく
なった意識は一種の麻痺状態にあり，本来形態に意味を求めてやまない知覚機
能や意志の作用は眠ったままとなるであろう。かかる麻痺からの部分的脱却
が，ほかならぬ脱近代への第一歩であるとともに，ドラッカーの解釈構造にお
ける暗黙の企みを解明する鍵ともなる。

　ドラッカーによる一つの試みは，因果的に社会的諸現象における唯一の正答
の導出を意図するものではなく，むしろ問いをもってなされる異なる合理の所
在の探索にある。ポスト資本主義の課題にあって「技術自体の変化よりも，教
育や学校のあり方，内容，焦点に引き起こす変化のほうが重要」としており，
知識に関する専門教育の失敗を例にとり次のように述べている[18]。

　　専門知識を一つの知識体系へと統合することのできない教養課程や一般教
　養は，教養ではない。教養としての第1の責務，すなわち相互理解をもたら
　すこと，すなわち，文明が存在しうるための条件たる対話の世界をつくり出

260 | 第Ⅲ部　内的対話と交流

すことに失敗しているからである。

　ドラッカーの理解によるならば，対話とは受け手の側の能動的な解釈を主題
として成立する。技術を因果の連鎖としてでなく，対話のためのメディアと見
なすならば，意味解釈，行動，責任の真の担い手とは発明者でも技術自体にで
もなく，同時代の社会全般を構成する個の学習能力と想像力，倫理観，責任，
総じて一般教養（Allgemeine Bildung）の度合いに依存せざるをえない。同様
の観点に立つならば，技術もまた客体としての静的な状態を脱し，世界におけ
るコミュニケーション的な有意性を獲得する。あたかも，プラトンの記述する
ソクラテスが，行為者として，実際の現場でその真理性を具現し，実践し，
その行為を通して，対話的に真理性を証明しようと試みた事実を彷彿とさせ
るが，それは一元的政治権力への独占を許す危機的状況の対極にある技術観に
ほかならない。というのも，ドラッカーがくぐり抜けた第一次大戦以降の世界
は，先端的技術による暴力行使が，政治的支配の機能として受容されてきた近
代西洋の極端な形姿であったためでもある。すなわち，上記をあえて端的に言
うならば，技術波及の結果自由な文明社会がもたらされるか否かは人間社会と
の対話による責任ある選択とその関係性次第となる。その点は野中が見事に本
質を射抜くとおりである[19]。

　そもそも対話はプラトン以来の伝統である。プラトンの書物はすべて対話
形式である。対話には弁証法という正反合で考えていく方法があり，弁証法
には２種類あると思う。一つは意識的に否定を入れ込んで行くスタイルの
「ハード」な弁証法，もう一つは否定を入れずちょうどブレインストーミン
グのようにすべてを受け入れていく「ソフト」な弁証法である。後者を活用
できればより大きな関係性が見えてくるだろう。そのような関係性の中で自
己を認識させるのは教育上大きな効果がある。部分と全体がスパイラルに連
動するようになり，フラクタルが形成される。

　上記引用は，野中が未来における専門教育について語っているコンテクスト
に依拠する。知識をめぐる本来の脈絡である対話やコミュニケーションの地平

第10章 M・マクルーハン——技術のメディア論的接近 | *261*

においてとらえ直し，ドラッカーの言う「技術が教育を通じて文明を変える」可能性から技術を再解釈していく必要を示唆する[20]。同様の点はドラッカー自身が目指した一元的な政治勢力や近代合理主義への批判において理解可能でありながらも，同時に現代社会の知識と教育をめぐる脈絡に多少なりとも修正を加えるべき点を暗に要求している。

　というのも，技術が社会への応答を促す装置として，個における認識活動に働きかけるならば，社会のルール，慣習，価値観，倫理観などの人間意識の転換にかかわり，その帰結として社会そのものの変容を伴うはずであろう[21]。ドラッカーが技術をとらえるにあたって，知識全般も同様に，近代化の過程で過小評価を余儀なくされてきた実用の知識，技能などから知覚的次元を強調したのは，技術に働きかけつつ技術に働きかけられる動態的・能動的コミットメントを意識していたためにほかならず，技術を取り上げるにあたって，メディア論的アプローチが重視されたのもそのためであった。同様の観点からドラッカーが展開した論旨を追っていくならば，〈初期〉の著作から，対話的世界の創造の観点から社会というテクストを読み込んでいく視点が既に共有されていた点に気づかざるをえない。上記の見解は，歴史的・社会的対話の中で是認された価値観や信条を相対的に信頼に足るものとし，政治的正統性の淵源と考えた保守主義的な一定の視座とも符合している。

　同様の観点に立つならば，ドラッカーは，技術と自由との緊張感溢れる関係を示唆している。技術への自由や責任，正統性を成り立たせるのは，自由な個による本来多元的な能力や強み，それらを視座に取り込んだ倫理観や判断力，美意識など，対話に基づく知識社会の形成動因にほかならない。あるいは，マネジメントを構成する主要なコンセプトの一つひとつ，マーケティングやイノベーション，意思決定，戦略論，フィードバック，モニタリングといったアプローチが多元的かつ責任を伴う視点の対話的枠組みによってとらえられ，議論が深められてきた事実がある。

　というのも，人間社会において，特定の技術の全容とインパクトをすべて把握することは不可能であり，未知の次元を多く内包する。人間の不完全な認識的前提から，技術と人間社会の可能性が提起されており，その点では，物事を因果の連鎖に還元することなく，展開過程をあたかも自らの生命力をもって繁

262 | 第Ⅲ部　内的対話と交流

茂する緑の自然を観察するごとき視程，すなわち社会生態学がそこでも推奨されている。

　上記に見る技術の理解方法は，マネジメント理解の手段としてのみでなく，ドラッカーの言説構造を基礎づけるうえでも看過しえない一定の枠組みを供する。あるいは，既に指摘したように，著作に通底する一連の視程が，近代合理主義への懐疑，あるいは限界への認識に発するのはまぎれもない事実である。ドラッカーが主張するポストモダンとは，世界に本来内在する自律性と主体的個との社会生態的相関の形姿をまとう脱モダンへの試みにほかならない。デカルトやルソー，マルクスなどを名指して，導出される必然の進歩を野蛮で暴力的なシステムと断定するのは，合理からの束縛を一義的に主張する立場から脱却して，新しい社会的認識を切り開こうとする野心を示していたためと見ても見当外れとは言えないであろう。ドラッカーにとって，マネジメントをはじめとする知識体系は，変転きわまりなき社会との関係で，途方もない多様性の追求と同義であって，価値観や認識，信条を単純に特定の理念に従属させるごとき理路はとうてい容認しえないものだった。

　マクルーハンは「今日の電子時代にあってはデカルトは粗略にあつかわれはじめている」との暗示的言辞を述べており[22]，印刷による活字メディアがディジタル化する時，形態としてのメディアとともに，人間の大脳に差し込まれたレンズが無限の屈折を帯びる変化を余儀なくされる点を示唆している。かくして脱近代が現実化しつつあるなかで，次なる世界がいかなる相貌をとるのかはいまだ見えていない。現在は印刷技術以降のメディア革命が人間社会の中で新たな緊張の爆発を呼び起こしている。活字メディアにも，電子出版や動画付きのウェブ，SNSなど，あまりにも多様な知覚の規定要因が立ち現れ，われわれの生活を全面的に浸している実態がある。有効かつ多様なオルタナティヴの出現とも見うるが，あるいはいまだ説明不能な視座の泡風呂状況にあり，印刷技術を先例とする行動と思想の機制をめぐる社会的基盤の方向づけに揺らぎがもたらされているのは疑いえない。マクルーハンとドラッカーがともに関心を寄せた技術のメディア論的次元と文明についての展望は，それらの根源的変容に伴う人間の行動と思想の基準化にかかわりをもつとともに，人間の認識構造における広範な変化の問題として立ち現れざるをえなくなる。

第 10 章　M・マクルーハン——技術のメディア論的接近 | *263*

今一度マクルーハンとの関係に戻るならば，二人の結びつきは，1970 年代に入ってから次第に薄れ，その後は交際が途切れるほどにまでなった点をドラッカーは『傍観者の時代』で記している。ドラッカーとマクルーハンの親交にあって指摘しうるのは，ともに時代から共通の課題を受け取り，独自かつ固有の作法をもって発展させていったというのみであろう。晩年にいたってドラッカーは『断絶の時代』を社会現象的に跡づける著作や論稿を公にしており，ポストモダンの議論を次第に研ぎ上げていく自覚的な練達への意志が窺える。

筆者は最晩年，2005 年 5 月 7 日にドラッカーの邸宅を訪れ，現代の技術と社会状況についてのインタヴューを行っている。問いの核心は，情報技術が知識社会の具現化とのかかわりでいかなる役割を果たしうるかにあった。最も巨大な変化は認識的次元において起こっており，つまるところ進行中の技術変化は教育を通して文明を変えていくとドラッカーは述べた[23]。印刷技術が聖書や地図，教科書などの頒布によって，教育や宗教など人間の内面的能力に巨大な変容をもたらしたように，情報技術もまた同様に個を養い培う教育を通して内面的能力を大きく変容させていくであろうと言う[24]。

知識が社会の中心に座り社会の基盤になったことが，知識そのものの性格，意味，構造を変えた。この断絶こそが最も急激であって最も重要である。実をいうと，知識労働の生産性は 15 世紀のグーテンベルクによる印刷革命以来，たいして伸びていない。（略）いよいよ再び技術が教育を通じて文明を変える。（略）情報技術によって教え方が変わり，驚くべきことに，教えることの中身まで変わっていくはずである。

上記引用からも，ドラッカーはむしろ現代の多様な技術状況から生み出された知識や認識について，ようやく歴史的かつ体系的に扱いうる段階に入ったと見なした点を読み取りうる。知識と社会との相互交流における絶えざる応答の結果明らかとなった知識社会の一つの里程標に相当する見解とも見られ，知的展開方法について一つの示唆を与えている。

晩年にいたるまで情報技術という新メディアについての発言を行ったのも，

264 | 第III部　内的対話と交流

内面的動機を推量するならば，完膚無きまでの破壊を見た20世紀へのドラッカーなりの希望の原理を探索するうえでの至上の切願を内に蔵していたに違いない。それはナチス時代を生きた青年期の危機を生涯忘れることなく，同時に自由にして機能する社会への展望をもって臨んだ観察者の証とも言えるかもしれない。

　かくして死を迎えるその時まで，ドラッカーの瞳にはヨーロッパ時代の遠景が呪われたフィルムのごとく休みなく映じていたであろう点は想像にかたくない。マネジメントにかかわる一連のコンセプトもすべてが西洋文明の崩壊と再生にかかわる診断と処方の賜であったし，そのことはマクルーハンの指摘した廃墟の街の復興のイメージとも重なってくる。同様の観点こそが，ドラッカーの人と思想，業績を総合的に検討するにあたり，青年期のヨーロッパにあって涵養された経験，思索，観察とともに，何より看過しえぬ視軸たりうる。マネジメントや知識についての一連の第二次大戦後の言説も，戦争と革命の世紀たる20世紀に生きたドラッカーの一つの回答でもあったとしうる根拠はその点にも存するであろう[25]。

　私の場合は，社会への関心の原点が第一次大戦時，1920年代，30年代における西欧社会及び西欧文明の崩壊にあったためだと思うが，企業とそのマネジメントを経済的な存在としてだけでなく，社会的な存在として，さらに進んで理念的な存在としてとらえてきた。確かに企業の目的は，顧客を創造し，富を創造し，雇用を創出することにある。だが，それらのことができるのは，企業自体が，コミュニティとなり，働く一人ひとりの人間に働きがいと地位と機能を与え，経済的な存在である点を超えて社会的な存在となりえた時だけである。

[注]
1 ）*AB*, p. 251.
2 ）*AB*, p. 244.
3 ）*AB*, p. 299.
4 ）*AB*, pp. 249-250.
5 ）*AB*, p. 252.
6 ）*AD*, p. 80.

第 10 章 M・マクルーハン——技術のメディア論的接近 | *265*

7) Bonaparte and Flaherty *eds.* (1970) (M. McLuhan "The man came to listen"), p. 44.
8) *NR*, p. 261.
9) *AB*, p. 245.
10) *EEM*, p. 219.
11) マクルーハン (1987), 270 頁。
12) マクルーハン (1987), 7 頁。
13) *AD*, pp. 80–81.
14) マクルーハン (1986), 56 頁。
15) 筆者によるドラッカーへのインタヴュー (2005 年 5 月 7 日)。
16) *PM*, p. 133.
17) *PCS*, p. 213.
18) *PCS*, pp. 216–217.
19) 三浦・井坂編著 (2014) (野中郁次郎「リベラル・アーツとしてのマネジメント」), 221 頁。
20) 筆者によるドラッカーへのインタヴュー (2005 年 5 月 7 日)。
21) 筆者によるドラッカーへのインタヴュー (2005 年 5 月 7 日)。
22) マクルーハン (1987), 373 頁。
23) 筆者によるドラッカーへのインタヴュー (2005 年 5 月 7 日)。
24) 筆者によるドラッカーへのインタヴュー (2005 年 5 月 7 日)。
25) 上田惇生への書簡 (2001 年 6 月 6 日)。

終章
ドラッカーの基本的視座

第1節　意図と構想

　ドラッカーによる執筆予定の書物には、「浪費された世紀」（The Wasted Century）の表題が含まれていたとされている。推察するに、イデオロギー対立に汚染されることで絶好の移行機会を逸し、膨大な人命と貴重な文明社会的基盤が失われる、とうてい受け入れがたい代償を支払った20世紀への慙愧に依拠していたであろう。一端を窺わせるものとして、ドラッカーも編集と翻訳においてかかわりをもったE・トラヴェルソ（Enzo Traverso）のホロコーストに関する文献に、次の記述がある[1]。

　　Z・ブレジンスキー（Zbigniew Brzezinski）の推計によれば、20世紀における戦争、殺戮、虐殺の犠牲者総数（1914年から1990年、すなわち湾岸戦争、ユーゴ、ルワンダ紛争以前）は1億8700万人と推定されている。歴史家のE・ホブズボーム（Eric Hobsbawm）は、この数字は20世紀初頭の世界人口の9％に相当すると述べている。ユダヤ人のホロコーストは、トルコにおけるアルメニア人やジプシー、1994年におけるルワンダのツチ族の大虐殺に先立つものだった。人種的憎悪によるもののみでない。ウクライナの農民が30年代ソ連の集団農業によって人工的な大飢饉の犠牲になったり、カンボジアのクメール・ルージュによる大虐殺も生起している。それらは別としても、20世紀は新たな、それまで知られることのなかった形態の殺戮がナチスの強制収容所やスターリン支配下の強制労働収容所などでなされたのであるが、異なる規模にせよ、アメリカの原爆によって、広島、長崎でも甚大な犠牲者を出している。

268 | 終章　ドラッカーの基本的視座

　ドラッカーの理解によるならば，少なくとも，一元主義的理性に領導された思想やイデオロギーに人間社会を救う力はなく，問題を一挙に解決に導く青写真や万能薬は存在しないばかりか，かえって対立を深刻にし，ついには20世紀を回復不能なまでに損なっている。同様の認識はドラッカーにとって，荒廃した青年期のヨーロッパが生涯その脳裏を去らなかった事実ともかかわりをもつであろう。ドラッカーは1937年にアメリカに渡り，産業社会の展開に伴う主要な言説上の創造を担っていくなかで，巨大な世界的名声を博していくことになるのであるが，その評価さえも，浪費された世紀の前では，受け入れるべき栄誉に値しなかったかもしれない。ドラッカーはいかなる絶対化やイデオロギーに対しても，最晩年まで抵抗を試みており，その点に関する限りでは，最後まで楽観論にくみすることはなかったように見える。

　ドラッカーの社会観を言説の広い枠組みにおいて検討する場合，一貫するのは，いずれもが全体主義やソ連を含む近代合理主義への超克という見えざる豊かな地下茎と伏流水によって養われている点である。既に検討の俎上に上げた自由にして機能する社会への希求や，社会生態学における継続と変革のコンセプト，保守主義もまた，近代合理主義の超克への意志を具現化する樹幹ないし枝として作用している。その企図を備えたドラッカーによる社会への展望は，知識社会におけるマネジメントという現代的課題においても十分な有意性と可能性を内包している。

　わけても全体主義への抵抗は，第一義的にはヨーロッパ社会に向けられているが，やがてアメリカ社会から世界に対して叙述されたあらゆる言論の底流においても様々な形で作用している。ドラッカーのヴィジョンの中枢は，『経済人の終わり』『産業人の未来』などにおいて展開された新しい政治的主題としても表れているばかりか，『企業とは何か』において巨大企業のマネジメントを予示する上で尽きせぬ枢要関心として表出されてもいる。というのは，反全体主義とアメリカ自由社会という2つの例示は，政治的評論としてのみ意味をもつものではなく，同時に，社会的機関としての企業等の組織におけるマネジメントにおいて具現された二つの世界と二つの時代を架橋する好個の形態的理念としても作用しているためである。

　とりわけドラッカーが示した反全体主義への持続的関心は，本書の主題に照

終章　ドラッカーの基本的視座 | *269*

らしても看過しえないマネジメント上の要衝をなしている。なぜなら，全体主義に抗しうる論理は，既に検討した自由にして機能する社会の展開と高度な次元で同期せざるをえないためである。保全を旨としながらも，変転する社会に対する——ドラッカーの言を引用するならば，真の革命にさえ同意するほどの——挑戦なくして，新しい自由社会が創生される可能性に乏しいものとなる。同時に，個としての自由と責任のもとに創造的に制度的枠組みを維持発展させる組織的協働なくして，マネジメントに内在する理念も正統性も保持不能とならざるをえない。

　まさに同様の観点から，ドラッカーにおけるマネジメントは，近代合理主義を創造的に超克しつつ，自由にして機能する社会を創生していくうえでのヴィジョンの具現としての含意をもつアプローチと言いうるであろう。かかる期待を担うマネジメントは，今なお変転のさなかにあり，ドラッカーが晩年に述べた 21 世紀におけるマネジメントの挑戦（management challenges for the 21st century）を呈示し続けている。ドラッカーの理解によれば，人々が知識を媒介にして——オーケストラが芸術的協働によって，はるかに高次元の音楽を創造するように——個の精神的能力の組織的協働によって世界を創生していく諸相がそこには示されていく。ドラッカーは，個の実存や強みなどに対して一貫して深い関心を寄せ続けているが，ともに個の精神活動に依拠する新たな創造をなす知識社会への里程標を供してもいるであろう。

　序章で言及した藻利の比喩をそのまま使用するならば，「ドラッカーの金山」[2)] とは，経営学からのみでなく，戦争と革命の 20 世紀から，21 世紀の高度な資本主義やグローバル化のさなかにある現在一層の重みをもつはずである。本書のアプローチは，金山に分け入り，一段深い鉱脈につるはしを入れ，ドラッカーの意図に即してその生成の闡明への意図に終始依拠していた。そのため，20 世紀の知識人として，ナチズム社会からアメリカ産業社会における基本的認識を形成している鉱脈に着目して，視座構造を〈初期〉の時代経験と著作，論稿，交流などからあたう限りトータルにとらえようと努めた。ドラッカーにおける言説上の特性を理解する点に加え，マネジメントにたどりつく以前になされた考察が，どれほど視座形成への寄与，思想的契機として作用しえたかに関心は注がれた。それらを改めて総合的に見ていくとき，少なくともド

270 | 終章　ドラッカーの基本的視座

ラッカーの意識においては，ナチズムとの対峙などの形態をとりながらも，近代合理主義への一種の対抗的なパラダイムとして所説が提示されてきた点が理解可能となる。同様の点は，背景をなす観察アプローチたる社会生態学や，保守主義にも看取しうる。彼は国家社会主義革命における支配権力の専制化と個の自由の剥奪に脅威を覚え，同時にイデオロギーの統一化に対して危機感を抱いたのであり，言説上のコントラストを形成する思想的遠景をなしていると見てよいであろう。

　一例として，ドラッカーの描くマネジメント像は，ある面で科学主義的な経営学説によって主張されるイメージの対極に位置する点は否定しえない。というのも，その始原においては，自由にして機能する社会の回復とともに脱近代を企図した限りにおいて，一種の未完の体系として，理論的な精緻化や完成からむしろ覚醒したクールな距離を置くスタンスを不可避ともするために，今日的視点から見るならば，極端な定量化や理論過剰の現況へのある種の解毒作用を供しているとも言いうる。まさしく藻利の指摘するように，ドラッカーの金山はそれぞれの施設でそれぞれの用途に応じて精錬される点において，特定の組織や集団，個などの固有の価値や要求に公正に応えうると同時に，他方で，小さな多元的な諸集団への包括的な実践への可能性をも秘めている。一面において，一元主義への反抗を強力に包蔵しながらも，他面で，極端な経済至上主義の中で脅威を覚えざるをえない現代社会のただ中にあって，片隅の合理を見失うことなく，多様でささやかな存在を知の中心に復権する足がかりともなりうる。

　今日，高度な情報化やグローバル化が，企業のみならず国境や国家を超えて，いわゆる地球村の極端なまでに進化した姿形をとりつつ世界に揺らぎをもたらしているのは紛れもない現実である。他方，21世紀の現在にあって，巨大な潜在力を秘めた資本の一つが知識であり，既に国境などを易々と越えて往来する，自由を象徴するシンボルともなっている。数多くの課題のなかでも，やはり長期化の様相を呈するのは，知識の実質的所有者たる個についての視程と展望にあろう。筆者の見るところでは，現在，ドラッカーによる基本認識の枠組みは，個のマネジメントにこそ結晶している。すなわち，その言説の生成における共通の枠組みがあり，人と社会の本来もつ自律性や自由への理念を実

終章　ドラッカーの基本的視座　│　271

現せんとする意志が，個のマネジメントにあって強力に作用しているかに見える。

　個のマネジメントの基本原則として，「仕事を通して人を成長させる」「経営管理者には品性高潔がなければならない」など，通常の経営学説でおよそ論及されることの稀な発言も憚ることなくドラッカーにあってはなされている。それには生涯にわたり逃れられなかった，青年期目にした文明崩壊や精神の堕落の陰影が色濃く凝縮的に息づいていると見られるが，観察対象が政治，企業，人いずれであれ，自律的な個を自由にして機能する社会を包含する新文明のためのかけがえのないプレーヤーと見た表れであろう。ドラッカーにとっては，心にかけた自由にして機能する社会へのイメージと，マネジメントにおける体系的言説を切り離して論ずるのはその思想を根底において結び合わせる契機からもおよそ不可能であったに違いない。想像するに，学問的精緻化や実証的整備は，さほどドラッカーの関心には上らなかったのだろう。それ以上に，責任ある応答としては，まずもって現実の社会が再びファシズムの惨禍から防護され，むしろ多元化が社会のダイナミズムを生み出すアプローチの探索と提示の方にもてるエネルギーは注がれている。

　同様の視点に立つならば，自由にして機能する社会は，わけてもアメリカ産業社会において，企業という継続と変革を担いうる組織と，地位と機能を保持する個によって推進されると見ており，企業をはじめとするマネジメントを語るに際しても個への熱烈な期待は晩年まで衰微することはなかった。ドラッカーの観察は，既に見たように，英米の自由主義の系譜や，保守主義的アプローチなどに基づいていたが，第二次大戦から没するまでの半世紀以上を本格的にマネジメントの著述とコンサルティングにあてており，マネジメントはまず実務界に大きなインパクトを与え，実践家を多く生むとともに，さらに個やNPO，病院，教会等についても網羅的に知的成果を発表していったのはその表れであろう。その中で，ドラッカーはマネジメントの主たる論者としての地位と名声を得ていくが，その言説において青年時代に内面化した基本的視座が深層底流として一貫して作用し続けた点は重ねて強調しておきたい。

第2節 現代への含意

　本書は〈初期〉の所論が知識人としての生涯においてどの程度の一貫性を保持しえたかを比較検討する試みでもあった。第二次大戦後の言説構造を根底から支えた全体主義への異議申し立てに発する自由社会と脱近代への展望を一つの範型として考察してきたのは，ドラッカーによる理念と現実における自覚的対峙を通して，マネジメントへの道程を思想的契機に着目して究明しようとしたためにほかならない。

　その点も，企業や産業という一見すると非政治的要因をも，社会的，理念的な付託を担うものとして，固有の自律的価値を擁護する課題に知的努力を惜しむことがなかった。重複を恐れずに指摘するならば，その点でドラッカーによるマネジメントはまぎれもなくヨーロッパ時代に見た文明崩壊と再生に伴う意志と行動の所産という事実である。その理路に従うならば，マネジメントは企業や産業の外部に横たわる一切の政治的，社会的，理念的な要因を継続と変革の過程で結び合わせ総合していく役割を期待された知識体系であったとも言いうる。しかし，学問的あるいは科学的厳密さをもってマネジメントの発言に乗り出したわけではなかったし，むしろ徹底して傍観者あるいは書き手，コンサルタント等のマージナルな立ち位置に徹してもいた。既に見たように，自らへの知的影響を言明するE・バーク，R・コモンズ，W・バジョット，A・トクヴィル，T・ヴェブレン（Thorstein Veblen）など，鋭敏な観察と執筆を行うにあたり，人間社会の側に共感が寄せられており，自身の言うところの社会生態学者の先人たちに倣う立ち位置からマネジメントを語ろうとしている。

　上記の視座と方法にあって顕著なのは，ドラッカーの知的営為全体が，看取られた現実への応答以外の何ものでもない点であろう。その点は，マネジメントに関するドラッカー自身の真意を明瞭に示している。彼はマネジメントとは，そもそも科学ではなく，定量的な実証性になじむものではないとしている。というのも，新しい政治学を伴う産業社会のヴィジョンは経済至上主義や一元的な権力を脱しており，多元的な人間社会のダイナミズムが生み出す創造

終章　ドラッカーの基本的視座 | 273

性を根拠とし，知識や強みなどを駆動力として，さらにそれらをもって自由社会創生の契機としていく点にあったためである。

　ドラッカーの所説は現在経営学的な，あるいはビジネス的な方法論として議論される傾向が強いものの，自身のたどった体験や観察の原点をなす意図から取り上げるならば，一つの新たな時代への予型をなす知の性質を保持する局面からも理解可能であろう。同種の問題は，現代における実践知の討究にとっても回避しえぬ焦眉の課題たりうる。

　本書では，ドラッカーの基本的視座から，政治，社会，経営等への立論のプロセスに光を当てて論じてきたが，常に影のように自由社会の危機という主題を一貫して正面から問題にしてきた時代観察者としての彼の姿が浮かび上がってくる。そこで改めて，本節冒頭の問題意識に立ち返るならば，マネジメントが方法的問題を重視しながらも，企業経営への過剰の関心をその身に引き受け，あたかも企業至上主義的傾向がドラッカーに植え付けられてしまった感がないとは言えないかに見える。しかし，ドラッカーはまた，企業の過剰な権力に一定の留保を付し，ある面で社会におけるパワーバランス的視座に基づいた多元的領野について，90年代以降NPOをはじめとする社会的セクターへの議論を介して開いており，晩年にいたるほどに青年期の問題意識に明瞭に回帰していった。

　とりわけ，現代の高度資本主義的状況にあって，マチャレロ＆リンクレターの指摘に見るように，大企業の頽落の課題は，社会的権力の問題を自由や正統性として，青年期の言説構造と明確に同一的企図による相補関係をなすようにも見える[3]。2001年に上田惇生と筆者による論稿に寄せた一文において，第一次大戦によるヨーロッパ文明の崩壊が自らの知的探求の原点にあり，企業を理念的機関としてもとらえてきたとの説得力ある論拠を示している。かかる最晩年の発言に照らすならば，マネジメントもまた，マクルーハンの言うところの廃墟の街の復興の系をなす点が窺われる。

　すなわち，マネジメントもまた象徴的なしかたで，20世紀の光と影のコントラストを身に帯びており，マネジメントの行使者は責任をもって次世代に歴史的形成を経た社会を継承する責務を負うものと考えられており，その成り立ちがすぐれて歴史的・政治的性格を帯びるとともに反全体主義と自由社会希求

274 | 終章　ドラッカーの基本的視座

上のアイデンティティが含意されている。その焦点は人間社会というそれ自体が固有の価値を保持し、いかなる等価交換にも本質的に親和せず、売買や投機の対象たりえない点にも密接に関連している。とりわけ個としての人間とは、ある特定の社会生態に生きる主存在として理解され、個とは同様の社会生態によって形成されつつ、社会生態に働きかける主体でもある。上記の歴史的な性質を帯びた言説は、明らかにマネジメントの根底をなす責任の観念として重要な役割を担ってきただけでなく、むしろマネジメントそのものが、20世紀の夢魔から深い刻印を受けた共約体験における出エジプト的メタファーであったとも見うるであろう。

　かくしてマネジメントの実践者は社会生態の展開にあって固有の担い手としての責任を必然的に身に受けるのであり、とりわけ知識社会におけるマネジメントにおいてその意味は軽微とは言えない。ドラッカーの言う社会生態学とは、ナチズムやソ連などのイデオロギー支配への対抗的な系譜としても考えられ、同時に21世紀における反近代合理主義への一つの投錨点として、自由と多元を重んずる次なる社会、すなわちネクスト・ソサエティ（the Next Society）における主題としても理解しうる。次なる社会においては、知識が主導的な継続と変革の駆動力となるわけであるが、ドラッカーの理解によるならば、最大の関心は、社会の理念を保持する実存としての個の可能性をいかに展開していくかにある。というのも、個のマネジメントは、自律的な諸個人が自らの判断と責任に基づく新しい社会関係の構築と創造が目指されている。ドラッカーの表現に倣うならば、個の強みが公共の善となる点を必然的に要請する社会たらざるをえない。とりわけ晩年のドラッカーは、自らが実見してきたイデオロギー支配ばかりでなく、貪欲で責任を欠く企業の支配システムとのコントラストにおいて、人間社会における市民の意味に踏み込む発言をも行っている。ドラッカーの主張によるならば、知識がユニークな資本として、個のアイデンティティの中枢を形成し、個の自由と責任が中心となる社会は既に到来しているのであり、それ自体が、上からの権力形態に代え、人々の間から、いわば下から権力を創出するばかりでなく、知識労働者の協力と協働による社会創造への示唆にほかならない。

　しかし、現代のグローバルな経済状況を見るならば、全体において体系的な

終章　ドラッカーの基本的視座 ｜ *275*

混乱を示しており，理論・実践ともに，ある種の根源的な対応が要請されているかに見える。行き過ぎた経済偏重への違和感に対しては，社会生態学的アプローチは本来的に漸進的かつ長期的な対処を要請する点からも，半ば不可避的にささやかな多元的かつ人間的取り組みの奨励という形をとらざるをえなくなる。現在，既存の学問体系を包括する学圏，あるいは学環が形成される状況を視野に入れたとき，ドラッカーの言説における特質は知の今日的意義を十分に予示しており，同様の観点から，前提とする新たな知の可能性をさらに掘り下げていく必要があるであろう。確認しておくべき点は，知識という資源をもつ個が高度な自律性をもって社会と結合しうる可能性である。あるいは，特定の個が多様な形態の組織やネットワークを生きた感覚とともに形成していく社会の可能性である。第二次大戦後の大規模な産業化は，巨大企業が典型であるように，ある時期までは個を組織に従属させる生産システムと表裏一体をなして展開されてきた。今日問われているのは，むしろ個が組織を活用し，それによる含蓄豊かな自由と機能，創造の具現化に伴う可能性であろう。

　というのも，ナチズムやソ連などの一元的イデオロギーへの反発からドラッカーが知的道程を歩んだ点は既に見たとおりであるが，今日の経済社会の実際は，グローバル・レヴェルにおいて新たな経済至上主義による危殆に瀕しているかに見える。確かに知識を新たな資本とする社会が固有の強みと力動性をもつのは間違いない。しかし，一方で，知識社会や労働スタイル改革，ライフシフトなどの美しいコンセプトが声高に喧伝されながらも，主人公であるはずの個が膨大な労力と時間を組織のために捧げ，一つ間違うと全体主義社会や工業社会でもありえなかった多元性や自由とは正反対の環境が無軌道に現出している感さえある。その結果，そう遠くない将来，政治社会の不安定化が引き起こされる可能性もなしとしない。

　そのために，さらに個の力や判断力，自由や責任を生産的かつ多元的にマネジメントしていく方途を探求していかざるをえなくなる。同種の課題を真剣に受け止めるなかで，身体がふさわしい衣類を獲得するように，現実に合わせた知識をめぐる社会生態にふさわしいマネジメントが期待される。

　むろんドラッカーの場合，マネジメントの言説においても，知識労働者への社会的権力の移行を述べ，固定化したエリート支配からの脱却をも帰趨として

含意される。現代社会を見る限り，その種の下からの社会活動がいわばウェブやグローバル化の進展とともに，世界全体に広がる気配を見せているのも事実である。すなわち，経済問題だけでなく，社会全般を取り巻く無数の課題群が，例えばSNSなどを通して親しみを伴う討議の対象となりつつある時代が来ている。既に指摘した地球村の遍在として，知識が民衆に開かれた実効あるものとして表現されており，高度な知識化の課題を伴いつつ，ドラッカーの言うネクスト・ソサエティの部分的示現とも認識してよいであろう。ドラッカーの社会生態学は，未来のマネジメントを根底から支える視点として，下からの社会活動の趨勢をさらに扶植するうえでの基盤を供する可能性をそこに指摘しうるであろう。

第3節　思想と展望

　本書では，〈初期〉におけるドラッカーの基本認識の探求を主題としてきた。序章で投げかけたいくつかの課題を確認しながら，その視座と方法に伴う意味付けを示しておきたい。

　第1に，ドラッカーの人，思想，業績に伴う根としてのヴィジョンの底流は，どの程度一貫性を保持しえたのであろうか。業績全般にあって，企業や組織等の経営への関心は否定しえないが，ナチズムへの異議申し立てに起源を有するドラッカーにおける言論上の意図の問題は，方法的前提の課題，あるいは観察上の視座からしても譲りえない定点であったのは首肯しうるところである。しかも，上記の一貫した視座の問題は，少なくとも経営学の側からは省みられることがいたって少なかった。ドラッカーが第二次大戦後，マネジメントに伴う一連の言説に踏み出していった後も，上記の問題意識は最後まで主要な関心を構成する中枢的契機であり，主題たり続けている。

　なぜなら，産業社会の中心機関と見定められた企業もまた，自由にして機能する社会の展開を促す理念構造の中ではじめて可能性を具現しうるためである。すなわち，企業が社会的，あるいは政治的機関として，単なる経済的私益追求に用いられるのではなく，むしろ産業社会を構成する個の実存や成長を

終章　ドラッカーの基本的視座 | *277*

促しつつ，しかも組織の協働をもって創造的な自由社会の形成を伴う新たな公的世界への積極的参画を期待される点に理念的存在としての企業像を見出しうる。そして，企業を理念的存在として理解するとき，全体主義やイデオロギー的な脅威から自由社会を内側から防護しつつ克服しうるだけの正統性を伴う社会の可能性が開かれるであろう。

　他方でドラッカーにあって，近代合理主義の行き詰まりへの認識を前提としたポストモダンに依拠した議論もまた地下水脈において相互流通する貴重な問題圏を形成している。一つには，ドラッカーが観察対象とした 20 世紀の文明社会が，単一の視座上のカテゴリーの枠内ではとらえきれない深淵を有していた点が窺われる。既に述べたように，例えば，保守主義や社会生態学，知識社会や技術などによって，ドラッカーはある種の文明的感受性を間接的なしかたで言論のなかで表現しているのであるが，基本的にデカルト以降の近代合理主義的理説を暗黙の仮想敵としながらも，多くの場合，固有の作法をもってマネジメントを基礎づける思想的機縁の所在を暗示している。ドラッカー自身，上記の理説をマネジメント等の所説の展開において旗幟鮮明としていたわけではなく，また各理説を個や社会における哲学的概念に結びつけて自らの立場を表明したわけでもない。しかし，人，思想，業績の全体像における企図の位置づけを考えたとき，上記の思想的契機を伴う見解は一つの有徴な説得性を伴う解釈として浮かび上がってくる。

　第 2 に，ドラッカーを言論人として歩ましめた特有の視座とはいかなるものだったのであろうか。本書の起点であるヨーロッパ時代の所見に立ち戻るならば，英米流自由主義と保守主義等の伝統に深く定位された，政治や社会，個等への思想系譜に基づいて，アメリカ産業社会を観察している。そこでは，ある種の思想的アマルガムが形成されており，種々のアプローチを基底とした固有のヴィジョンを看取しうるし，そのなかでマネジメントこそが，それらを踏まえ，第二次大戦後の公的世界再建を意図した知的主題として提示されている。しかし，マネジメントに限らず，ドラッカーによって提示された言説は，地域的，文化的，歴史的に多様な帰属性を伴う思想によるユニークな結合でありながらも，それ自体無定型な焼き直しではない。むしろドラッカーは自らが体験してきた，漂白性やマージナル性などから，マクルーハンの言う世界市民とし

278 | 終章　ドラッカーの基本的視座

ての新しいアイデンティティを表現しうる知的体系を意識的かつフィジカルに研ぎ上げてきた。自由や正統性はもちろんのこと，保守主義，社会生態学，日本美術といった，諸種の概念やアプローチが抽象的に論じられるのではなく，現実との折衝と研磨を経て展開されているのはその一つの表れである。マネジメントの言説においても，数多くの基底的概念やアプローチの投影を確認しうるし，固有のしかたで思想や関心，同時代人との対話による考察等を包括的に内に蔵しつつ，それ自体が尽きせぬ大洋のごとき可能性を湛えている。

　あるいは，同時にそこにはドラッカーによってあえて語られることのなかった主題の余燼さえをも瞥見しうる。マネジメントもまた，脱モダンに伴ういくつもの知的領域の系流をなすとすれば，少なからざる新しい現実はいまだ名辞さえ獲得していないとも考えられるためである。かかる未完の体系性は，かえってその未完性のゆえに，今日にいたるも所説がリアリティをもって生前にもまして多方面で参照され，新たな知的感性が現代世界を強く触発し続けている点に明らかであろう。かくしてドラッカーの問題意識を構成する概念が，現代の世界動向への啓発的な可能性を保持しており，現代をめぐるパースペクティヴは，脱一元主義，脱近代合理主義として21世紀の世界に鋭いインスピレーションを付与している。

　第3に，ドラッカーによって観察された知の地平は，現代にあっていかなる展望を有するものであろうか。脱イデオロギーとともに，脱近代合理主義への省察が見られるのは本書の課題における重要な系をなす問題意識であるが，21世紀の世界に要請される知識社会という今日的課題に，しかるべき寄与をなす潜勢力を秘めているのもまた確かであろう。というのも，ドラッカーの言説は，一元的強圧への抵抗を基軸としながら，底流にあって脱近代と新たな世界認識を志向してもいる。20世紀の夢魔のごとき全体主義やソ連の支配が，逆説的な形で，脱近代への鋭敏な洞察を可能としたとも言いうるであろう。多くの識者の指摘を待つまでもなく，既に大企業システムやそれに伴う雇用制度ばかりか，近代主義的な国家や貨幣制度までもが揺らぎに晒されており，21世紀初頭の現在，世界観の変化として問われつつある。既に現代社会は，近代を超克しうる確実な形姿をドラッカーの言うところの既に起こった未来として目撃しつつあるが，必ずしも理論上の変化によってそれらの変化が引き起こされ

終章　ドラッカーの基本的視座　｜　*279*

たわけではない。

　事実として，ドラッカーの言説には，経営学を含む社会科学全般への関心の欠如が見られる。その問題点は，多くの論者からしばしば批判的に取り上げられてきたところであるが，本書冒頭で紹介した，「学者というよりはジャーナリスト」とするのは，端的な所感であろう。豊潤な構想力を湛えている点で，所説は卓越性と魅力をも内包しているものの，断片的な思索であり，それらに伴う精密な体系を示す組織論や制度論，手続き論を提示していないばかりか，実証性を担保するうえでの枠組みを探っても発見は困難である。ただし，ヨーロッパ時代に形成された意図との関連で探索するならば，むしろ一元的な支配権力に伴う固定的関係性からの個と社会の解放によって，自らにふさわしい理念と正統性を備えたグランドデザインを可能にしていく基底的条件に着目した論者であったのは否定しえない事実であろう。本書においては，基本的視座と方法を考察し，その議論を可能な限りマネジメントを含む著作との思想的脈絡においてとらえ直そうと努めた。もちろんかかる再解釈は，基底的な意図を未来に向けて創造的に生かしていくうえでの期待をも内包するが，最後まで学問としての位置づけをもちうるかは議論の分かれるところであろう。

　ドラッカーの知的布置を描写し，それを表現するしかたは多数ありうるであろうが，あえてキーワードをはしがきで指摘した大樹の形状を援用しつつシェーマティックかつ生態的に表現するならば，ヨーロッパ時代におけるウィーン文化に依拠した観察者としての歩みや，ハンブルグにおける内的対話，フランクフルト時代のジャーナリスト兼学究としてのナチズムとの抗争などの次元が，一定の視座と思索に基礎づけられた世界像のもとで次第に培われてきた局面と，それとのコントラストをなすアメリカ移住以降のマネジメントの言論や実践者との二層からなる理解が可能のように思われる。とりわけドラッカーのマネジメントは，第二次大戦以降のアメリカにおける言説の中枢をなすものであるが，それもまたドラッカーが言論人としてあるいは観察者としてヨーロッパ時代を生きた深みの次元で営まれた結果でもあり，思想的深度がほぼそのまま実践的次元に表出した事実を示している。同様の点は，本書でも議論された社会生態学や保守主義，ポストモダンなどとも密接にかかわっており，ヨーロッパ時代に培われた根から幹にいたる多様な意味構造を秘めたド

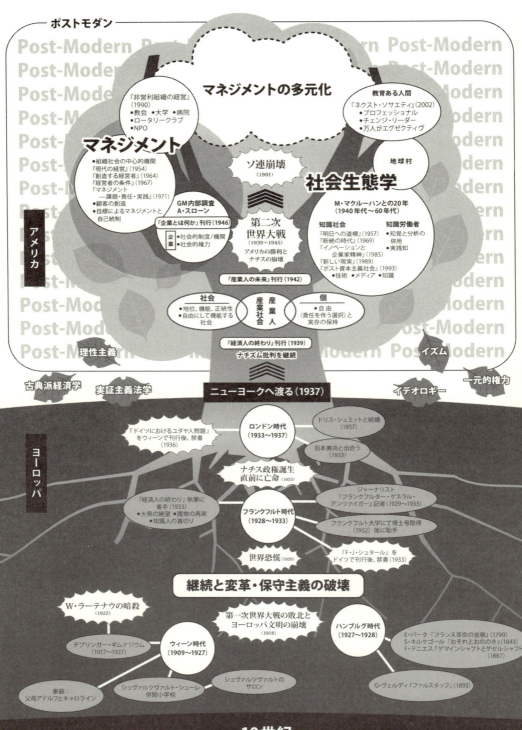

終章　ドラッカーの基本的視座　｜　*281*

ラッカーの観察と思索が，ナチズム批判のルートを経由して，新たな世界観へと展開・繁茂していった帰結と見うるであろう。

　ドラッカーはもちろん，左記で示される根をなす深さの次元を直接的な知的課題とする種類の言論人ではなく，むしろ現実社会とのかかわりの中で，産業社会の内側から言説を展開したのであって，思想的次元を自らの言説上の基礎に据えることはしなかった。しかし，主題がマネジメントや産業社会の内側にあろうとも，あるいは現実社会や実践的次元にとどまろうとも，根から備給された精神的次元からの豊かな水や養分が，現実を観察する上での局面を随時指し示していたと考えることは十分に可能と思われる。あるいは，マネジメントが戦争と革命で致命的に損なわれた公的世界の創造的再建にとって力となりうるならば，全体主義の破壊を有効に回避するのみではなく，社会に根を下ろした個の精神，すなわち自由と実存，継続と変革の次元への同通――それは無意識になされるものであってもまったくかまわない――を必然としなければならないであろう。おそらく，ヨーロッパ文明の崩壊を出発点とするドラッカーのマネジメントは，個の自由や実存といった精神生活を広大かつ複雑な地下茎として保持しつつ，企業活動に見るように，精神生活との一義的関係においてではなく，実務的・実際的外皮をまとっての提示に成功した知的体系であったとも言いうるであろう。

　とりわけ，ヨーロッパ時代における複数の破壊を起点とする歴史的気運に触れ，F・J・シュタールやE・バーク，W・バジョットなどの保守主義者を想起させるしかたで，継続と変革を社会成立の必然としたドラッカーの認識に対して，ナチズムやソ連は歴史や社会的自律性を破壊する統治形態として理解されているのは既に見たところである。ドラッカーにあっては，第一次大戦とナチズムがヨーロッパ時代の枢機をなす危機の熱源として作用し，その意味を自覚的な観察と対峙によって理解し，新世界アメリカにおける創生と対をなす原理として，トクヴィルの言う，新しい政治学としてのマネジメントの言説展開を企図した点が，ドラッカーの人，思想，業績を大樹の生成に重ね合わせる形で左図では示されている。

　マネジメントの観点からするならば，ヨーロッパ時代の非人間的支配への抵抗に対峙し，それへの巨大な反作用として表出された理説として，個と社会を

282 | 終章　ドラッカーの基本的視座

自由と機能，正統性をもって力強い肯定のイメージで再創造するプロセスとも同義であったと看取しうるであろう。ドラッカーのヨーロッパ時代は近代合理主義の極端な噴出の帰結として，ユダヤ人殲滅や言語の堕落などの人間精神の死のイメージのなかに姿を現していった。自身もまた，『F・J・シュタール』『ドイツにおけるユダヤ人問題』の二著の禁書による精神的制裁を引き受け，絶望の淵をさまよった一人でもあった。それとの激しい時代の摩擦熱において，アメリカ産業社会は人間の生命を象徴する希望のメタファーとして把握されうる。

　同様の点は，ドラッカーの人生における歩みのなかにも示されているように思われる。ドラッカーの出発点には，ウィーン時代の戦前への被縛や，第一次大戦の敗北とヨーロッパ文明崩壊の認識，W・ラーテナウ暗殺やそれらに継起するフランクフルトでのナチズムとの対峙などがあった点は既に指摘したところである。ヨーロッパ時代の危機をめぐる一連の体験は，つまるところドラッカーの観察内容のみでなく思想内容をも根底から規定しており，それら危機への認識はアメリカ移住後に取り扱われる少なからざる主題にとっての決定要因ともなっているのに疑念の余地はない。図でいうところの，幹の中心をなす産業社会や産業人から，マネジメントや知識社会にいたる知的主題においても，危機認識は繁茂する枝葉における明瞭な培養源として作用している。そこには，アメリカにいたってもなお，ヨーロッパ時代の危機から完全に免れたわけではなく，社会やそれを構成する個が，自ら自由にして機能する社会への推進主体たらざるをえないとの認識は一貫して保持されている。

　同様に，全体主義から社会を防護し，自由で創造的な社会を具現する上での社会的機関として企業をとらえる点，さらにはソ連崩壊以降の多極化，地球村の実態化をめぐる高度な知識化を極める世界情勢にあって，NPO 等の非営利組織や，教育ある人間，知識ある個のネットワークによるネクスト・ソサエティなどの形態をとって，マネジメントは多元化のもとに一層の有意性を高めていると見てよい。ドラッカーによって示されたパースペクティヴ全体は，現代世界の展開における視程獲得にあって有効な物見塔の役を今後も供し続けていくはずである。

終章　ドラッカーの基本的視座　｜　*283*

[注]

1 ）Traverso (1999), p. 3.
2 ）藻利 (1959), 2 頁。
3 ）Maciariello and Linkletter (2011), pp. 392–393.

あとがき

　私にとってドラッカーは自らの時代と闘う，静謐な過激さを身に帯びた慨世の言論人であるとともに，20世紀に身を置きながら21世紀を予示する思想家でもあった。その面貌に接するとき，私はいつもR・シューマンがF・ショパンを評した一文「花園の中に大砲を隠している」を想起しないわけにはいかなかった。

　その名を意味あるものとして耳にし，初めて書物に手を伸ばす機会を得たのは，今から20年あまり前の1997年のことである。出合いは日本経済研究センターの会長を務められていた金森久雄先生との会話においてであった。その時は，K・マルクス，J・M・ケインズ，J・シュムペーターなどの大経済学者について伺っていたのであるが，経済学者と呼ぶに似つかわしくないドラッカーの名が発せられたのに，虚を突かれた感があったのを覚えている。その時は，彼の名が金森先生の口に上ったのにどれほどの意味があったかを理解するのは，いささかの経験も知識もない私にとっておぼつかないものがあった。

　著作をある程度の力を傾注して読みはじめたのは，さらに3年ほどして，経団連におられ，ものつくり大学の設立に奔走中であった上田惇生先生と出会い，80時間に及ぶインタヴュー形式の対話を行ったときであった。それが私と彼との内的対話の事実上の起点となった。政治関係から社会生態学関係，さらにはマネジメント関係まである程度広く読んだように記憶するが，その時でも真意を理解しえたかというと定かではなかった。

　しかし，一つだけ確かなことがある。ドラッカーの語り口である。穏和な中にひそむ切実さ，あるいはえもいわれぬ凄みが，心の奥の井戸に投げ込まれた鋭利な小石の感覚として今も記憶に残っている。その口吻は，マネジメントについて語る経営学者というよりも，20世紀の激動に対峙し格闘した人の小さな祈りに似ていた。自ら観察した世界への率直な応答，20世紀という時代への断固たる抗議とともに，絶望への絶えざる誘惑に屈することなく，希望の水

脈を指し示しつつ表明し続ける人に私には見えた。確かに業績の多くは企業や
マネジメントという映写機を通している。形式的にはそのように見える。しか
し，哲人の指し示す先に思いをはせるならば，映し出される遼遠なスクリーン
には異なる映像がたゆみなく映じ続けていた。そこを見なければドラッカーの
何も見たことにはならないのではないかと私はいつしか考えるようになった。

　彼の操る言語には，淡い陰影や，綾に似たものがあり，読み手の理解や専門
性，才気に応じてそのグラデーションは七重にも広がっていくところがある。
その中で感じたのは以下の点である。

　第1に，何よりも，著作を通して，それまで触れることのなかったヨーロッ
パからアメリカにいたる重厚かつ洗練された教養文化に根ざした生活を垣間見
させてくれた。そのとき得た印象は，現代の経営学者に対するものよりも，プ
ラトンや万葉集にふれたときに感じる遠い感覚であった。その感覚は本書で
展開した主題とも重なり合うところがある。その印象を実際に確認したく，
ウィーン，フランクフルトやクレアモントなどゆかりの地を数度，さらには浪
費された20世紀の不条理を象徴するアウシュヴィッツやトレブリンカ，ワル
シャワ・ゲットー，ザクセンハウゼンなどを訪れたのも，彼からの触発にほか
ならなかった。

　第2に，私にとって，ドラッカーは現代社会に生きる意味を明確に伝えてく
れる実存哲学者でもあった。むろん彼は自身の探求の意図からも，思想・哲学
を志向したわけではないし，世からもそのようには見なされていない。それで
もなお，彼が投射するスクリーンを通して目にする現代社会は，想像もできな
いほどに多彩で豊かな写像を日々示しており，われわれが現に行っているささ
やかな営みのもつ文明の継続と展開における哲理を静かに訴え続けている。

　第3に，私にとって，言葉のもつ神聖さとともに，人と社会の尊厳を教えて
くれた言論人として重要な存在であり続けた。彼は，社会は社会自身を超えた
視点からの理念がなければ，解体を余儀なくされるのだと〈初期〉の著作で述
べていたと知った。さらに，社会にとって多元的な存在同士は脅威ではなく，
固有の強みの創造性の源としうるのだと述べていたと知った。そのとき，『ロ
マ書』の「苦難は忍耐を，忍耐は練達を，練達は希望を生む」を想起しつつ，
改めて彼は時代の試練を自らの内に担い育ててきたのだとつくづく実感させら

あとがき | *287*

れた記憶がある。

　本書は私とドラッカーとの対話という性質をもっている。2005年には幸運なことに，最晩年のドラッカーとクレアモントのつつましやかな自宅で実際に対話を交わすこともできた。だが，ドラッカーが亡くなって十数年を経た現在にいたって議論は一層の苛烈さを増している。とりわけ，ドラッカーが目にすることのなかった世界について彼と対話を行うことは概してスリリングであり，視程や思考を育む上で有益であったと感じている。今から振り返ってみると，彼との対話は私の社会人生活とほぼ一致しているが，今後は対話によって受け取ったものをどのように内面に基礎づけ，世の中に投げ返していけるかとの課題が残されている。

　最後に，ドラッカーを思想的契機からとらえようとの試みは，今もって私の中に一抹の苦みを残さずにはおかない。ドラッカーの意図は果たしてそこにあったのかとする問いにも，今もって明瞭に応答しがたい何かがあるのもまた確かである。あるいはJ・ブルクハルトの述べるように「本を書くとは取り返しのつかぬおしゃべりをしたのと同じこと」であり，本書のとるパースペクティヴは牽強付会の無謀であったように思われなくもない。

　筆を措くにあたっては，せめて本書を一つの奇貨として，ドラッカーをめぐる多様かつ活発な議論の一助ともなればと願うほかはない。

早稲田大学中央図書館にて

井坂　康志

謝　辞

　本書を上梓するうえで，多くの方々のお力をいただいた。特に2001年から時にドラッカーになり代わって忍耐強く対話に付き合って下さったばかりでなく，ドラッカーのもつ深み，それにささやかな人生の時間を捧げる意味と価値を教えて下さった上田惇生先生にまずもって感謝を捧げたい。上田先生との出会いがなければ，現在の筆者はありえなかった。

　執筆にあたっては，三戸公先生，金森久雄先生，伊藤雅俊先生，島田恒先生，勝部伸夫先生，室田泰弘先生，多田治先生，池谷聡先生の諸先生方には特記して謝意を表したい。とりわけ三戸先生，勝部先生，島田先生，室田先生は貴重な時間を割いて草稿に目を通して下さり，多くの有益なサジェスチョンを惜しまれなかった。終章で示した樹のメタファーによる図は勝部先生のご指摘を筆者なりに再構成したものである。ご指導の一つひとつにこの場をお借りして改めて感謝を申し上げたい。

　同様に，日頃より筆者への様々なご指導とご支援を下さっている，坂本和一先生，野中郁次郎先生，藤島秀記先生，三浦一郎先生，阪井和男先生，寺島実郎先生，石岡慎太郎先生，野上武利先生，安井猛先生，林義樹先生，谷崎敏昭先生，友成真一先生，高木直二先生，佐藤等先生，樺島榮一郎先生，西條剛央先生の諸先生方にもこの場をお借りしてお礼申し上げる。筆者なりのささやかな使命感をもって執筆に邁進しえたのは，これら尊敬する先生方なくしてはありえなかった。

　また，いくばくかなりともご学恩に報いるものとなっているか甚だ自信がないが，早稲田大学で筆者を指導して下さった関根勝先生，東京大学大学院で同じくご指導を下さった須藤修先生，田中秀幸先生にも感謝申し上げたい。

　クレアモント大学院大学のドラッカー・インスティテュートとドラッカー・スクールでは，豊かなご厚誼をいただいてきたJ・ダロック学長，J・マチャレロ先生，J・リップマンブルーメン先生，山脇秀樹先生，J・リー先生，J・

謝　辞 | *289*

ハンター先生，小倉康嗣先生などの諸先生方への感謝は尽きない。ドラッカーのウィーン，ドイツ時代については，W・ウェーバー先生，村山にな先生の諸先生方からの研究上のご指南を賜った。ドイツ語文献の読解については，元筑波大学准教授，現ドイツ外務省のM・ポール博士のご助力をいただいた。また，筆者寄寓時にフランクフルトの市街と史跡を案内して下さったシュレーダー美枝子氏，ブダペストのご自宅に定期的な寄留をお許しいただき，ヨーロッパの現在を教えて下さった大久保正光氏，クレアモントでの温かなコーディネーションを下さった友人の八木澤智正氏にも深く謝意を表したい。

　その他，書物や論文等を通して教えて下さった方々は数多い。しかし，筆者が直接お目にかかることができたのはごく少数であり，現在のところまで研究を整えて下さった，今は亡き先哲も少なくない。2006年にドリス・ドラッカー氏にお目にかかった折，「ドラッカー先生の社会哲学者としての側面を一層追究していきたいと考えています」と申し上げた筆者に，ドリス氏は，「それこそが夫の望んでいたことでした」とお答えになった。本書がドリス氏をはじめとする多くの賢哲の高潔な志にごくささやかなりともお応えできるものになればとの祈るような思いでいる。

　私事にわたるが，本来手に余る本書の執筆の中で，筆者の魂を温め続けてくれた3つの楽曲がある。筆者が小学6年時，羽生市産業文化会館で耳にしたベルリン放送交響楽団によるL・ベートーヴェン「レオノーレ序曲第3番」，栃木の高校時代，霹靂のごとく筆者の心の内部を刺し貫き今なおとどまり続けているB・ディラン「くよくよするなよ」（Don't think twice, it's alright），そして，母校早稲田大学の入学式での感激とともに思い出す早稲田大学交響楽団によるR・ワーグナー「ニュルンベルクのマイスタージンガー　第一幕への前奏曲」である。おぼつかぬ歩みの中で，筆者を温かく育てて下さった多くの方々とともに，励まし支えてくれた偉大な二人のドイツ人と一人のアメリカ人の名を書き記す勝手をお許し願いたい。

　最後に，日頃より未熟な筆者を温かくご指導下さるばかりでなく，出版事情厳しい折に一書とすることを受け入れて下さった前野隆社長，前野眞司氏，山崎勝徳氏をはじめとする文眞堂の皆様にもこの場をお借りして厚く感謝を申し上げたい。

参考文献

Archiv für Rechts-und Sozialphilosophie article, 1933, An article from the Archiv für Rechts-und Sozialphilosophie (Archive for Law and Social Philosophy) on Peter Drucker's work, "Friedrich Julius Stahl Konservative Staatslehre und Geschichtliche Entwicklung," The Drucker Institute.

Ayling, S. (1988), *Edmund Burke his life and opinions*, Murray.

Bagehot, W. (1873), *The English Constitution*, Little, Brown, and co.

Beatty, J. (1998), *The World According to Peter Drucker*, Simon & Shuster.

Berle A. A. and G. C. Means (1932), *The Modern Corporation & Private Property*, Harcourt.

Bernstein, H. (1924), *Celebrities of Our Time*, Ayer Publishing.

Bonaparte, T. H. and J. E. Flaherty eds. (1970), "The Philosophical Framework for Peter Drucker," *Peter Drucker: Contributions to Business Enterprise*, New York University Press.

Brem, R. (2005), Peter Drucker's Biography, Drucker as a Opponent of the Nazis, the Atlantic.

Buford, B. (2014), *Drucker & Me: What a Texas Entrepreneur Learned From the Father of Modern Management*, Worthy Publisher.

Cohen, W. A. (2016), *Peter Drucker on Consulting: How to Apply Drucker's Principles for Business Success*, LID.

Drucker Archives, Correspondence written in German from the Universität Frankfurt am Main.

the Drucker Society of Austria, Friedrich Julius Stahl (on website).

Drucker, Doris (2004), *Invent Radium or I'll Pull Your Hair*, The University of Chicago Press.

Drucker, P. F. (1933), *Friedrich Stahl: Konservative Staatslehre und Geschichitliche Entwicklung*, Mohr.

—— (1939), *The End of Economic Man*, John Day.

—— (1941), "What Became of the Prussian Army?" *The Virginia Quarterly Review*, Jan.

—— (1942), *The Future of Industrial Man*, John Day.

—— (1946), *Concept of the Corporation*, John Day.

—— (1946), *The New Society*, Harper & Row.

—— (1954), *The Practice of Management*, HarperCollins.

—— (1958), *Technology, Management and Society*, HarperCollins.

—— (1957), *Landmarks of Tomorrow*, HarperCollins.

—— (1964), *Managing for Results*, HarperCollins.

—— (1967), *The Effective Executive*, HarperCollins.

—— (1968), *The Age of Discontinuity*, HarperCollins.

—— (1971), *Management: Tasks, Responsibilities, and Practices*, Harper & Row.

—— (1971), *Men, Ideas and Politics*, Harper & Row.

—— (1978), *Adventures of a Bystander*, HarperCollins.

—— (1985), *Innovation and Entrepreneurship*, HarperCollins.

―― (1986), *The Frontiers of Management*, Dutton Adult.

―― (1989), *The New Realities*, HarperCollins.

―― (1990), *Managing the Non-Profit Organization*, HarperCollins.

―― (1992), *The Ecological Vision*, Transaction.

―― (1993), *Post-Capitalist Society*, HarperCollins.

―― (2002), *Managing in the Next Society*, St. Martin's Press.

―― (2003), *A Functioning Society*, Transaction.

Edersheim, E. H. (2007), *The Definitive Drucker*, McGraw-Hill.

Flaherty, J. E. (1999), *Peter Drucker: Shaping the Managerial Mind*, Jossey-Bass.

Freeman, M. (1980), *Edmund Burke and the Critique of Political Radicalism*, Blackwell.

Frohnen, B. (1993), *Virtue and the Promise of Conservatism: The Legacy of Burke & Tocqueville*, University Press of Kansas.

Griffin, R. (2007), *Modernism and Fascism: The Sense of a Beginning under Mussolini and Hitler*, Palgrave Macmillan.

Hayek, F. A. (1964), "Individualism: True and False," "The Use of Knowledge in Society," *Individualism and Economic Order*, Routledge & Kegan Paul.

Jackson, M. C. (2005), "Reflections on Knowledge Management from a Critical Systems Perspective," *Knowledge Management Research & Practice* (3).

Kantrow, A. M. (1980), "Why Read Peter Drucker?" *Harvard Business Review*, Jan.-Feb.

Kessler, H. (1992), *Walter Rathenau: Tragic Statesman of Germany*, Allborough Publishing.

―― (2008), *Walter Rathenau: His Life and Work*, Beston Press.

Maciariello, J. A. and K. E. Linkletter (2011), *Drucker's Lost Art of Management*, McGraw-Hill.

Novakovic, W. E. (1975), *Walter Rathenau: An Idealist Tested by Reality*, Slippery Rock University of Pennsylvania.

Polanyi, K. (2001), *The Great Transformation: The Political and Economic Origins of Our Time*, 2nd ed., Beacon Press.

Rathenau, W. (1921), *In Days to Come*, George Allen & Urwin ltd..

―― (2009), *The New Society*, BiblioLife.

―― (2003), *Writings on Economics and Management*, Thoemmes.

Rosenstein, B. (2009), *Living in More Than One World: How Peter Drucker's Wisdom Can Inspire and Transform Your Life*, Berrett-Koehler Publishers.

Sloan, A. (1990), *My Years with General Motors*, Crown Business.

Stevenson, A. and M. Waite eds. (2011), *Cocise Oxford English Dictionary*, 12th ed., Oxford University Press.

Tarrant, J. J. (1976), *Drucker: The Man Who Invented the Corporate Society*, Cahners Books.

Traverso, E. (1999), *Understanding the Nazi Genocide: Marxism after Auschwitz*, Pluto Press.

Volkov, S. (2012), *Walter Rathenau: Weimar's Fallen Stateman*, Yale University Press.

Weber, W. W. (2008), "Managing Complexity: Lessons from Peter Drucker and Niklas Luhmann," *Civilization and Management*, Vol. 2.

Weber, W. W. ed. (2010), *Peter F. Drucker's Next Management*, Verlag.

Williamson, D. G. (1971), *Walter Rathenau: A Study of His Political, Industrial and Cultural Activities and of His Reputation in Contemporary Germany, 1893-June 1921*, University of London.

Wood, J. and M. Wood eds. (2005), *Peter, F. Drucker: Critical Evaluations in Business and*

Management, Routledge.

〈邦語文献（翻訳を含む）〉

青地伯水・國重裕・恒木健太郎・友田和秀（2010）『ドイツ保守革命』松籟社。

秋元律郎（1999）『知識社会学と現代——K・マンハイム研究』早稲田大学出版部。

麻生幸（1992）『ドラッカーの経営学——企業と管理者の正当性』文眞堂。

アレント, H. ／大島通義・大島かおり・大久保和郎訳（1972−74）『全体主義の起原』（1・2・3）みすず書房。

　——／志水速雄訳（1994）『人間の条件』ちくま学芸文庫。

　——／志水速雄訳（1995）『革命について』ちくま学芸文庫。

　——／阿部斉訳（2005）『暗い時代の人々』ちくま学芸文庫。

生松敬三（1990）『20世紀思想渉猟』青土社。

池内紀（2015）『カール・クラウス』講談社学術文庫。

井坂康志（2005）「P・F・ドラッカー・インタヴュー録」（2005年5月7日）（『週刊東洋経済』2005年7月2日号）。

　——（2010）「脱『昨日の世界』の哲学——ウィーン，フランクフルトの時代」『現代思想』Vol. 38-10，2010年8月。

石川達夫（1995）『マサリクとチェコの精神』成文社。

岩崎夏海（1999）『もし高校野球の女子マネージャーがドラッカーの「マネジメント」を読んだら』ダイヤモンド社。

ヴェイユ, S. ／冨原眞弓訳（2005）『自由と社会的抑圧』岩波文庫。

　——／冨原眞弓訳（2010）『根をもつこと』（上・下）岩波文庫。

上田惇生（2006）『ドラッカー入門』ダイヤモンド社。

　——・井坂康志（2014）『ドラッカー入門　新版』ダイヤモンド社。

エマソン, R. W. ／酒本雅之訳（1972）『エマソン論文集』（上・下）岩波文庫。

オーウェル, G. ／高橋和久訳（2009）『1984』ハヤカワ epi 文庫。

太田和宏（1975）「ヴァルター・ラーテナウの社会思想——危機におけるドイツ帝国主義の思想（一）」『経済論叢』115（6），483-501頁。

　——（1975）「ヴァルター・ラーテナウの経済思想——危機におけるドイツ帝国主義の思想（二）」『経済論叢』116（1-2），79-98頁。

岡本康雄（1972）『ドラッカー経営学』東洋経済新報社。

オークショット, M. ／嶋津格他訳（1988）『政治における合理主義』勁草書房。

大河内一男編（1979）『ベンサム　ジョン・スチュアート・ミル』（『世界の名著49』）中央公論新社。

小塩節（1992）『トーマス・マンとドイツの時代』中公新書。

オースティン, J. ／富田彬訳（1994）『高慢と偏見』（上・下）岩波文庫。

小野清美（1996）『テクノクラートの世界とナチズム——「近代超克」のユートピア』ミネルヴァ書房。

カー, E. H. ／清水幾太郎訳（1962）『歴史とは何か』岩波新書。

ガセット, O. ／神吉敬三訳（1995）『大衆の反逆』ちくま学芸文庫。

河原忠彦（1998）『シュテファン・ツヴァイク』中公新書。

菊澤研宗（2015）『ビジネススクールでは教えてくれないドラッカー』祥伝社新書。

岸田理（1979）『ウォルター・バジョットの研究』ミネルヴァ書房。

岸本公司（2000）『バーク政治思想の展開』御茶の水書房。

キルケゴール, S. ／桝田啓三郎・前田敬作訳（1962）『おそれとおののき』『反復』（『キルケゴール著

作集』第 5 巻）白水社。

クィントン，A.／岩重政敏訳（2003）『不完全性の哲学——イギリス保守主義思想の二つの伝統』東信堂。

クラウス，K.／池内紀訳（1971）『人類最期の日々』（上・下）（『カール・クラウス著作集 10』法政大学出版局。

――／山口裕之・河野英二（2008）『黒魔術による世界の没落』現代思潮新社。

グラハム，P.／三戸公・坂井正廣監訳（1999）『M・P・フォレット　管理の予言者』文眞堂。

栗本慎一郎（1996）『ブダペスト物語』晶文社。

ゲーテ，J. W.／高橋義孝訳（1977）『ファウスト』（第一部・第二部）新潮文庫。

――／木村直司訳（2009a）『ゲーテ形態学論集・植物篇』ちくま学芸文庫。

――／木村直司訳（2009b）『ゲーテ形態学論集・動物篇』ちくま学芸文庫。

ケルゼン，H.／西島芳二訳（1969）『デモクラシーの本質と価値』岩波文庫。

――／長尾龍一訳（2007）『ハンス・ケルゼン自伝』慈学社。

――／鵜飼信成訳（1969）『法と国家』東京大学出版会。

『現代思想』（1992）（メディアとしての人間）3 月号。

『現代思想』（2010）（ドラッカー——マネジメントの思想）8 月号。

河野大機編著（2012）『経営学史叢書 X　ドラッカー』文眞堂。

小松春雄（1961）『イギリス保守主義史研究——エドマンド・バークの思想と行動』御茶の水書房。

――（1983）『イギリス政党史研究』中央大学出版部。

西條剛央（2005）『構造構成主義とは何か』北大路書房。

坂本和一（2008）「GM とドラッカー」『文明とマネジメント』Vol. 2。

――（2008）『ドラッカー再発見』法律文化社。

――（2011）『ドラッカーの警鐘を超えて』東信堂。

雀部幸隆（2001）『ウェーバーとワイマール』ミネルヴァ書房。

ジェファソン，T.／中屋健一訳（1972）『ヴァジニア覚え書』岩波文庫。

『思想』（2012）（カール・クラウス）6 月号。

島田恒（2003）『非営利組織研究』文眞堂。

――（2009）『非営利組織のマネジメント』東洋経済新報社。

――（2015）『「働き盛り」の NPO——ドラッカーに学ぶ「真の豊かさ」』東洋経済新報社。

シュペングラー，O.／村松正俊訳（2007）『西洋の没落』五月書房。

シュムペーター，J. A.／塩野谷祐一・中山伊知郎・東畑精一訳（1977）『経済発展の理論』（上・下）岩波文庫。

ショースキー，K. E.／安井琢磨訳（1983）『世紀末ウィーン』岩波書店。

ジョンストン，W. M.／井上修一他訳（1986）『ウィーン精神』（I・II）みすず書房。

シリングスバーグ，P.／明星聖子・大久保譲・神崎正英訳（2009）『グーテンベルクからグーグルへ』慶應義塾大学出版会。

須藤修（1995）『複合的ネットワーク社会』有斐閣。

――他（2003）『デジタル社会の編成原理』NTT 出版。

スマッツ，J. C.／石川光男・高橋史朗・片岡洋二訳（2005）『ホーリズムと進化』玉川大学出版部。

セシル，L. H.／栄田卓弘訳（1979）『保守主義とは何か』早稲田大学出版部。

施光恒（2003）『リベラリズムの再生』慶應義塾大学出版会。

高田敏（2013）『法治国家観の展開』有斐閣。

高橋義彦（2016）『カール・クラウスと危機のオーストリア』慶應義塾大学出版会。

多田真鋤（1988）『近代ドイツ政治思想研究』慶応通信。

294 | 参考文献

田村信一 (1993)『グスタフ・シュモラー研究』御茶ノ水書房。
ダーレンドルフ・R.／橋本和幸・鈴木正仁・平松闊訳 (1975)『ユートピアからの脱出』(上・下)
　ミネルヴァ書房。
　──／吉田博司・加藤秀治郎・田中康夫訳 (1987)『新しい自由主義──ライフ・チャンス』学陽
　書房。
　──／加藤秀治郎・檜山雅人訳 (2000)『現代の社会紛争』世界思想社。
千葉眞 (1996)『アーレントと現代』岩波書店。
寺島実郎 (1993)『ふたつのFORTUNE』ダイヤモンド社。
チャーチル・W.／佐藤亮一訳 (2001)『第二次世界大戦』河出文庫。
中央大学人文科学研究所編 (1994)『陽気な黙示録──オーストリア文化研究』中央大学出版部。
ツヴァイク・S.／原田義人訳 (1999)『昨日の世界』(Ⅰ・Ⅱ) みすず書房。
ディキンソン・H. T.／内山秀夫監訳 (2006)『自由と所有』ナカニシヤ出版。
テニエス・F.／杉之原寿一訳 (1957)『ゲマインシャフトとゲゼルシャフト』岩波文庫。
トゥールミン・S.，A・ジャニク／藤村龍雄訳 (2001)『ウィトゲンシュタインのウィーン』平凡社。
トクヴィル・A.／松本礼二訳 (2005)『アメリカのデモクラシー』岩波文庫。
ドストエーフスキー・M.／米川正夫訳 (1957)『カラマーゾフの兄弟』岩波文庫。
ドラッカー・P. F.／牧野洋訳・解説 (2005)『ドラッカー　20世紀を生きて』日本経済新聞社。
ドラッカー学会編 (2006)『マネジメントとは何か』。
　──編 (2007-2017)『文明とマネジメント』Vol. 1-13。
『ドラッカー・コレクション　珠玉の水墨画──「マネジメントの父」が愛した日本の美』(2015) 美
　術出版社。
長尾龍一 (1999)『ケルゼン研究1』信山社出版。
　── (2005)『ケルゼン研究2』信山社出版。
　── (2013)『ケルゼン研究3』信山社出版。
仲正昌樹 (2018)『思想家ドラッカー』NTT出版。
野田裕久編 (2010)『保守主義とは何か』ナカニシヤ出版。
野中郁次郎・竹内弘高／梅本勝博訳 (1996)『知識創造企業』東洋経済新報社。
野中郁次郎 (2009)「実践知──時代を挑発してやまぬ方法論」『文明とマネジメント』(ドラッカー
　学会) Vol. 3。
野藤忠 (2003)「ワルター・ラテナウの経営思想」『西南学院大学商学論集』49 (3/4)，5185。
野村真理 (1991)『ウィーンのユダヤ人』お茶の水書房。
ハイエク・F. A.／田中眞晴・田中秀夫訳 (1986)『市場・知識・自由──自由主義の経済思想』ミ
　ネルヴァ書房。
　──／西山千明訳 (2008)『隷属への道』春秋社。
　──／矢島鈞次・気賀健三・古賀勝次郎・西山千明訳 (2007)『自由の条件Ⅰ』春秋社。
　──／気賀健三・古賀勝次郎訳 (2007)『自由の条件Ⅱ』春秋社。
　──／矢島鈞次・気賀健三・古賀勝次郎・西山千明訳 (2007)『自由の条件Ⅲ』春秋社。
　──／嘉治元郎・嘉治佐代訳 (2008)『個人主義と経済秩序』春秋社。
ハインリッヒス・H.／森勇監訳 (2012)『ユダヤ出自のドイツ人法律家』中央大学出版部。
バーク・E.／中野好之訳 (2000a)『フランス革命についての省察』(上・下) 岩波文庫。
バーク・E.／中野好之編訳 (2000b)『バーク政治経済論集保守主義の精神』法政大学出版局
バーク・P.／井山弘幸・城戸淳訳 (2004)『知識の社会史』新曜社。
パクター・H.／藤山宏・柴田陽弘訳 (1989)『ワイマール・エチュード』みすず書房。
バジョット・W.／宇野弘蔵訳 (1941)『ロンバード街』岩波文庫。

――／辻清明編（1970）『イギリス憲政論』（『バジョット・ラスキ・マッキーヴァー』（『世界の名著60』））中央公論社。

バーナム・J.／武山泰雄訳（1965）『経営者革命』東洋経済新報社。

浜田泰弘（2010）『トーマス・マン政治思想研究（1914－1955）』国際書院。

ハミルトン・A., J. ジェイ・J. マディソン／斎藤真・中野勝郎訳（1999）『ザ・フェデラリスト』岩波文庫。

ヒトラー・A.／平野一郎・将積茂訳（1973）『わが闘争』（上・下）角川文庫。

フォレット・M. P.／三戸公監訳, 齋藤貞之・西村香織・山下剛訳『創造的経験』文眞堂。

福田歓一（1985）『政治学史』東京大学出版会。

ブーバー・M.／平石善司訳（1997）『ハシディズム』みすず書房。

ブルクハルト・J.／柴田治三郎訳（1963）『世界の名著　ブルクハルト』中央公論社。

フロイト・S.／高橋義孝訳（1969）『夢判断』（上・下）新潮文庫。

ヘッセ・H.／高橋健二訳（1951）『デミアン』新潮文庫。

――／高橋健二訳（1982）『ガラス玉演戯』新潮社。

ベラー・S.／桑名映子訳（2008）『世紀末ウィーンのユダヤ人』刀水書房。

ベンサム・J.／山下重一訳（1967）『道徳および立法の諸原理序説』（『ベンサム, J・S・ミル』（『世界の名著38』））中央公論社。

ポラニー・K.／野口建彦・栖原学訳（2009）『［新訳］大転換』東洋経済新報社。

マクファーソン・C. B.／谷川昌幸訳（1988）『バーク――資本主義と保守主義』御茶の水書房。

マクルーハン・M.／森常治訳（1986）『グーテンベルクの銀河系――活字人間の形成』みすず書房。

――／栗原裕・河本仲聖訳（1987）『メディア論――人間の拡張の諸相』みすず書房。

――, E. カーペンター／大前正臣・後藤和彦訳（2003）『マクルーハン理論――電子メディアの可能性』平凡社。

正井章筰（1986）「ヴァルター・ラーテナウ――その生涯と思想」『熊本法学』471－23 。

マチャレロ・J. E., K. E. リンクレター／阪井和男・高木直二・井坂康志訳『ドラッカー　教養としてのマネジメント』日本経済新聞出版社。

マン・T.／高橋義孝訳（1969）『魔の山』（上・下）新潮文庫。

――／青木順三訳（1990）『ドイツとドイツ人』岩波文庫。

マンハイム・K.／森博訳（1997）『保守主義的思考』ちくま学芸文庫。

三浦一郎・井坂康志編著（2014）『ドラッカー――人・思想・実践』文眞堂。

三戸公（1971）『ドラッカー――自由・社会・管理』未來社。

――（2011）『ドラッカー、その思想』文眞堂。

ムジール・R.／高橋義孝訳（1964）『特性のない男』（1）新潮社。

武藤郁人（1986）「バークとフランス革命（一）――バーク『フランス革命の省察』をめぐる政治論争」『国学院法研論叢』15 号。

武藤郁人（1990）「反革命の源流――1791 年におけるエドマンド・バークの政治思想」（上・中・下・下の一, 二）『国学院法政論叢』11-14 号。

村上泰亮（1992）『反古典の政治経済学』（上・下）中央公論新社。

村山にな（2013）「ピーター・ドラッカー――ウィーンにおける総合芸術教育」『玉川大学教師教育リサーチセンター年報』第 4 号。

――（2014）「ウィーン時代のドラッカー――芸術（Art）としての教育」『玉川大学教師教育リサーチセンター年報』第 5 号。

――・佐久間裕之・加藤悦子・芦澤成光・山田雅俊（2015）「芸術と経営の広がり――ピーター・ドラッカーと玉川大学の研究と教育」『玉川大学学術研究所紀要』第 21 号。

藻利重隆（1959）『ドラッカー経営学説の研究』森山書店。

望田幸男（1972）『近代ドイツの政治構造』ミネルヴァ書房。

安冨歩（2008）『生きるための経済学』NHK ブックス。

—— （2010）『経済学への船出』NTT 出版。

—— （2014a）『ドラッカーと論語』東洋経済新報社。

—— （2014b）『誰が星の王子さまを殺したのか』明石書店。

ヤスパース・K.／飯島宗享訳（1971）『現代の精神的状況』理想社。

山根聡之（2016）『統治と信用——ウォルター・バジョットの思想』（一橋大学博士学位請求論文）。

ラーゲルレーヴ・S.／香川鉄蔵・香川節訳（1982）『ニルスのふしぎな旅』偕成社。

リオタール・J. F.／小林康夫訳（1989）『ポスト・モダンの条件』水声社。

ロシター・C.／斎藤眞・中野勝郎訳（1999）『ザ・フェデラリスト』岩波文庫。

ロース・A.／伊藤哲夫訳（2005）『装飾と犯罪（新装普及版）』中央公論美術出版。

渡辺幹雄（2006）『ハイエクと現代リベラリズム』春秋社。

事項索引

＊公刊物については原綴りを付した。

［ア行］

AEG　228-229, 233
青写真　99, 100, 116, 119, 154-155, 215
アウシュヴィッツ　286
明日への道標（*Landmarks of Tomorrow*）　iii,
　　127, 141, 158, 168, 174, 236, 244
新しい現実（*The New Realities*）　iii
アメリカ革命　90, 96-99, 101-102
アメリカ産業社会　14-15, 18, 78-79, 87, 89-
　　91, 93-96, 108, 110, 145-146, 158, 180,
　　203-204, 206, 208, 211, 222, 224, 241, 246,
　　269, 271, 277, 282
アメリカのデモクラシー（*De la démocratie en
　　Amérique*）　4, 92
イギリス憲政論（*The English Constitution*）
　　130
イタリア・ルネサンスの文化（*Die Kultur der
　　Renaissance in Italien, ein Versuch*）　192
一般教養　35, 259-260
イデオロギー　14, 24, 64, 68-69, 75-76, 86,
　　97-98, 101, 116-117, 123, 127, 141, 150,
　　158-159, 162, 166, 169, 180, 185, 187, 198,
　　202-204, 206, 214, 217, 229, 233, 238-240,
　　246-247, 250, 253, 259, 267-268, 270, 274-
　　275, 277-278
イノベーション　54, 102, 121, 126, 137, 139,
　　159-161, 197, 200, 234, 261
インク（*Inc.*）　28
イングランド銀行　183-184
印刷革命　257, 263
印刷技術　15, 255-259, 262-263
印刷本　247, 255-258
インターディシプリナリー　23, 187
ヴィネタ　48

易経　59
エコノミスト（*The Economist*）　27
NPO　i, iii, 8, 126, 185, 224, 273, 282
F・J・シュタール（*Friedrich Julius Stahl:
　　Konservative Staatslehre und geschichtliche
　　Entwicklung*）　5, 60, 62, 189-190, 193-
　　198, 201-202, 204, 206, 233, 282
オーストリア・ハンガリー帝国　26, 28, 34, 52
おそれとおののき（*Frygt og Bæven*）　40, 58,
　　64, 208

［カ行］

改宗ユダヤ人　25, 198, 204
快楽学説　120
カカニエン　50-52
学習　134-135, 151, 162, 165-166, 173, 246,
　　259-260
ガラス玉演戯（*Das Glasperlenspiel*）　258
カラマーゾフの兄弟（*Brat'ya Karamazovy*）
　　84, 149, 258
観察者　1, 16, 22, 36, 40, 42-43, 53, 60, 65, 71-
　　72, 77-78, 89-90, 119, 123, 135, 139-140,
　　145, 154, 156, 160, 208-209, 214, 231, 264,
　　273, 279
慣習法　122, 129-130, 182, 216
企業　77-78, 87, 104, 107, 126, 128, 156, 205,
　　223
　　——家精神　78, 163
　　——とは何か（*Concept of the Corporation*）
　　5, 14, 18, 74, 77-78, 87, 90-91, 94, 102,
　　105-106, 108-109, 145, 156, 160, 204-205,
　　209, 233, 250, 268
技術　244, 249, 251, 253, 259-261
　　——革命　255-256
既知　136-138

298 | 事項索引

技能 170-175, 178-179, 182, 261
機能する社会 155
昨日の世界 34, 40, 43, 49, 54, 65, 67, 83, 85, 231
———(*Die Welt von gestern*) 34, 37-38, 44
ギムナジウム教育 34-35
救世軍 185
教育 i, 5, 30-31, 34-36, 38, 106-107, 175-176,
210, 239, 258-261, 263, 282
———ある人間 175, 258, 282
教会 8, 49, 78, 80, 96, 109-110, 126, 182, 194,
199-200, 202, 209, 221, 224
共産党宣言(*Das Kommunistische Manifest*) 209
共通善 161
キリスト教 25, 77, 82, 152, 199-202
近代合理主義 10, 14-15, 60, 82-83, 87, 113,
116-123, 125, 127, 129, 131-132, 139, 141,
167-168, 174, 177, 187, 192, 212, 217, 223,
229, 250, 255, 257, 261-262, 268-270, 274,
277-278, 282
近代保守主義 15, 208-209, 212, 217, 219, 221
暗い時代 80, 198, 211
クリティアス(*Critias*) 44
クレアモント大学院大学 9, 103
経営コンサルタント 103
経営者の条件(*The Effective Executive*) iii
経済人 82, 93, 116, 153, 233
———の終わり(*The End of Economic Man*)
ii, 4-5, 11, 14, 18, 22, 24, 40, 43-44, 46, 49,
52, 57-58, 60, 63-65, 67-71, 73-77, 79, 81-84,
86, 89-91, 93, 100, 108, 116, 119, 122, 129,
131, 146, 166, 191-193, 208-209, 240, 244,
253, 268
形相 174
継続と変革 113, 116, 126, 135, 183, 192, 196-
198, 202, 205, 213, 239, 268, 271-272, 274,
281
形態 119, 153, 175, 275
ゲゼルシャフト 156, 182
決定的権力 128, 131, 134, 161, 182, 184, 204-
205
ゲマインシャフト 156, 182
———とゲゼルシャフト(*Gemeinschaft und
Gesellschaft*) 58, 155, 157-158, 208, 211
権威 131-132, 182-183, 190, 192, 196, 198-202,

204, 212-213, 233
言語 23, 67, 69-70, 133-134, 145, 173, 189, 211,
282, 286
建国の父祖 100-101, 107, 130, 242
現存素材 212, 215
現代の経営(*The Practice of Management*) iii, 6,
105, 121, 134, 160, 208, 250, 258
ケンブリッジ大学 61
憲法 128, 130, 222-224, 241
公益 142-143, 163, 239
功利主義 119-121
顧客 121, 124, 138, 161
———創造 77, 137, 161-163, 183, 219
故郷喪失者 54
古典派経済学 82, 116, 119-122, 126, 131-132,
141, 143
コミュニケーション 10, 124, 133-134, 251-253,
259-260
コモン・ロー 122, 129
コンサルタント i, 5, 7, 9, 13, 16, 64, 72, 77,
102-103, 169, 245, 272
コンサルティング i, 23, 64, 94, 135, 185, 271

[サ行]

最大多数の最大幸福 121
サタデイ・イヴニング・ポスト(*The Saturday
Evening Post*) 89
サラ・ローレンス大学 64
ザルツブルグ音楽祭 26
サロン 14, 22, 26, 31-33, 39, 41, 43-47, 49-50,
53, 67, 226
産業人 87, 218, 226, 231, 282
———の未来(*The Future of Industrial Man*)
5, 14-15, 18, 63, 74-77, 79, 87, 89-94, 96-99,
102, 108-110, 116, 145-146, 156-159, 180-
181, 193, 202, 205, 208-212, 216, 218, 220,
235, 240, 268
GM 13, 23, 77-78, 89, 102-108, 156, 160, 163,
176, 181, 241
事業部制 103, 108, 110, 158, 181, 233, 241
時効 220
自己調整能力 212-214
自然の貴族 217
時代批判のために(*Zur Kritik der Zeit*) 226

事項索引 | *299*

実証主義法学　116, 132

実践知　15, 174, 177, 273

実存　82, 105, 117, 133, 150, 189, 269

質料　174

市民　92, 108, 250, 274

　——性　15, 76, 95, 104-105, 158, 223, 241

社会生態学　ii-iii, 8, 13-14, 54, 93, 113, 115, 122, 126, 132, 137-138, 140-141, 145, 216

　——者　i, 13, 38, 53, 61, 73, 123, 132-133, 135-136, 138-139, 141, 145, 189, 210, 258, 272

社会的機関　86-87, 95-96, 102, 109, 198, 205, 218, 222-223, 233, 268, 282

社会的権力　90, 130-131, 135, 182, 210, 273, 275

ジャーナリスト　2-4, 7, 13-14, 16, 22, 30, 58-59, 64-65, 67-68, 70, 72, 89, 102, 130, 148, 189, 208, 211, 227, 279

　——兼学究　13, 68, 189, 208, 211, 227, 279

自由　54, 93, 145-146, 148-150, 152-153, 157-158, 173, 178, 183, 206, 223, 233, 235, 239-241, 270, 274

シュヴァルツヴァルト・シューレ　29-30, 41

シュヴァルツヴァルト小学校　29-31, 33, 57

周期表　136

自由にして機能する社会　4, 15, 63, 75-76, 86, 90, 93-94, 96-97, 100-101, 103, 106, 109-110, 113, 116, 129, 143, 146, 152, 155-157, 159-160, 166, 168, 170, 180, 185, 202-203, 211-212, 223, 233, 241, 264, 268-271, 276, 282

書物　130, 140, 170-171, 173, 179, 257-259

自律性　39, 60, 76, 123, 128, 135, 161, 212, 214, 217, 262, 270, 275, 281

真の個人主義　147-148

真の自由主義　147

既に起こった未来　135, 219, 278

スワニ・レヴュー（*The Sewanee Review*）　64, 247

政治の書　74

生態的視座　12

生態的視野　171, 181

生態的世界観　115

正統性　57, 79, 90, 104, 108, 142, 154, 197,

203-204, 206, 218, 223, 233, 240, 253

西洋の没落（*Der Untergang des Abendlandes*）　226

世界恐慌　58, 81, 83

世界市民　54, 73, 277

赤十字　185

責任　148-150, 157, 162, 171, 178, 183-184, 206, 235-236, 239-241, 251, 274

　——を伴う選択　49, 119, 148-149, 153, 165, 173, 182, 251

セルフマネジメント　10, 161, 164

戦時原料課　234, 239

戦前への被縛　45, 65, 83, 236, 240, 282

全体　172

全体主義　1, 4, 7, 48, 64, 66, 68, 76, 82, 91, 95, 98, 101, 105, 109-110, 116, 118, 128, 153, 160, 169, 204, 210, 230, 235, 238, 251, 272, 281

　——の起源（*The Origins of Totalitarianism*）　73

創造する経営者（*Managing for Results*）　iii, 250

創発性　70, 123, 150, 159, 161

組織　iii, 15, 62, 64, 75-78, 81, 86-87, 92, 94-96, 102-106, 108-110, 126-127, 133, 135, 142, 158, 160, 164, 173, 181, 183-185, 203-205, 209, 218, 223-224, 231-232, 234-236, 239, 241, 268, 271, 275, 277

ソ連　9, 66, 75-76, 98, 110, 128, 153, 178, 182, 267-268, 274-275, 278, 281-282

［夕行］

第一次大戦　13, 19, 23, 27-29, 31, 44-45, 49-51, 58, 67, 81-83, 127, 149, 171, 176, 178, 202, 226, 228-231, 233, 237-238, 240, 260, 264, 273, 281-282

第二次大戦　1, 5, 13, 25, 45, 49, 63, 69, 71, 77-78, 89, 91, 95-98, 101-103, 109-110, 117, 119, 127, 141, 155, 158, 164, 168, 176, 180-181, 198, 205-206, 208, 213-214, 236, 244, 248, 250, 252, 271-272, 275-277, 279

代議政治論（*Considerations on Representative Government*）　130

大衆の絶望　19, 40-41, 43-44, 49, 52-53, 57,

73-75, 79-81, 83-87, 91, 95, 100, 104, 115,
117-118, 131, 157, 180, 182, 189, 192, 197,
200, 202, 226, 233, 240
大審問官　84, 88, 149
大転換（*The Great Transformation*）　89
代表的機関　90, 105, 156, 218
タイム（*TIME*）　64, 245
タウンシップ　108
タウンミーティング　95
脱イデオロギー　97, 116, 238, 278
断絶の時代（*The Age of Discontinuity*）　iii, 8,
168, 174, 244, 248-249, 263
地位と機能　65, 76-78, 84, 95, 103-106, 155-
156, 158, 180-182, 219, 264, 271
チェンジ・リーダー　9
知覚　124-125, 139, 170-171, 249, 251
地球村　249, 254, 270, 276, 282
知識　15, 168-170, 173-174, 177-179, 184-185,
249, 252, 260-261, 263, 274
　　――産業　249
　　――社会　15, 158, 169, 176, 180, 183, 185,
227, 248, 250, 255, 275, 282
　　――人の裏切り　176, 178
　　――創造企業　169
　　――労働者　15, 169, 179-180, 236, 274-275
千葉市美術館　63, 125
強み　9, 125-128, 141-143, 152, 161, 269,
273, 275, 286
ディジタル・エコノミー　185
哲学　164
デブリンガー・ギムナジウム　32, 35, 41, 57,
72
デミアン（*Demian*）　20
ドイツにおけるユダヤ人問題（*Die Judenfrage
in Deutschland*）　16, 25, 62, 191, 193, 282
特性のない男（*Der Mann ohne Eigenschaften*）
43, 47, 49-51, 53
トップマネジメント　105, 108-109, 166, 183-
184, 205, 242
ドラッカー学会　9
ドラッカー・コレクション　125
ドラッカー・スクール　9
トレブリンカ　286

[ナ行]

内的亡命　80
長崎　267
ナチズム　1, 69, 74, 95, 115, 129, 146, 159
日本美術　63, 124-125, 140, 278
ニルス・ホルゲンソンのふしぎなスウェーデ
ン旅行（*Nils Holgerssons underbara resa
genom Sverige*）　48
ネクスト・ソサエティ　185, 274, 276, 282
　　――（*Managing in the Next Society*）　iii,
159, 180
ネットワーク　135, 184-185, 275, 282
根津美術館　63

[ハ行]

廃墟の街の復興　26, 264, 273
白銀号事件（*Silver Blaze*）　137
蜂の寓話（*The Fables of the Bees: or, Private
Vices, Public Benefits*）　142
パナマ運河　43
ハーパーズ（*Harper's Magazine*）　89
ハラスメント　10, 166
万能薬　14, 99-100, 119, 155, 212, 268
反ユダヤ主義　44
判例法　122, 129-130
美意識　12, 23, 53, 124, 141, 170, 172, 179, 189,
211, 216, 261
非営利組織の経営（*Managing the Non Profit
Organization*）　iii, 8
非顧客　137
ビッグ・ブラザー　245
開かれた社会とその敵（*The Open Society and
Its Enemies*）　71
広島　267
品性高潔　105, 107, 163, 173, 176, 180, 235,
271
ファウスト（*Faust*）　35, 139-140
ファッケル（*Die Fackel*）　30
ファルスタッフ（*Falstaff*）　58
フィードバック　126, 134-135, 151, 161-166,
173, 177, 246, 251-252, 259, 261
　　――分析　151, 164
フォーチュン（*Fortune*）　64

事項索引 | *301*

不完全　101, 146, 150-152, 154-155, 192, 200,
　219-220, 261
複雑性　135, 161, 181, 219
部分　171
フランクフルター・アルゲマイネ・ツァイトゥン
　グ（*Frankfurter Allgemeine Zeitung*）70
フランクフルター・ゲネラル・アンツァイガー
　（*Frankfurter General-Anzeiger*）58, 69,
　194
フランクフルト学派　59, 176
フランクフルト大学　16, 59, 62, 148, 176, 194,
　196
フランス革命　62, 99-101, 116, 210, 213-217,
　219-221, 223
　──の省察（*Reflections on the Revolution in
　France*）15, 58, 208-210, 215, 219, 221-
　222
フリーメーソン　26
プロフェッショナル　9, 60, 69-71, 103, 162
文明　iii, 24, 28-29, 40-41, 67, 78, 91, 96-97,
　166, 171, 187, 196, 227-228, 230-232, 236,
　240-242, 244, 248, 252, 255-260, 262-264,
　271-273, 277, 281-282, 286
　──とマネジメント　9
ベニントン大学　64, 89, 247
ヘブル書　79
変革のマネジメント　102
傍観者　i, 13, 54, 61, 67, 71, 73, 177, 272
　──の時代（*Adventures of a Bystander*）23,
　27, 31, 34, 40-50, 65, 105-106, 129, 166,
　176-177, 193, 245-246, 250, 263
法実証主義　129
保守主義　78, 90, 117, 159, 208-209, 211, 221,
　224, 237
　──者　76, 130, 198-200, 208-209, 212, 215,
　221, 281
　──的アプローチ　15, 159, 209, 212-213,
　220, 222-224, 271
保守反革命　97, 99, 101-102, 110
保守＝変革の原理　218, 220-221
ポスト資本主義社会（*Post-Capitalist Society*）
　iii, 159, 259
ポストモダン　iii, 10, 13, 16, 127, 141, 166,
　168, 174, 180, 236, 257, 262-263, 277, 279

ホロコースト　267
本質行動学　10

［マ行］

マーケティング　102, 121, 124, 137, 159-161,
　163, 261
マッキンゼー＆カンパニー　9, 103
マネジメント　ii-iii, 1, 5, 8, 57, 69, 90, 95-96,
　101-102, 110, 115, 127, 138, 142-143, 155,
　159-160, 163-164, 169, 171, 184-185, 191,
　204-206, 212, 217, 223, 227, 233, 241-242,
　258, 268-269, 271, 273, 275
　──（*Management: Tasks, Responsibilities,
　and Practices*）iii, 57, 106, 124, 160, 208
魔物の再来　33, 52, 73
マルクス主義　97, 100, 116-117, 123, 129, 141,
　147, 214, 217
未完　i, 5, 14, 50, 185, 224, 270, 278
未知　136-138, 162, 211, 261
　──の体系化　9, 136-138, 234
無関心の罪　176
メガチャーチ　185
メディア　45, 72-73, 245, 248-250, 252-260,
　262-263
　──論　248, 250-251, 258
モーア社　194-196
目標によるマネジメントと自己統制　164-165
もし高校野球の女子マネージャーがドラッカー
　の「マネジメント」を読んだら　9
モダン　116-118, 127, 141, 143, 174, 247, 255,
　257, 259, 262, 278
モニタリング　145, 179, 251, 261

［ヤ行］

躍動する保守主義　5, 87, 89, 94, 190, 200, 224
ユダヤ人　21-22, 25, 33, 46, 51, 54, 60, 62, 92,
　148, 176, 191, 193-194, 198-199, 204, 230-
　231, 234-235, 237-238, 267, 282
夢判断（*Die Traumdeutung*）32, 47-49
陽気な黙示録　33, 43
予期せぬ成果　139

［ラ行］

ライフ（*Life*）64

302　│　事項索引

―・チャンス　150
リーダーシップ　124, 229, 239
リベラル・アーツ　10, 13, 166, 186
琳派　63
倫理観　4, 12, 14, 109, 170, 173, 179-180, 236,
　　251-252, 260-261
隷従への道（The Road to Serfdom）　147
連邦主義　97, 101, 108, 113, 203
連邦制　90, 110, 182
浪費された世紀　267-268

ロシア革命　101
ロータリークラブ　109-110
ロマ書　286
論語　134
ロンバード街（Lombard Street）　183

[ワ行]

我が闘争（Mein Kampf）　40, 53, 64, 83
ワルシャワ・ゲットー　286
我見る，ゆえに我あり　141

人名索引

*本書の主題とのかかわりで重要と考えられる場合，文学作品等の作中人物をも採録している。

［ア行］

アクトン，J.（John Acton）　147
アダムズ，J.（John Adams）　100
アドラー，V.（Victor Adler）　22
アブラハム（Abraham）　64
アリストテレス（Aristotle）　174
アルキメデス（Archimedes）　39, 192, 249
アルンハイム（Arnheim）　50-52
アレント，H.（Hannah Arendt）　73, 80, 198
飯島延浩　8
イサク（Isaac）　64
イーダスハイム，E.（Elizabeth Edersheim）　9
出井伸之　8
伊藤雅俊　8, 137, 288
岩崎夏海　9, 10
岩崎弥太郎　232
ヴァレリー，P.（Paul Valéry）　37
ヴィトゲンシュタイン，L.（Ludwig Wittgenstein）　30
ヴィルヘルム，R.（Richard Wilhelm）　59
上田惇生　ii, iv, 227, 232, 273, 285, 288
ウェーバー，M.（Max Weber）　158, 240
ウェーバー，W.（Winfried Weber）　135-136, 288
ヴェブレン，T.（Thorstein Veblen）　113, 272
ヴェルディ，G.（Giuseppe Verdi）　58
ヴェレス，E.（Egon Wellesz）　24, 30
ヴォルコフ，S.（Shulamit Volkov）　230
エマーソン，R.（Ralph Emerson）　37, 114
エリオット，T. S.（T. S. Eliot）　25
オーウェル，G.（George Orwell）　245
尾形光琳　63
岡本康雄　7

オッペンハイマー，F.（Franz Oppenheimer）　59

［カ行］

カー，E. H.（Edward Hallett Carr）　1, 67
春日賢　11
金森久雄　285, 288
カネッティ，E.（Elias Canetti）　42, 71
カラマーゾフ，A.（Alyosha Karamazov）　258
ガリレオ，G.（Galileo Galilei）　117
カール一世（Karl I）　22
カルヴァン，J.（Jean Calvin）　117
河合正朝　125
カントロヴィチ，E.（Ernst Kantorowicz）　59
菊澤研宗　11
キルケゴール，S.（Søren Kierkegaard）　22, 40, 58, 64, 82, 118-119, 155, 190, 201, 208
キング，M. L.（Martin Luther King, Jr.）　92
グーテンベルク，J.（Johannes Gutenberg）　247-249, 253, 255-256, 263
クラウス，K.（Karl Kraus）　21, 30-31, 47, 134
グラハム，M.（Martha Graham）　64
クランツバーグ，M.（Melvin Kranzberg）　7
グリム兄弟（Grim）　199
クリムト，G.（Gustav Klimt）　24
クーン，R.（Richard Kuhn）　32
クント，A.（August Kundt）　228
ケイ，E.（Ellen Key）　30
ケインズ，J. M.（John Maynard Keynes）　61, 285
ケストラー，A.（Arthur Koestler）　71
ゲッベルス，J.（Joseph Goebbels）　59, 69-70, 175
ゲーテ，W.（Wolfgang von Goethe）　35, 139-

304 | 人名索引

140, 188
ケルゼン, H.（Hans Kelsen） 21, 25, 29-30,
  32, 122, 129
孔子 134
河野大機 11
コーエン, W. A.（Willian A. Cohen） 25, 103
ココシュカ, O.（Oskar Kokoschka） 30, 42
小仲正久 8
小林宏治 8
小林陽太郎 8
コペルニクス, N.（Nicolaus Copernicus） 247
コモンズ, J. R.（John Rogers Commons） 61,
  113, 272
コロンブス, C.（Cristoforo Columbus） 247
コント, A.（Auguste Comte） 119
ゴンブリッチ, E.（Ernst Gombrich） 71

[サ行]

西條剛央 10, 288
ザイス＝インクヴァルト, A.（Arthur Seyß-
  Inquart） 22
サイモン, H.（Hermann Simon） 33-34, 65,
  71-72
坂本和一 106, 288
シェークスピア, W.（William Shakespeare）
  58
ジェファソン, T.（Thomas Jefferson） 100,
  223
シェーラー, M.（Max Schoeller） 229
シェリング, F.（Friedrich von Schelling） 199
シェーンベルク, A.（Arnold Schönberg） 30,
  42
重本大地 55
渋沢栄一 232, 234
シーベック, G.（Georg Siebeck） 196
シーベック, O.（Oskar Siebeck） 194-195
島田恒 11, 16, 288
ジャクソン, M. C.（M. C. Jackson） 169
ジャニク, A.（Allan Janik） 47
シュヴァルツヴァルト, E.
  （Eugenie Schwarzwald） 21, 25, 30-31,
  39, 41, 43-45, 47, 49
シュヴァルツヴァルト, H.
  （Hermann Schwarzwald） 21, 25, 31, 39,

41, 43-44, 49, 61
シュタール, F. J.（Friedrich Julius Stahl）
  15, 60, 117, 187, 189-204, 210, 221, 281
シュトレーゼマン, G.（Gustav Stresemann）
  240
シュペングラー, O.（Oswald Spengler） 226
シューマン, R.（Robert Schumann） 285
シュミット, D.（Doris Schmitz） 62, 89, 125,
  288
シュムペーター, J. A.
  （Joseph Alois Schumpeter） 23, 32, 142,
  285
シュモラー, G.（Gustav Schmoller） 228-229
ジョイス, J.（James Joyce） 25, 50
ショパン, F.（Frédéric Chopin） 285
シラー, F.（Friedrich Schiller） 36
スターリン, J.（Joseph Stalin） 66, 210, 267
ストラップ, K.（Karl Strupp） 59-60
ストリントベリ, J.（Johan Strindberg） 36
スミス, A.（Adam Smith） 120, 222
スローン, A.（Alfred Sloan） 78, 105, 107-
  108
雪舟 63
仙厓 63
ソクラテス（Socrates） 178, 260

[タ行]

高宮晋 7
タキトゥス（Tacitus） 39
ダーレンドルフ, R.（Ralph Dahrendorf）
  150-151
チャーチル, W.（Winston Churchill） ii, 90
ツヴァイク, S.（Stefan Zweig） 14, 34-40, 42,
  44, 46, 58, 71, 83, 85, 227, 229
ディラン, B.（Bob Dylan） 2, 289
ディルタイ, W.（Wilhelm Dilthey） 228
デカルト, R.（René Descartes） 10, 116-120,
  125, 132, 141, 167-168, 174, 262, 277
テニエス, F.（Ferdinand Tönnies） 22, 58,
  113, 155-158, 182, 208, 211, 229
テーヌ, H.（Hippolyte Taine） 38
ドイル, C.（Conan Doyle） 137
トゥールミン, S.（Stephen Toulmin） 47
トクヴィル, A.（Alexis de Tocqueville） 4,

61, 73, 87, 92, 95, 103, 112, 133, 147, 272, 281

ドストエーフスキー, F.（Fyodor Dostoevsky）84, 149, 258

ドッド, W.（William Dodd）175

トフラー, A.（Alvin Toffler）245

トラヴェルソ, E.（Enzo Traverso）267

ドラッカー, A.（Adolf Bertram Drucker）26-27, 29, 147

ドラッカー, C.（Caroline Bondi Drucker）21, 26-27, 29, 32

ドラッカー, D.（Doris Drucker）16, 62, 89, 125, 288

ドラッカー, G.（Gerhard Drucker）26

ドレイシュタット, N.（Nicholas Dreystadt）106

トレルチ, E.（Ernst Troeltsch）229

ドンブロウスキ, E.（Erich Dombrowski）70

[ナ行]

仲正昌樹 11

ナッシュ, T.（Thomas Nash）246

ニーチェ, F.（Friedrich Nietzsche）36

ニュートン, I.（Isaac Newton）117, 170

野田一夫 6-7

野中郁次郎 23, 161, 169, 177, 218, 260, 288

[ハ行]

ハイエク, F. A.（Friedrich August von Hayek）32, 66, 147-148, 237, 239

ハイネ, H.（Heinrich Heine）193

ハインリッヒス, H.（Helmut Heinrichs）198-199

バウアー, M.（Marvin Bower）103

パウリ, W.（Wolfgang Pauli）32, 59

パウロ（Paul）79

パウンド, E.（Ezra Pound）25

バーク, E.（Edmund Burke）15, 23, 57, 76, 99, 117, 120, 127, 130, 147, 155, 187, 208-224, 272, 281

白隠 63

バジョット, W.（Walter Bagehot）61, 112, 117, 127, 130-131, 183, 272, 281

ハミルトン, A.（Alexander Hamilton）100, 223

パレート, V.（Vilfredo Pareto）158

ハンター, J.（Jeremy Hunter）10, 288

ピット, W.（William Pitt）120

ビーティ, J.（Jack Beatty）36

ヒトラー, A.（Adolf Hitler）29, 40, 59-60, 64, 69, 97-98, 100, 116, 210

ヒポクラテス（Hippocrates）235

ファウスト（Faust）140

ファヨール, H.（Henri Fayol）232

ファルケンハイン, E.（Erich von Falkenhayn）233

フェイディアス（Pheidias）235

フェルデナント, F.（Franz Ferdinand）28

フォレット, M. P.（Mary Parker Follett）232

福沢諭吉 232, 234

ブッシュ, G.（George Bush）96

ブーバー, M.（Martin Buber）59, 227

フラー, B.（Buckminster Fuller）63, 245-246

フライバーグ, B.（Berthold Freiburg）190

ブラックストン, W.（William Blackstone）120

プラトン（Plato）44, 178, 260, 286

フラハティ, J. E.（John E. Flaherty）7-8, 62, 79, 91, 132, 136, 138, 155, 184, 190, 197-198, 200

フランクリン, B.（Benjamin Franklin）100

ブリューニング, H.（Heinrich Brüning）240

ブルクハルト, J.（Jacob Burckhardt）192, 287

プルースト, M.（Marcel Proust）50

ブルックナー, A.（Anton Bruckner）22

ブレイルズフォード, H. N.（Henry Noel Brailsford）4, 65-66, 68, 89

ブレジンスキー, Z.（Zbigniew Brzezinski）267

ブレンターノ, F.（Franz Brentano）22

ブロイアー, J.（Josef Breuer）22

フロイト, S.（Sigmund Freud）22-23, 25, 30-32, 43, 47-48, 53, 72

プロタゴラス（Protagoras）178

ブロッホ, H.（Hermann Broch）33

306 | 人名索引

フロム, E.（Erich Fromm） 8, 64
フンボルト, W.（Wilhelm von Humboldt）
　196
白珍尚 17
ヘーゲル, G. W. F.（Georg Wilhelm Friedrich
　Hegel） 199, 201
ヘッセ, H.（Hermann Hesse） 20, 229, 258
ベートーヴェン, L.（Ludwig van Beethoven）
　24, 289
ベル, D.（Daniel Bell） 245
ヘルムホルツ, H.（Hermann Helmholtz） 228
ベンサム, J.（Jeremy Bentham） 119-121,
　180
ヘンシュ, R.（Reinhold Hensch） 65
ホッブズ, T.（Thomas Hobbes） 117
ボナパルト, T. H.（Tony H. Bonaparte） 7,
　118-119, 126
ポパー, K.（Karl Popper） 71, 150-151
ホブズボーム, E.（Eric Hobsbawm） 267
ホフマン, J.（Josef Hoffmann） 24
ホフマンスタール, H.
　（Hugo von Hofmannsthal） 24, 37, 227,
　229
ホームズ, S.（Sherlock Holmes） 137
ホメロス（Homer） 25
ホラティウス（Horatius） 39
ポラニー, K.（Károly Polányi） 23, 25, 89
ホルゲンソン, N.（Nils Holgersson） 48
ボルツマン, L.（Ludwig Boltzmann） 22
ボンディ, M.（Margarethe Bondi） 21

【マ行】

牧野洋 16
マクルーハン, M.（Marshall McLuhan） 7,
　15, 23, 25-26, 54, 63, 72-73, 89, 187, 245-
　246, 248-258, 262-264, 273, 277
マサリク, T.（Tomáš Masaryk） 28-29, 32
マチャレロ, J.（Joseph Maciariello） 10, 79,
　152, 273, 288
松藤賢二郎 11
マディソン, J.（James Madison, Jr.） 100,
　223
マーラー, G.（Gustav Mahler） 22
マルクス, K.（Karl Marx） 7, 98, 194, 209-

　210, 262, 285
マン, T.（Thomas Mann） 25, 42, 50, 188
マンデヴィル, B.（Bernard Mandeville） 121,
　142
マンハイム, K.（Karl Mannheim） 201
ミーゼス, L.（Ludwig von Mises） 25, 32
三戸公 7-8, 12, 79, 145, 288
ミル, J. S.（John Stuart Mill） 130
ムージル, R.（Robert Musil） 21, 42-43, 47,
　49-52, 229
村上恒夫 7
村山にな 30, 32-33, 55, 59, 288
室田泰弘 167, 288
メンデレーエフ, D.（Dmitri Mendeleev） 136
藻利重隆 6, 12, 269
モルトケ, H.（Helmuth Moltke） 43
モンテッソーリ, M.（Maria Montessori） 30

【ヤ行】

安冨歩 10, 134, 165-166, 246
ヤスパース, K.（Karl Jaspers） 226, 231, 235
ユング, C. G.（Carl Gustav Jung） 59
ヨハネ・パウロ2世（Karol Józef Wojtyła）
　71

【ラ行】

ラーゲルレーヴ, S.（Selma Lagerlöf） 48
ラーテナウ, E.（Emil Rathenau） 228
ラーテナウ, W.（Walther Rathenau） 15, 46,
　50-51, 187, 226-228, 230-242, 282
ラドヴィッツ, J.（Joseph von Radowitz） 196
リュンケウス（Lynkeus） 114, 139
リルケ, R.（Rainer Rilke） 36-37
リンクレター, K.（Karen Linkletter） 10,
　152, 273
ルース, H.（Henry Luce） 63-64, 245
ルソー, J. J.（Jean-Jacques Rousseau） 60,
　97-98, 117, 210, 262
ルーマン, N.（Niklas Luhmann） 135
レヴィット, T.（Theodore Levitt） 7
ロース, A.（Adolf Loos） 30-31, 42
ローゼンスタイン, B.（Bruce Rosenstein）
　16
ロック, J.（John Locke） 117, 119

人名索引 | *307*

ロベスピエール，M.
　　（Maximilien de Robespierre）　100

[ワ行]

ワーグナー，R.（Richard Wagner）　289

ワシントン，G.（George Washington）　100

【著者紹介】

井坂 康志（いさか・やすし）

1972年埼玉県加須市生まれ。早稲田大学政治経済学部卒業，東京大学大学院人文社会系研究科社会情報学専攻博士課程単位取得退学。

現在，編集者，メディア・プロデューサー，ドラッカー学会理事・事務局長，ものつくり大学特別客員教授。他に，文明とマネジメント研究所研究主幹，早稲田大学社会連携研究所招聘研究員，明治大学サービス創新研究所客員研究員，エッセンシャル・マネジメント・スクール（EMS）公認ファシリテーター等。

著書に，『ドラッカー入門　新版』（上田惇生氏と共著，ダイヤモンド社），『ドラッカー——人，思想，実践』（三浦一郎氏と共編著，文眞堂），『ドラッカー流「フィードバック」手帳』（かんき出版），『レオノーレ』（文明とマネジメント研究所）等。訳書に『ドラッカー　教養としてのマネジメント』（共訳，日本経済新聞出版社），『ドラッカーと私』（NTT出版）等。

Ｐ・Ｆ・ドラッカー——マネジメント思想の源流と展望

2018年9月10日　第1版第1刷発行	検印省略

著　者　井　坂　康　志

発行者　前　野　　隆

発行所　株式会社　文　眞　堂
東京都新宿区早稲田鶴巻町533
電　話 03（3202）8480
ＦＡＸ 03（3203）2638
http://www.bunshin-do.co.jp/
〒162-0041 振替00120-2-96437

印刷・モリモト印刷／製本・イマキ製本所
©2018
定価はカバー裏に表示してあります
ISBN978-4-8309-5006-3　C3034

【好評既刊】

●既成のドラッカー像を大胆に脱し、「ポストモダンの旗手」としての新たな相貌を示す。

ドラッカー　人・思想・実践

ドラッカー学会監修／三浦一郎・井坂康志 編著

ISBN978-4-8309-4837-4　A5 判・268 頁　本体 2800 円＋税

マネジメントで知られるドラッカー（1909 ～ 2005 年）は、経営のみならず、政治、社会、NPO など
に多大な影響力を持ち、現代日本にも大きく貢献した。ドラッカーが追求した思想と実践の全体像の
体系的構築を跡づけるべく、最新の研究成果から一流経営者による実践まで、「ドラッカー思考」の核
心を一冊に凝縮。

●各時代での企業・行政府・NPO/NGO 経営の課題とその改善・革新の方向性を示す。

ドラッカー　経営学史叢書 第 X 巻

経営学史学会 監修／河野大機 編著

ISBN978-4-8309-4740-7　46 判・212 頁　本体 1500 円＋税

ドラッカー経営学の哲学と意義を新鮮に提示。ドラッカー経営学は、①商業社会を経て産業社会・多
元的組織社会・知識社会という時代変遷に即した経営学、②企業・行政府・NPO/NGO の各種経営体
とその組織と管理・経営を解明した経営学であり、その実践を通して③自由と責任と社会的存在意義
をもった人間存在を願い実現させる経営学、である。

●経営学史学会賞・経営哲学学会賞受賞！

ドラッカー、その思想

三戸　公 著

ISBN978-4-8309-4716-2　A5 判・352 頁　本体 2800 円＋税

いま、なぜドラッカーなのか？　現代を文明の危機・文明の転換の時代と把握する著者が、同時代の
先達を、問い学び、学び問うてきた軌跡、文明の転換における彼の全体像を開示。「彼の管理学は、自
称する社会生態学、そして強烈な人間論の上に成り立った雄大なる山容である。彼は言う、人間の本
質は自由、責任ある選択である。それは限りなく重く、失ったら人間は人間でなくなる（三戸 公）」

●日本 NPO 学会研究奨励賞受賞！

非営利組織研究　その本質と管理

島田　恒 著

ISBN978-4-8309-4443-7　A5 判・202 頁　本体 2800 円＋税

非営利組織を、社会に不可欠で固有の存在として捉え、その根拠を学際的に論考し明示する。社会を
変革し人間を変革する機関としての非営利組織が、現実に成果を達成するための管理論を、全体を貫
く軸にミッションを据えて体系づける。筆者の実践的観察と論考に基づき、非営利組織の本質と管理
を新鮮に提示する。